古代歷史文化研究輯刊

七 編

王 明 蓀 主編

第 23 冊

商周青銅禮器龍紋形式與分期研究（上）

陳 麗 年 著

國家圖書館出版品預行編目資料

商周青銅禮器龍紋形式與分期研究（上）／陳麗年 著 — 初版
— 新北市：花木蘭文化出版社，2012〔民101〕
目 18+168 面；19×26 公分
（古代歷史文化研究輯刊 七編；第23冊）
ISBN：978-986-254-833-2（精裝）

1. 青銅器　2. 禮器　3. 商代　4. 周代　5. 研究考訂
618　　　　　　　　　　　　　　　　　101002899

ISBN-978-986-254-833-2

9 789862 548332

古代歷史文化研究輯刊
七　編　第二三冊　　　　　　ISBN：978-986-254-833-2

商周青銅禮器龍紋形式與分期研究（上）

作　　者　吳明訓
主　　編　王明蓀
總 編 輯　杜潔祥
出　　版　花木蘭文化出版社
發 行 所　花木蘭文化出版社
發 行 人　高小娟
聯絡地址　新北市永和區中正路五九五號七樓
　　　　　電話：02-2923-1455／傳真：02-2923-1452
網　　址　http://www.huamulan.tw 信箱 sut81518@gmail.com
印　　刷　普羅文化出版廣告事業
初　　版　2012 年 3 月
定　　價　七編 24 冊（精裝）新台幣 38,000 元

商周青銅禮器龍紋形式與分期研究（上）

陳麗年　著

作者簡介

陳麗年，高雄人。民國 94 年於國立中正大學中國文學系畢業，民國 99 年於國立中正大學中國文學系碩士班畢業，現於嘉義縣國民中學任教。

提　　要

　　本文寫作目的在於整理龍紋各紋飾出現在何器、何時，及分析其間細微的藝術差異，歸納出不同類型的紋飾標準；又不論何種形式之紋飾，皆共具有目、唇、龍首裝飾、身、足等各部件，此亦為本文探討的重點之一。透過分析、歸納紋飾類型與各部件特徵所出現的時間，使其成為協助青銅器斷代分期的標準之一。龍紋依其身軀形式可概分為三大類，分別為爬行龍紋、卷龍紋、交體龍紋等，由於交體龍紋中個別龍紋的差異性極低，較無分析探究的價值，故本文僅針對爬行龍紋與卷龍紋進行探究。

　　在此基準下，本文正文部分共分為六章：

　　第一章「緒論」，說明研究動機、目的、範圍、方法、步驟、前人研究成果。

　　第二章「前顧型爬行龍紋與下視型爬行龍紋研究」。

　　第三章「顧首型爬行龍紋研究」。

　　第四章「雙身型爬行龍紋與卷龍紋研究」。

　　其中二至四章主要為材料的分析與呈現，以類型為分析主軸，將所見資料皆予以納入，以求讀者對紋飾發展及演變的掌握。故分章標準主要以類型、特徵相似者歸做一章。

　　第五章「龍紋各部件紋飾特色與時代關係之分析研究」。

　　以部件為分析主軸，希冀在類型之外，亦歸納出各部件的時代特色，提供另一種斷代的依據；此外，亦探討器類與紋飾出現部位與時代關係。

　　第六章「結論」，總結研究成果，提出未來研究之展望。

圖　表

圖版目次暨出處索引

編號	頁數	出　　　　　　　處
23-5	46	《年代》圖 14：8（頁 536）、《夏商周》（西周上）頁 238、《紋樣》圖 5-10（頁 164）、《圖典》頁 164
23-6	46	《圖典》頁 164
23-7	47	《紋樣》圖 4-175（頁 162）、《圖典》頁 216
23-8	47	《商周》圖 273（頁 101）、《幻想》圖 14：5（頁 102）、《圖典》頁 212
23-9	47	《紋樣》圖 4-176（頁 162）、《圖典》頁 218
23-10	47	《商周》圖 358（頁 126）、《年代》圖 14：7（頁 536）、《圖典》頁 160
23-11	49	《紋樣》圖 5-2（頁 163）、《圖典》頁 165
23-12	49	《商周》圖版 355（頁 125）、《圖典》頁 164
23-13	49	《商周》圖版 356（頁 126）、《圖典》頁 166
23-14	50	《紋樣》圖 5-3（頁 163）、《圖典》頁 166
23-15	50	《年代》圖 14：6（頁 536）、《圖典》頁 161
23-16	50	《河南》圖 250、251（頁 86）
23-17	50	《紋樣》圖 5-8（頁 163）、《圖典》頁 164
23-18	53	《商周》圖版 271（頁 101）、《圖典》頁 214
23-19	53	《商周》圖版 274（頁 101）、《夏商周》（西周上）頁 214、《圖典》頁 218
23-20	53	《商周》圖版 272（頁 101）、《夏商周》（西周下）頁 373、《圖典》頁 217
24-1	60	《商周》圖版 279（頁 103）、《夏商周》（夏商下）頁 243、《圖典》頁 228
24-2	60	《商周》圖版 290（頁 105）、《夏商周》（夏商下）頁 241、《圖典》頁 228
24-3	60	《商周》圖版 288（頁 105）、《圖典》頁 227
24-4	61	《商周》圖版 275、276（頁 102）、《圖典》頁 216
24-5	61	《商周》圖版 677（頁 240）、《夏商周》（夏商下）頁 346
24-6	64	《商周》圖版 265（頁 99）
24-7	64	《商周》圖版 264（頁 99）
24-8	65	《商周》圖版 121（頁 45）
24-9	65	《商周》圖版 123（頁 45）
24-10	67	《商周》圖版 266（頁 99）、《夏商周》（夏商下）頁 265
24-11	68	《商周》圖版 267（頁 99）、《夏商周》（夏商上）頁 155
24-12	69	《年代》圖版 15：8（頁 546）
24-13	69	《紋樣》圖 4-163（頁 160）、《圖典》頁 214

編號	頁數	出處
25-16	85	《紋樣》圖 5-37（頁 167）、《圖典》頁 170
25-17	85	《紋樣》圖 5-36（頁 167）、《圖典》頁 169
31-1	98	《通考》圖 102（頁 111）、《紋樣》圖 5-163（頁 186）、《圖典》頁 225
31-2	98	《幻想》圖二十：3（頁 108）、紋樣》圖 5-172（頁 187）、《圖錄》頁 127
31-3	99	《商周》293（頁 107）、《圖典》頁 168
31-4	99	《紋樣》圖 5-175（頁 187）、《圖典》頁 220
32-1	101	《紋樣》圖 5-201（頁 192）、《全集 6》圖 116（頁 113）、《文物》1963 年 2 月，頁 54～55、《圖典》頁 226
32-2	101	《紋樣》圖 5-202（頁 192）、《圖典》頁 209
32-3	103	《商周》圖 408（頁 143）、《紋樣》圖 5-122（頁 178）、《圖典》頁 187
32-4	103	《紋樣》圖 5-123（頁 178）、《圖典》頁 189
32-5	105	《商周》圖 335（頁 120）、《斷代》頁 817～818、《圖典》頁 183
32-6	105	《商周》圖 336（頁 120）、《全集 5》圖 187（頁 179）、《圖典》頁 185、《斷代》圖 191-1（頁 825）
32-7	105	《商周》圖 337（頁 121）、《全集 5》圖 186（頁 178）、《圖典》頁 188
32-8	106	《商周》圖 338（頁 121）、《圖典》頁 191
32-9	106	《商周》圖 331（頁 122）、《圖典》頁 178
32-10	106	《精華》圖 582（頁 167）、《全集 5》圖 185（頁 177）、《紋樣》圖 5-132（頁 180）、《圖典》頁 180
32-11	107	《商周》341（頁 122）、《圖典》頁 178
32-12	107	《商周》340（頁 122）、《圖典》頁 178
32-13	107	《紋樣》5-96（頁 175）
32-14	107	《紋樣》5-94（頁 175）
32-15	107	《紋樣》5-97（頁 175）
32-16	107	《紋樣》5-98（頁 175）
32-17	107	《紋樣》5-99（頁 175）
33-1	111	《紋樣》5-205（頁 193）、《圖典》頁 170
33-2	111	《圖典》頁 224
33-3	112	《紋樣》圖 5-220（頁 194）、《圖典》頁 201
33-4	112	《幻想》圖十三：3（頁 101）、《圖典》頁 201

編號	頁數	出　　　　　　　　　　　處
33-5	113	《通考》圖 169（頁 128）、《紋樣》圖 5-240（頁 197）、《圖典》頁 200
33-6	114	《紋樣》圖 5-241（頁 197）、《圖典》頁 201
33-7	114	《全集 5》圖 175（頁 167）、《分期》卣圖 20（頁 128）、《夏商周》（西周下）頁 369
33-8	114	《全集 5》圖 161（頁 153）、《殷周》頁 256、《分期》尊圖 20（頁 117）
33-9	116	《年代》圖 15：4（頁 546）、《商周》圖 314（頁 113）、《圖典》頁 199
33-10	116	《造型》圖 75（頁 117）、《全集 5》圖 27（頁 24）、《紋樣》圖 55-217（頁 194）、《圖典》頁 200
33-11	116	《造型》圖 75（頁 117）、《圖錄》頁 70、《紋樣》圖 5-218（頁 194）、《圖典》頁 199
33-12	116	《商周》圖 317（頁 113）、《夏商周》（西周上）頁 237、《圖典》頁 199
33-13	117	《商周》圖 324（頁 115）、《圖典》頁 201
33-14	117	《商周》圖 326（頁 115）、《圖典》頁 200
33-15	118	《商周》圖 316（頁 113）、《夏商周》（西周上）頁 233、《圖典》頁 198
33-16	118	《夏商周》（西周上）頁 303
33-17	118	《商周》圖 322（頁 114）、《圖典》頁 200
33-18	118	《夏商周》（西周上）頁 255
33-19	118	《夏商周》（西周上）頁 258～259
33-20	118	《幻想》圖十三：7（頁 101）
33-21	118	《夏商周》（西周上）頁 317、《全集 6》圖 86（頁 84）
33-22	118	《紋樣》圖 5-230（頁 195）、《圖典》頁 199
33-23	118	《紋樣》5-228（頁 195）、《圖典》頁 200
33-24	118	《紋樣》圖 5-243（頁 197）、《圖典》頁 200
33-25	118	《紋樣》5-244（頁 197）、《圖典》頁 200
33-26	118	《紋樣》5-223（頁 195）、《圖典》頁 200
33-27	118	《紋樣》5-245（頁 197）、《圖典》頁 199
33-28	118	《夏商周》（西周下）頁 504
33-29	118	《夏商周》（西周下）頁 554
33-30	121	《全集 5》圖 22-24（頁 20～21）、《精華》圖 281（頁 78）、《紋樣》圖 5-239（頁 196）

編號	頁數	出　　處
35-21	148	《文物》1976 年第四期圖 58（頁 56）、《紋樣》圖 6-9（頁 219）、《圖典》頁 164
35-22	148	《商周》圖 318（頁 113）、《圖典》頁 206
35-23	148	《造型》圖 74（頁 117）、《分期》頁 148～149、《全集 6》圖 157（頁 153）、《紋樣》圖 6-10（頁 219）、《圖典》頁 181
35-24	149	《商周》圖 319（頁 113）、《分期》篇 14（頁 62）、《夏商周》（西周上）頁 289
36-1	153	《紋樣》圖 5-130（頁 179）、《圖典》頁 168
36-2	153	《夏商周》（西周上）頁 145
36-3	154	《紋樣》圖 3-164（頁 110）、《圖典》頁 235
36-4	155	《紋樣》圖 5-263（頁 199）、《圖典》頁 210
36-5	155	《紋樣》圖 5-264（頁 199）、《圖典》頁 205
36-6	155	《紋樣》圖 5-266（頁 199）、《圖典》頁 206
36-7	155	《年代》圖 14：2（頁 536）、《圖典》頁 205
36-8	156	《紋樣》圖 5-267（頁 199）、《圖典》頁 208
36-9	156	《商周》圖 311（頁 111）、《圖典》頁 210
36-10	157	《商周》圖 310（頁 111）、《圖典》頁 207
36-11	157	《夏商周》（西周上）頁 177、《商周》圖 309（頁 111）、《幻想》圖 18：4（頁 106）、《圖典》頁 207
36-12	157	《商周》圖 312（頁 111）、《年代》圖 14：3（頁 536）、《圖典》頁 205
36-13	157	《紋樣》圖 5-262（頁 199）、《圖典》頁 208
36-14	157	《紋樣》圖 5-265（頁 199）、《圖典》頁 209
36-15	158	《考古學報》1959 年 4 月圖九：3（頁 72）、《紋樣》圖 5-278（頁 199）、《圖典》頁 205
36-16	159	《商周》圖 376（頁 132）、《年代》圖 14：5（頁 536）、《圖典》頁 210
36-17	159	《商周》圖 373（頁 131）、《幻想》圖二十：6（頁 108）
36-18	159	《商周》圖 374、375（頁 131）、《夏商周》（西周上）頁 163、《圖典》頁 207、208
41-1	172	《婦好》圖版四四、《全集 3》圖 93（頁 94）、《精華》圖 106（頁 31）、《幻想》圖十九：1（頁 107）
41-2	172	《古代》圖五·十一：3（頁 427）、《圖典》頁 173
41-3	172	《通考》圖 104（頁 112）、《十二家》式二、《紋樣》圖 3-180（頁 113）、《圖典》頁 173

編號	頁數	出處
43-4	193	《通考》圖 106（頁 112～113）
43-5	193	《200》圖 45（頁 74）、《通考》圖 107（頁 112～113）
43-6	194	《幻想》圖 17：8（頁 105）、《殷墟》圖二十三：1、《紋樣》圖 3-157（頁 108）
43-7	194	《古代》頁 424、《殷墟》圖 56、《紋樣》圖 3-160（頁 109）
43-8	194	《故商》頁 467～469
43-9	195	《圖典》頁 234、《通考圖錄》頁 435、《支那 2》圖 87、《殷墟》頁 60、《紋樣》圖 3-165（頁 110）
43-10	195	《紋樣》圖 3-158（頁 109）、《圖典》頁 229
43-11	195	《通考》頁 111～112、《支那 2》圖 84、《殷墟》頁 60、《紋樣》圖 3-160（頁 109）、《圖典》頁 234
43-12	196	《商周》圖 420（頁 147）、《紋樣》圖 3-166（頁 110）、《圖典》頁 230
43-13	196	《圖典》頁 234、《幻想》圖 17：10（頁 105）、《古代》圖五‧七：3（頁 424）
43-14	196	《全集 11》圖 96、97（頁 93）、《圖錄》頁 357、《圖典》頁 231
43-15	199	《婦好》圖 21（頁 33）、《紋樣》圖 5-137（頁 181）
43-16	199	《紋樣》圖 5-138（頁 181）
43-17	200	《紋樣》圖 5-141（頁 181）、《圖典》頁 233
43-18	200	《頌續》74、《紋樣》圖 5-145（頁 182）
43-19	200	《幻想》圖 17：1（頁 105）
43-20	200	《紋樣》圖 5-143（頁 182）
43-21	200	《雙吉》上 48、《紋樣》圖 5-149（頁 183）、《圖典》頁 214
43-22	201	《商周》圖 419（頁 147）、《圖典》頁 232
43-23	201	《支那 2》圖 90、《紋樣》圖 5-146（頁 182）
43-24	201	《紋樣》圖 5-144（頁 182）
43-25	201	《紋樣》圖 5-148（頁 182）
43-26	201	《紋樣》圖 5-147（頁 182）
43-27	204	《紋樣》圖 5-139（頁 181）、《圖典》頁 208
43-28	204	《紋樣》圖 5-151（頁 183）、《圖典》頁 159
43-29	204	《商周》圖 421、422（頁 148）、《精華》圖 377（頁 107）、《紋樣》圖 13-158（頁 353）、《圖典》頁 230
43-30	205	《紋樣》圖 5-153（頁 183）、《圖典》頁 233
43-31	205	《紋樣》圖 5-154（頁 183）、《圖典》頁 229

書目簡稱對照表（依書目簡稱首字筆劃遞增排序）

《200》	丁孟，《你應該知道的 200 件青銅器》
《分期》	王世民等，《西周青銅器分期斷代研究》
《幻想》	段勇，《商周青銅器幻想動物紋研究》
《支那》	梅原末治，《日本蒐儲支那古銅精華》
《古代》	朱鳳瀚，《古代中國青銅器》
《全集》	中國青銅器全集編輯委員會，《中國青銅器全集》
《年代》	彭裕商，《西周青銅器年代綜合研究》
《河南》	河南省文物考古研究所，《河南商周青銅器紋飾與藝術》
《保利》	保利藏金編輯委員會，《保利藏金》
《故周》	游國慶，《故宮西周金文錄》
《故商》	陳芳妹，《故宮商代青銅禮器圖錄》
《夏商周》	陳佩芬，《夏商周青銅器研究》
《殷周》	林巳奈夫，《殷周時代青銅器の研究》
《殷墟》	中國社會科學院考古研究所，《殷墟青銅器》
《紋樣》	林巳奈夫，《殷周時代青銅器紋樣の研究》
《商周》	馬承源，《商周青銅器紋飾》
《婦好》	中國社會科學院考古研究所，《殷墟婦好墓》
《通考》	容庚，《商周彝器通考》
《通論》	容庚、張維持《殷周青銅器通論》
《造型》	陳振裕，《中國古代青銅器造型紋飾》
《發掘》	中國社會科學院考古研究所，《殷墟發掘報告》
《頌續》	容庚，《頌齋吉金續錄》
《圖典》	顧望等，《中國青銅圖典》
《圖錄》	李建偉等，《中國青銅器圖錄》
《歐米》	梅原末治，《歐米蒐儲支那古銅精華》
《斷代》	陳夢家，《西周銅器斷代》
《雙吉》	于省吾，《雙劍誃吉金圖錄》
《強國》	盧連成、胡智生，《寶雞強國墓地》

第一章 緒 論

第一節 研究動機與目的

青銅禮器〔註1〕為古時政治要器，為當時權力的表現，故為青銅器最主要的表現，因此青銅禮器的鑄造往往傾注當時最高的工藝技術於其中，其成品極為精湛動人。今日觀之，仍是極為精美的藝術作品，吸引眾人的目光。即便因筆者才疏學淺，對於青銅禮器上的銘文僅一知半解，但對於青銅器所呈現之攝人心弦的神祕樣貌與細膩卓越的工藝技術，仍極為欽佩與傾心，也因此引發筆者研究探討青銅禮器的動機。

分期研究為青銅器研究中重要的一環，目前主要的研究方法為：銘文、歷象、標型、考古方法。銘文由於具有補經證史之功用，歷來相關研究頗為豐富，可由銘文內容、文字風格、字形結構、文例語法等面向做年代的考察；而歷象研究則在銘文的基礎上延伸，考釋銘文內容中可見之歷象，以推求青銅器之年代；標型與考古則由器物本身出發，標型研究主要以分析其器型及紋飾的風格特色來推求青銅器的年代，為類型學方法與概念的運用；考古方

〔註1〕 本文之禮器定義，大致採陳佩芬之說。在青銅器此一概念下，分為禮器、兵器、工具、農具等四大類。在目前可見的青銅器中，以禮器數量最豐，其他器類則數量明顯較禮器為少；又以裝飾紋飾來說，亦主要見於禮器之上，兵器上雖有見紋飾者，但數量與精緻程度皆遠不及禮器，故本文僅以青銅禮器為研究範圍，兵器等其他器類則不加論述。青銅器發展年代以夏商周為主，此一階段習慣稱作青銅時代。禮器主要為天子、諸侯、卿大夫等各級貴族於宗廟祭祀、宴饗及各種典禮儀式之用。陳佩芬：《認識古代青銅器》（台北：藝術家出版社，1995 年），頁 10～27。

法則除器物本身外，亦關注到出土地點、地層、坑位、墓葬形式等青銅器物之外的因素，然這些資料，並非所有青銅器皆可知，或因其爲盜墓所得，或爲傳世器，故有其侷限之處。

若欲就青銅器本身做斷代分析，則銘文、紋飾、器型皆爲研究之要素，缺一不可，必須相互參照才能更臻正確。青銅器僅部份具有銘文，卻幾乎所有青銅器皆有紋飾〔註2〕，因此紋飾在青銅器各式相關研究中更顯重要，具有廣泛的適用性。無銘器之分期斷代少了文字風格、字形結構、文例語法的判斷，則紋飾、器型更成爲主要的斷定依靠；即便是有銘器，紋飾亦是協助斷代判定的要素，故青銅器紋飾研究有其不可取代之重要性。

一直以來，皆有學者提出紋飾研究在青銅器分期上的重要性，如郭沫若云：「一時代之器物必有一時代之花紋與形式。……故花紋形式在決定器物之時代佔有極重要之位置，其可依據，有時過於銘文。在無銘文之器則直當以二者爲考訂時代之唯一線索。」〔註3〕又如李學勤指出：「紋飾的研究，是尤其重要的，……紋飾猶如青銅器的語言，充分顯示了器物的時代性與地域性。」〔註4〕但目前可見之青銅器研究，仍多側重於銘文之相關研究，相較之下，紋飾之相關研究則貧乏許多。可見之紋飾研究，則又多從藝術欣賞之角度切入，或爲圖騰信仰的文化因素探究。雖亦有學者就紋飾做年代考察者，如郭沫若〔註5〕、容庚〔註6〕、陳夢家〔註7〕、王世民、陳公柔、張長壽〔註8〕

〔註2〕 在筆者閱覽的資料中，全素面之青銅器數量極少，至少皆有弦紋、繩紋等線條狀的簡單裝飾。全素器如殷墟出土之素面瓿有二件，見中國社會科學院考古研究所：《殷墟青銅器》（北京：文物出版社，1985年），圖版二三○；僅著簡單的線條紋飾者如弦紋鬲，見中國青銅器全集編輯委員會：《中國青銅器全集》（北京：文物出版社，1993～1997年），第一冊圖版五十四（頁53）。於後引用分別以《殷墟》、《全集》代稱以上二書，並將冊數以阿拉伯數字加於書名之後，如《全集1》。

〔註3〕 見郭沫若：〈毛公鼎之年代〉一文，收於郭沫若著作編輯出版委員會：《郭沫若全集——考古編5》，北京：科學出版社，2002年。

〔註4〕 見彭裕商：《西周青銅器年代綜合研究》（成都：巴蜀書社，2003年）之序言。於後以《年代》簡稱此書。

〔註5〕 其諸多著作中，如《兩周金文辭大系》、《殷周銅器銘文研究》等皆提到以花紋形制應用於年代研究的想法，然實踐於研究中仍多以銘文爲主要判定標準，對花紋則著力不深。此二書目前收錄於《郭沫若全集——考古編》第八卷與第四卷（北京：北京科學出版社，2002年）。

〔註6〕 如其《商周彝器通考》（台北：文史哲出版社，1985年）一書中，對各式花紋做了整理與分類。於後以《通考》簡稱此書。

等，但略有不夠全面、深入之嫌〔註9〕。整體而言，以紋飾做斷代分期研究仍有許多可再深入的空間。故希冀透過本文的撰寫，爬梳前人的研究成果，對紋飾進行分類，以進行其中風格差異的探析，並由此了解不同時代中對於紋飾裝飾的慣用及喜好，以提供青銅器斷代研究另一個參考的方向。

青銅器紋飾可概分爲動物紋、幾何紋、人物紋等類，以動物紋居多，爲中國青銅器紋飾中的主體〔註10〕；動物紋之中又以獸面紋（或稱饕餮紋）、龍紋（或稱夔紋、夔龍紋）、鳳鳥紋最爲常見。獸面紋可說爲商代青銅器紋飾中的主體，至西周仍有少量運用，其影響範圍很廣，歷來頗多相關的研究，亦有陳公柔、張長壽等學者對其進行斷代研究；鳳鳥紋於西周昭穆之後大量運用，可謂爲西周時期的主要紋飾，近年來更有陳夢家、王世民等學者針對鳳鳥紋進行分期斷代的研究；而龍紋爲商周青銅器紋飾中，群體數量最龐大、型式最複雜、流傳時間最長久的一類紋飾〔註11〕，除於商周青銅器上可見之外，亦常見運用於後代各類器物。但龍紋於青銅器中數量雖多，卻多居陪襯輔佐之地位，且少見學者針對龍紋進行深入研究，多爲紋飾整體研究之一角。故引起筆者深入探討的興趣，因此選定以龍紋爲分析討論的對象，企圖釐清龍紋於商周青銅器上多元的形態與特色，以及其特色與時代上的關聯。

簡言之，本文寫作目的在於整理各類型龍紋紋飾出現在何種器類、何時，及分析其間細微的藝術差異，歸納出不同類型紋飾出現的時間，使其能夠成爲協助青銅器斷代分期的參考之一。

第二節　前人研究成果

前人研究中涉及龍紋與斷代分析者大抵有幾個面向，由於各有其側重與取向，也因此其研究成果中仍有繼續深入的空間。其研究大致有幾種類型，

〔註7〕　其《西周銅器斷代》（北京：中華書局，2004 年）一書中對康王時代的青銅器斷代，多倚重鳥紋的分析。於後以《斷代》簡稱此書。

〔註8〕　王世民、陳公柔、張長壽合著的《西周青銅器分期斷代研究》（北京：文物出版社，1999 年）中對於鳥紋、獸面紋、竊曲紋進行相關的斷代研究。於後以《分期》簡稱此書。

〔註9〕　關於上述學者之研究成果述評，詳參本章第二節前人研究成果。

〔註10〕　此處採段勇：《商周青銅器幻想動物紋研究》（上海：上海古籍出版社，2003 年），頁 1。於後以《幻想》簡稱此書。

〔註11〕　見段勇：《幻想》，頁 62。

以下先對各研究類型及其重要成果分別進行介紹，再行說明本文在其基礎上
如何進行研究。

一、前人研究的三個面向

（一）為青銅器整體研究的一角

此類龍紋研究於整體青銅器研究中提及，雖兼及紋飾與斷代的研究，但
由於此類研究為全面性的介紹，對於龍紋的斷代研究多為介紹、概述的性質，
自然有許多再行深入的空間。目前對於龍紋進行研究者多屬此類，如容庚《商
周彝器通考》中對於青銅器上的紋飾加以分類介紹，書中選錄許多紋飾拓本
加以佐證，對於紋飾研究頗具啟發；但此書屬通論性質，上下編合計十九章，
對於紋飾僅佔一章的篇幅，又該書乃針對所有紋飾加以介紹，其中龍紋的介
紹僅佔八頁的篇幅〔註 12〕。容庚與張維持合著之《殷周青銅器通論》〔註 13〕
性質則與《通考》一書接近，亦屬通論性質，對於紋飾的介紹也為全面性的
通論介紹，對於龍紋的分析研究著墨有限，論述極為有限。朱鳳瀚《古代中
國青銅器》中將龍紋分為七類，並指出各大類的流行年代，為較早關注且較
細緻的對龍紋進行分類與年代關係的研究；但由該書的命名即可了解朱鳳瀚
之研究乃青銅器整體的介紹，研究範圍極為廣闊，對於龍紋雖有提及，但篇
幅不長，論述較為簡單，僅佔數頁的篇幅〔註 14〕，故雖對後代研究有所啟發，
但仍有許多深入的空間。又如彭裕商《西周青銅器年代綜合研究》一書由器
型、銘文、紋飾等面向對西周青銅器進行年代的考究，紋飾方面針對龍紋與
竊曲紋進行年代上的分析，並在朱鳳瀚的基礎上，將龍紋分為八型，分別為
花冠顧首龍紋、水草型顧首龍紋、象鼻龍紋、波曲形龍紋、橫 S 形顧首龍紋、
龍紋間火紋、短小龍紋、絞龍紋等，由其分類中並未見對蟠龍紋等卷龍紋的
討論，又該書研究素材僅侷限於西周時期，故筆者以為討論範圍仍有所限制，
有再行深入的空間。〔註 15〕

〔註 12〕 容庚：《商周彝器通考》（台北：文史哲出版社，1985 年），頁 106～113。該
　　　　書分類中與本文龍紋範圍相合者有：夔紋、兩頭夔紋、三角夔紋、兩尾夔紋、
　　　　蟠龍紋、龍紋等六類。
〔註 13〕 容庚、張維持：《殷周青銅器通論》（台北：康橋出版事業有限公司，1986 年）。
〔註 14〕 詳見朱鳳瀚：《古代中國青銅器》（天津：南開大學出版社，1995 年），頁 387
　　　　～390。於後以《古代》簡稱此書。該書將龍紋分為夔紋、顧龍紋、蟠龍紋、
　　　　團龍紋、交龍紋、曲龍紋、其他形式的龍紋等七類。
〔註 15〕 彭裕商：《年代》，頁 530～544。

（二）為青銅器紋飾研究的一角

此類研究僅針對紋飾做研究，但取材範圍較廣，雖較第一類研究焦點更為集中，專以紋飾為研究對象，但由於研究範圍囊括多種紋飾，資料較為繁雜，進行年代分析研究時仍難免有些偏失或遺漏之處；又或者雖以各式紋飾為研究取材，但其研究目的乃跳脫青銅器之外，主要是了解該時期人類信仰等文化狀況。

前者如段勇《商周青銅器幻想動物紋研究》一書，該書對獸面紋、夔龍紋（即本文所謂龍紋）、神鳥紋（即本文所謂鳳鳥紋）做較為全面的分析研究，書中對於夔龍紋的分析，取其外形之直觀，以英文大寫字母為應對，共分九類〔註16〕。然各分類或取全觀為標準，或有以部份特徵做分類者，之間似有重複或劃分不清之處，如 S 型夔龍紋乃取其身軀彎折做「S」的特徵，Y 型夔龍紋取其雙首共身的特徵，前者取紋飾全觀，後者則以部份特徵為準，且該書所舉例之 Y 型夔龍紋部份身軀彎折成 S 形，同時具有兩型的特徵，在分類上似乎不夠明確；又其分類取英文大寫字母做命名，但並非所有紋飾皆可符合該字母外觀之特徵，容易造成讀者誤解，如前述 Y 型夔龍紋取其雙首共身，但卻見紋飾做 S 形外觀者，又如 H 型夔龍紋乃取不同型式的夔龍紋相連或夔龍紋與其他動物紋相連之外觀，然書中所舉之圖例實難看出「H」之外觀，與其分類準則似有落差。另一方面，因段勇一書兼及獸面紋、神鳥紋、夔龍紋等紋飾，各型式僅舉一圖例為代表進行分析，又無其他相似紋飾的論述，對於該型式紋飾的變化與細緻差異無法掌握，更無從查檢複驗，難以對紋飾整體有深刻的認識與了解。故段勇一書之研究成果雖對龍紋斷代研究頗具參考之價值，但仍有許多可深入探討的空間。

後者如張光直〈商周青銅器上的動物紋樣〉一文〔註17〕，雖對於青銅器上的紋飾有所論析，然其研究目的主要是解釋動物在古代占卜的地位，透過紋飾構圖的安排做為動物實扮演溝通媒介的證據，與斷代研究無直接關聯，對於龍紋的論述亦極少。

（三）為青銅器龍紋的專門研究

此類研究較前述各類主體明確並集中，研究對象以龍紋為主；但其研究

〔註16〕 段勇：《幻想》，頁 62～115。該書將夔龍紋分為 S 型、Z 型、W 型、L 型、O 型、C 型、A 型、Y 型、H 型等九類。

〔註17〕 張光直：《中國青銅時代》（台北：聯經出版事業公司，1983 年），頁 355～387。

取向，則不一定以斷代爲取向，或探討龍紋之藝術價值，或探討其紋飾背後之文化意義，研究目的各不相同；又目前所見此類之研究成果，多爲單篇論文的形式，受到文章篇幅的侷限，其論述的深度較專書淺略。關於此類研究成果頗多，此僅略舉一二〔註18〕，如邢捷、張秉午〈古文物紋飾中龍的演變與斷代初探〉〔註19〕與梁彥民〈殷周青銅器雙身龍紋及相關問題〉〔註20〕二文皆雖爲龍紋與斷代的研究，前者涵蓋所有龍紋，後者則僅著眼於雙身龍紋，但篇幅皆短，仍有許多研究空間；黃敬剛〈曾侯乙尚龍與其文物的龍飾藝術〉〔註21〕一文討論曾侯乙出土物中大量龍紋的運用，及其所顯現出的龍文化崇拜現象；張清發〈商周青銅器的龍類紋飾及其圖騰意義探析〉〔註22〕雖篇幅較上述數文長，但其研究取向主要爲圖騰意義的探討，與斷代研究幾無關聯。

二、本文研究空間

以上各位先進對於龍紋與斷代研究皆提供豐碩的成果，但或礙於當時的各種條件限制，多做大範圍的概述，或做文化、藝術等意涵探討。本文在其啓發與基礎上，主要朝兩個面向發展：

（一）專就斷代研究

上述研究成果中，雖有論及紋飾與斷代之間的關聯，但最終多以銘文、器型等做爲判斷的準則，對於紋飾與年代之間做探討的研究成果較少。因此本文主要論述方向，即透過紋飾在年代中的變化，歸納其演變的傾向與規律，爲青銅器斷代研究提供另一項判斷準則。

（二）專就龍紋研究

筆者於構寫之初本欲做獸面紋、鳳鳥紋、龍紋等全面的研究，但在閱讀前人研究成果時，往往因其圖例的侷限，無法詳細了解其分類紋飾中的細節變化。故本文暫將研究範圍縮小至龍紋，並將所蒐集的圖版分類後，皆納入文中，提供讀者參看；透過圖版的羅列，使讀者了解紋飾運用的相同與相異

〔註18〕相關研究內容之列舉，詳參本文參考書目中「單篇論文」一類。
〔註19〕收於《文物》1984年第一期，頁75～80。
〔註20〕收於《考古與文物》2006第六期，頁78～83、87。
〔註21〕收於《武漢大學學報》（人文社會科學版）第五十九卷第五期，2006年9月，頁599～605。
〔註22〕收於《問學》第六期，2004年4月，頁191～210。

之處，避免單一圖例的獨斷，使讀者能確實掌握商周時期紋飾運用及其特色的變化。

第三節　研究範圍暨使用體例說解

紋飾分期研究中，必涉及年代分期的標準、紋飾特徵等定義，以下將說明本文研究範圍、文中體例安排、所採用年代分期標準與龍紋構成特徵。

一、研究範圍

《說文解字卷二十・龍部》：「龍，鱗蟲之長，能幽能明，能細能巨，能短能長，春分而登天，秋分而潛淵。」〔註 23〕由此段記載中，可知龍的形象多變，無固定外觀，然「鱗蟲之長」可說是龍最主要的特色。自宋以來凡一足、類似爬蟲狀之動物紋，皆以夔紋稱之，此命名與「夔一足」的傳聞有關。在《莊子・秋水》〔註 24〕、《國語・魯語下》〔註 25〕、《山海經・大荒東經》〔註 26〕、《說文解字卷十・夂部》〔註 27〕等皆有相關的記載。依馬承源之見，夔一足乃是側面寫形之故，非眞爲一足。青銅器紋飾中，凡是蜿蜒形體軀的動物，都可歸之於龍紋〔註 28〕。筆者以爲，夔紋之稱僅侷限於側面一足寫形的紋飾，故此處採龍紋來統稱此類有龍首裝飾〔註 29〕之爬蟲狀動物紋，

〔註 23〕許慎撰，段玉裁注：《說文解字注》（台北：漢京文化事業有限公司，1980年）。

〔註 24〕郭慶藩：《莊子集釋・秋水第十七》疏：「夔是一足之獸，其行如詖，足似人腳而迥腫向前也。」釋文引李云：「黃帝在位，諸侯於東海流山得奇獸，其狀如牛，蒼色無角，一足能走，出入水即風雨，目光如日月，其音如雷，名曰夔。黃帝殺之，取皮以冒鼓，聲聞五百里。」（北京：中華書局，1961年），頁 592。

〔註 25〕韋昭：《國語・魯語下》注文：「夔一足，越人謂之山繅，音騷，或作繰，富陽有之，人而猴身，能言，或云獨足。」（台北：藝文印書館，1965年，《百部叢書集成》影印《士禮居叢書》本）

〔註 26〕郭璞：《山海經・大荒東經》：「東海中有流波山，入海七千里，其上有獸，狀如牛，蒼身而無角，一足，出入水則必風雨，其光如日月，其聲如雷，其名曰夔。黃帝得之，以其皮爲鼓，橛以雷獸之骨，聲聞五百里以威天下。」（台北：藝文印書館，1965年，《百部叢書集成》影印《經訓堂叢書》本）

〔註 27〕《說文卷十・夂部》：「夔，神魖也。如龍，一足……象有角手人面之形。」（頁 236）

〔註 28〕見馬承源：《中國青銅器》（台北：南天書局，1991年），頁 324～325。

〔註 29〕龍首裝飾係指角與冠，其各類細項則於後文中另有詳細介紹。

其討論內容亦包含舊稱的「夔紋」。

由於龍紋變化多端，其特點在於整體構圖的變化〔註30〕，故依龍紋整體之結構狀態來分類，可概分為三大類，第一類為身軀平置、做爬行狀的龍紋，即爬行龍紋，其身軀或呈直線，或呈波折，多為橫向構圖，亦有少數直立構圖者；而龍首主要為側面寫形，亦有極少數為正面者。第二類為身體蜷曲成團狀之龍紋，即卷龍紋。此二類多以一龍為單位，亦有少數以兩龍（或以上）構圖者。第三類為兩龍（或以上）相互纏繞之紋飾，即交體龍紋。

本文以爬行龍紋與卷龍紋做為分析之材料，因交體龍紋多以許多彎曲的小龍組合成整面的紋飾（即蟠螭紋〔註31〕），其龍紋主體特徵不明，紋飾風格的差異與特色主要在於組合的整體，以蟠虺紋填補器物的空白面或做立體的裝飾（如器蓋、棱脊等），其特徵非分析其中單一龍紋所能了解完備。反觀爬行龍紋與卷龍紋則龍紋主體明顯，個別龍紋間的型態、風格等具有鮮明的差異，較具分析之便利與價值，故定為本文分析的材料。而波曲紋〔註32〕、竊曲紋〔註33〕等已簡化至無法辨識各器官之紋飾，已失去龍紋的特徵與形

〔註30〕 見馬承源：《中國青銅器研究》（上海：上海古籍出版社，2002 年），頁 362。

〔註31〕

（西周晚期交龍紋瓿肩部，《商周青銅器紋飾》，頁 158）指兩條或兩條以上的小龍相互交繞，組成一個紋飾單元，再重複出現構成帶狀或密布於器表。小龍均張口，上唇較明顯的上卷，或垂舌，見朱鳳瀚：《古代》，頁 389。上海博物館青銅器研究組編：《商周青銅器紋飾》（北京：文物出版社，1984 年）。於後引用以《商周》簡稱此書。

〔註32〕

（西周孝王大克鼎腹部，《商周》，頁 286）舊稱環帶紋，呈寬闊帶狀大幅度的波曲狀，波曲中腰常有一獸目或近似獸頭形的突出物，波峰的中間填以兩頭龍紋、鳥紋、鱗片紋或其他簡單線條，為西周中、晚期到春秋早期青銅餪食器和酒器中的主要紋飾之一。見馬承源：《中國青銅》，頁 333。上海博物館青銅器研究組編：《商周》，頁 257。

〔註33〕

象，雖有學者將其視爲龍紋演化之成果〔註 34〕，亦不爲本文討論範圍。由於爬行龍紋與卷龍紋主要見於商至西周間，春秋後則多爲交體龍紋的範疇，故本文取材年限主要至西周末年，然若部分類型紋飾其發展下限至西周之後者，爲求對紋飾整體發展的了解，仍將西周之後的紋飾材料納入，以求完整。

　　爲求紋飾的清晰及分析上的便利，以拓本爲主要研究材料，取材上則以平面或浮雕之紋飾爲限，立體裝飾則不在分析材料之中，部分紋飾無拓本或拓本不清晰則以摹本或照片輔助，並以紋飾的清晰完整與否爲篩選的標準。禮器之下，參酌其用途與龍紋出現狀況概分食器、水酒器、樂器等三大項〔註 35〕。若該類型紋飾數量過多，則取器名年代明確者做爲分析代表，其他紋飾以簡表或文字描述附檢於後，以供讀者了解該類型紋飾的整體形況。

二、體例安排

　　在爬行龍紋與卷龍紋兩大類的基準下，次依龍首方向、龍首裝飾、口、足等型態間的差異，做爲各大類型下若干式的分類準則，將其歸納爲不同的龍紋群組。如龍首方向有正視、側視的區別；龍首裝飾有瓶狀角、尖角、半

（曾大保盆，《分期》，頁 183）竊曲紋形態多變，《呂氏春秋卷十六‧先識覽》言：「周鼎有竊曲，狀甚長，上下皆曲。」其共同特徵爲卷曲的細長條紋，於青銅器上往往連接成帶狀，飾於器物口沿、蓋緣及鐘的篆部（見朱鳳瀚：《古代》，頁 397～398）。又竊曲紋中多含有目形與獸角的形狀，後代研究學者又有將其歸於獸體變形紋飾中，而捨棄竊曲紋的舊稱（如馬承源《中國青銅器》）。竊曲紋於學者的研究分類中，分類頗多，此處茲舉一類爲例。關於竊曲紋之研究，王世民等《分期》、彭裕商《年代》、容庚《通考》等書皆有介紹，可供參考。

〔註 34〕如彭裕商：《年代》，頁 549～574 以及王世民等：《分期》，頁 182～193 皆討論到竊曲紋的來源與分式，其中部分形式之竊曲紋認爲由龍紋演變而致。朱鳳瀚：《古代》，頁 399～400 中對於波曲紋的討論，亦提到其與單首雙身龍紋的近似，顯示波曲紋可能爲龍紋之簡省變形。

〔註 35〕本文之禮器分類與內容，大致採陳佩芬之說。陳佩芬將禮器分爲飪食器、酒器、水器、樂器四類。主要器類爲：鼎、鬲、甗、簋、簠、盨、敦、豆、盂、俎、匕、爵、角、觚、觶、斝、尊、壺、卣、方彝、觥、罍、瓿、盉、枓、勺、禁、盤、匜、鑒、鐃、鉦、鐘、鎛、鈴、鈎鑃、錞于、鼓。陳佩芬：《認識古代青銅器》，頁 19～27。由於本文僅針對龍紋做探悉，考量到出現龍紋之器類狀況，在分類上略做調整，故於第五章第五節器類分析時，僅分爲食器、水酒器（含陳佩芬之酒器、水器兩類）、樂器三大項進行論析，用詞與陳佩芬略有不同，特此說明。

環狀角、曲折角、花冠、長冠等形式；口部則是雙唇的型態、有舌與否皆不盡相同；足則有一足（此類舊稱夔紋）、二足，亦有無足者。此處所採分類次序爲：類－型－亞型－式－組，各型之間依龍首與身軀特徵加以劃分亞型；各亞型之間則依細部特徵，如口、足、角、身軀之紋飾特色等加以分式，以羅馬數字 I、II、III……等表示；各式間再依情況酌分數組，以英文字母 A、B、C……等表示。各群體間主要按照年代的前後順序排列，部分年代相似者，則以該型式的標準形態爲首，變化形態置後。

　　每個圖版下標示圖版編號、器名（或器類）、部位、時代、出土地、現今收藏地點、紋飾說明等資料；器名（或器類）、部位、時代等資料若無法得知則以不明或闕表示；出土地與現今收藏地點因可知數量太少，故可知才標明，不可知則從缺不另標明；圖版來源另於目錄中以簡表索引。圖版以章節爲單位進行流水編號，連結號前有十位數字，其中十位數代表章之次序，個位數代表節之次序，分號後爲該章節的流水序號；若同一器有兩個（或以上）圖版，則於流水序號後加小寫英文字母識別，如「12-25b」即代表第一章第二節第二十五個圖版中 b 圖。表則以章爲單位作流水編號，如「表 2-3」即代表第二章第三個圖表。文中數字編號皆以阿拉伯數字表示。

三、年代分期標準

　　目前學者們對於商代晚期與西周時期的銅器分期意見略有差異，主要原因乃在於對出土材料的分析切入點不同。其中商代晚期的分期標準主要有三期說與四期說：四期說，其分期很大程度上是基於陶器的分期與銅器的共生關係，根據兩者共生的關係確定銅器時代的早晚〔註 36〕；三期說，則是根據銅器自身的形制、花紋及組合的變化做出分期〔註 37〕，目前學界中持此二說法者不相上下。西周分期則主要有三期說與五期說兩種說法：五期說，較著眼於墓葬或窖藏中並存陶器的關係，各家分期所應對世系不甚一致，對於銅器本身型式的劃分亦不一定有所關注〔註 38〕；三期說，則較著眼於銅器本身

〔註 36〕 如鄭振香、陳志達：〈殷墟青銅器的分期與年代〉，收於中國社會科學院考古研究所：《殷墟青銅器》（北京：文物出版社，1985 年），頁 27～77。於後此書以《殷墟》簡稱。

〔註 37〕 如楊錫璋、楊寶成：〈殷代青銅禮器的分期與組合〉，《殷墟》，頁 79～102。

〔註 38〕 如盧達成、胡智生：《寶雞強國墓地》（北京：文物出版社，1988 年）與朱鳳瀚《古代》（頁 755～778）皆持五期說，但其應對之世系略有不同；盧達成等分別以文王、昭王晚期、恭王、夷王、幽王爲各期下限；朱鳳瀚則以康王、昭王、

的形制、紋飾、與組合變化等差異，目前學界多持此說〔註 39〕。固然陶器分期可做爲銅器年代判斷的參考，但並不意味兩者分期的完全相同，銅器分期仍應就銅器本身狀態進行分期較爲妥切，故本文對於商代晚期與西周之分期皆採三期說，於本文中皆以早中晚做應對。以下茲以表 1-1 說明本文分期、其他學說分期與帝王世系間的相互應對情形，以助讀者了解三者的關係，在面對其他資料時能加以比對。

表 1-1：商周分期年表〔註 40〕

本文分期	其他學說分期	帝王世系〔註 41〕	紀元前世紀	朝　代
殷墟早期	殷墟一期	盤　庚	約 13th～11th B.C.	商後期
		小　辛		
		小　乙		
		武丁早期		
殷墟中期	殷墟二期	武丁晚期		
		祖　庚		
		祖　甲		
殷墟晚期	殷墟三期	廩　辛		
		康　丁		
		武　乙		
	殷墟四期	文　丁		
		帝　乙		
		帝　辛		

恭王、孝王、幽王爲各期下限。《寶雞強國墓地》一書於後以《強國》簡稱。

〔註 39〕以陳夢家《斷代》一書爲代表，其他如王世民等《分期》、彭裕商《年代》等書皆採此說。

〔註 40〕本表之架構與模式主要參酌自陳芳妹：《故宮商代青銅禮器圖錄》（台北：故宮，1998 年），頁 11 商代年表，多數架構與資料皆直接引用其說，唯西周分期所應對的帝王世系與西元紀年參酌陳夢家《斷代》一書（頁 522），考古分期一欄則改做本表之其他學說分期。由於本文蒐集資料中，未涉及商前期以前之材料，故於年表中即不列出二里頭與二里岡時期之分期資料。其他學說分期由於西周五期說本身即具有分歧，故未列出，僅列出殷墟四期說與本文分期的應對關係。

〔註 41〕採《史記》殷本紀、周本紀之說。

西周早期		武　　王	1027～948 B.C.	西　　周
		成　　王		
		康　　王		
		昭　　王		
西周中期		穆　　王	947～858 B.C.	
		恭　　王		
		懿　　王		
		孝　　王		
		夷　　王		
西周晚期		厲　　王	857～771 B.C.	
		共和時期		
		宣　　王		
		幽　　王		

　　另外必須說明的有兩點：（一）由於本文取材資料部分包含春秋時期，一般以周平王東遷爲春秋的起點，終於周敬王四十四年；其年代範圍爲西元前770年至西元前476年〔註42〕。（二）本文主要取材範圍以殷墟時期與西周時期爲主，但少數材料僅知屬「商代」，在無其他資料可供佐證時，仍保留所見資料原貌。故於內文中有少數紋飾的年代說解以「商代」表示。由於「商代」所涵蓋的範圍較「殷墟時期」大，故於第五章分析時，爲將少數僅知年代屬「商代」之紋飾涵括，則以「殷商時期」表示「商代」與「殷墟時期」兩者的綜合範圍。

四、龍紋組成及其特徵說解

　　龍紋主要由目、唇、額前裝飾、龍首裝飾、背部裝飾、腹鰭、身軀、足、尾等部件組成。其中額前裝飾、背部裝飾、腹部裝飾、足則不一定每個圖版皆有。以下茲舉一例說明其構成形式：

〔註42〕關於春秋年代的界定，各學者所見略有分歧，有將《春秋經》終了（魯哀公十六年）視爲春秋結束（西元前479年），有認爲《史記・十二諸侯年表》及《史記・六國年表》則代表春秋與戰國的分界（即西元前476年）；以後者之說爲多數學者所採用。本文此處亦採多數學者之說。

圖版 13-1：龍紋構成示意圖

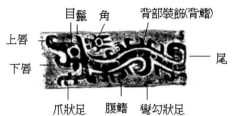

左圖為圓形目，雙唇上卷，龍首裝飾為角，額頂有一短鬣（歧出的彎勾裝飾），背部有許多彎勾背鰭裝飾，腹下有二足，前足為爪狀，後足為彎勾狀，另有許多較後足短小的彎勾裝飾，為其腹鰭，尾部上卷。

各部件常見形式不盡相同，以下將依次概述其特徵，並茲舉數例，簡單說明其紋飾特徵，重複者則不再說明：

表 1-2：龍紋特徵舉隅一覽表

方形目，尖角，雙唇上卷，身軀棱脊留白，尾部上卷。	臣字形目，T 形角，下唇倒 T，額前有 L 形彎勾裝飾，身軀飾雲雷紋，背飾長翼。	圓形目，半環狀角，長鼻狀裝飾，背飾列旗。	圓（臣）形目，長冠，背飾長翼。

1. 目型。主要有圓形目、方形目、臣字形目、圓形目旁有線條裝飾（簡稱圓（臣）形目）、方形目旁有線條裝飾（簡稱方（臣）形目）等形式。

2. 唇型。唇則視其上下唇構圖，有雙唇上卷、雙唇下卷、雙唇外卷等主要形式，部分紋飾無下唇，或下唇做倒 T 狀等。

3. 龍首裝飾。可分為冠與角兩大類，角型則頗為多元，主要有瓶狀角、半環狀角、T 形角、尖角、葉狀尖角等，冠型則有長冠與花冠之分。

4. 身軀裝飾。身軀上面有雲雷紋、菱格紋、鱗紋、線條裝飾，或以棱脊留白製造立體感等裝飾形式。

5. 背部裝飾。背部裝飾主要有鰭、翼、列旗〔註 43〕等大類，於下可分為短翼、長翼、短翼與長翼兼具、列旗、背鰭、短鰭、鬚、無裝飾等。

〔註43〕列旗一詞乃延用獸面紋特徵的稱呼，此羽狀的特徵於獸面紋中亦常見，該類獸面紋常被稱作「列旗饕餮紋」；高西省認為此特徵乃獸面紋額頂之羽毛，為其面貌特徵的一部份（見高西省：〈獸面紋額羽與「列旗」〉，《文博》1999 年一期，頁 7～12）。筆者以為龍紋身上列旗的特徵確實延續獸面紋而來，又與背鰭特徵不同，故以不同稱呼將兩者區別。

6. 足型。足部主要有爪狀、彎勾、拳狀、無足等形式。

7. 尾部。尾部有雙尾、下卷、下垂、下垂並拖曳、上卷、上翹、分歧、平直、平直末端下垂（以「平直（下垂）」表示）、平直末端上翹（以「平直（上翹）」表示）、盤卷、直豎、彎勾等形式。

8. 其他。額前裝飾、長鼻狀裝飾、腹部裝飾等則零星運用，其中額前裝飾與長鼻狀裝飾皆位於龍首處，額前裝飾則有做鬢（短彎勾狀）及 L 形勾狀兩種。

大致而言，其特徵多如其名，所舉圖例僅將較為特殊的狀態指出，如列旗、下唇倒 T、長鼻狀裝飾等，其餘特徵於各圖版舉例時，皆將另行深入說明。

第四節　研究方法及步驟

一、研究方法

紋飾為藝術裝飾的表現，受到紋飾安置空間、地區風格、時代特色等因素影響，其中有許多彈性變化的空間，所呈現的風貌也就不盡相同；在研究時不但要求其同，亦要求其異，才能理解各紋飾間藝術風格的差異，及其差異與時代的應對關係。歷來文字學家進行文字的研究時，常用到「偏旁分析法」、「歷史比較法」、「綜合論證法」等研究方式，本文雖以紋飾為研究對象，但漢字研究的方法仍有許多可援引參考之處。另外，為了解紋飾與時代的關聯，對於所掌握的材料亦須進行統計分析，以下為本文研究方法的概要介紹：

（一）歸納法

為表達紋飾間的差異，需先訂立出適當的類型分類，才能在此基礎上，進一步了解各類型與時代間的關係，除了解紋飾的不同之外，也需將其中的共通之處加以連結。故需要運用歸納法，在異中求同，將眾多龍紋圖例，加以比較研究後，找出其間的通則，以進行分類研究。

（二）形體分析法

此方法本為文字學中的「偏旁分析法」，原指將文字中不認識的部份，通過偏旁分析，進而組合，以認識所要考釋的字。本文則借用其偏旁的概念，

將紋飾整體拆解成數個部份進行論析，分爲目、唇、龍首裝飾、身、足等部件進行分析，並於同中求異，透過各部件特徵的統整歸納，以了解各紋飾間細微的特徵差異。

（三）歷史比較法

此方法是將不同階段的文字材料，依時代先後羅列而出，進而從歷史的角度考釋一字的演變，透過未識字與已識字形體上的比較，來判斷未識字。換言之，每一時代皆有其不同的文化特色。本文即援引此概念，對於可知年代範圍極大的紋飾，透過與其他確知年代的相似紋飾相比，以其共同點求出較精確的年代範圍。

（四）綜合論證法

此方法係指運用各種相關的知識，通過古代歷史、文化、習俗等方面的考察，來釋讀未識字，探求疑難字的構型和本義。本文援用此概念，面對可知年代範圍極大的紋飾，或未知年代的紋飾，通過器型、銘文、其他紋飾的流行運用等其他相關知識進行分析判斷，以進行該紋飾較爲可能的年代推測。

（五）統計法

統計的目的在利用蒐集的資料，透過數字來解釋事情或現象的內在。文中將所蒐羅、分析之資料，運用統計的概念，將各時期紋飾運用的狀況以數據呈現。透過分析各時期或各階段數據的具體變化，了解該時期藝術風格的運用變化，使抽象的概念得以具體呈現。

二、研究步驟

基於上述之研究方法，本文撰寫主要分爲下列幾個步驟：

（一）蒐集資料

首先收集可見的青銅器紋飾相關著作，包含圖版、專書、單篇論文等，內容含括紋飾研究、分期研究等相關成果與各地出土資料。並將其中可見之拓本、摹本、彩色照片等資料加以掃描，並分割圖片、建檔編碼。

（二）圖檔分類

分析比較所蒐集到的圖版，將其中相似之處加以聯結分類；對於分類的標準亦多參酌前賢之研究成果，並加以修正，訂出適合本文之類型。

（三）繫聯比較，並製作資料檔案

雖本文主要以拓本爲分析素材，但多數拓本相關資料不全，僅知器類、時代等簡單的資料，關於器名、出土地、館藏地點等其他資料，多須與摹本、彩色照片等加以繫聯比較後始能得知。繫聯比較後，將各圖版相關資料加以製作 excel 檔案，以利之後資料查檢與分析。

（四）撰寫論文

本文分正文與附錄兩大部分。正文部份分五章對於所蒐羅的紋飾進行討論，先以類型爲軸進行年代特色的分析，次以時代爲軸論析其中紋飾特徵的變化，並統合整體、打破各型式間的藩籬，依序討論龍紋各部件特徵於各時代所運用的情形，以求兼顧橫向與縱向的分析；論述間即將圖版、分析圖表等羅列於旁，以利讀者閱讀。附錄部分則爲正文所見之圖版檢索、其他補充圖版、圖表等輔助資料，爲正文論述不足之處加以補強。

第二章　前顧型爬行龍紋與下視型爬行龍紋研究

　　爬行龍紋在龍紋中數量最多〔註1〕，且多對稱構圖，依其龍首方向的特徵，又可分爲前顧型爬行龍紋、下視型爬行龍紋、顧首型爬形龍紋、雙身型爬行龍紋、雙首型爬形龍紋五大類型，其中雙身型爬行龍紋與雙首型爬行龍紋數量不多，而雙首型爬行龍紋實爲其他各類型龍紋的變形，其紋飾特徵及可見年代與各型式龍紋的關聯性較高，故併入其他各類型龍紋中討論，以求對於紋飾整體變化的掌握與了解，不另做分析；雙身型爬行龍紋則具有紋飾的獨立性，故仍另闢一類型分析。其他四類型之下，先依身軀特徵劃分亞型，次依該類紋飾細部不同特點，如口、足、龍首裝飾、身軀之紋飾等，加以區分式。各式之下若有特徵明顯差異者，又分爲組。如前顧型爬行龍紋其共同點爲龍首前視，故命名爲前顧型爬行龍紋；又可依其身軀形態特徵分爲若干亞型，分別爲前顧直身型爬行龍紋、前顧曲身型爬行龍紋兩型。而下視型爬行龍紋則皆龍首做下視狀，依身軀形態特徵則可分爲下視直身型爬行龍紋、下視折身型爬行龍紋、下視曲身型爬行龍紋三亞型。其分類可用以下簡表表示：

〔註1〕　在筆者統計的資料中，全部龍紋圖示約有七百餘個，其中爬行龍紋即佔有三百五十餘個，約佔所有龍紋數量的一半。

表 2-1：爬行龍紋分類一覽表

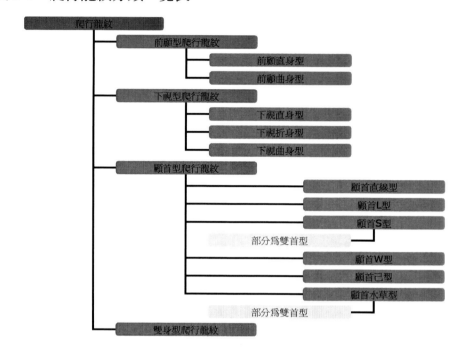

　　因考量到章節分配的平衡，本章僅針對前顧型爬行龍紋與下視型爬行龍紋做探析，分別於各節中介紹前顧直身型爬行龍紋，前顧曲身型爬行龍紋，下視直身型爬行龍紋，下視折身型爬行龍紋，及下視曲身型爬行龍紋。其餘爬行龍紋將於第三章進行論析，其中雙身型爬行龍紋由於與卷龍紋關係較爲密切，故歸入第四章中與卷龍紋一併探討。

第一節　前顧直身型爬行龍紋

　　此型龍紋多身軀平直，尾部型態呈翹尾與略微下垂兩種形態，亦有極少數龍首正面，紋飾整體呈俯視狀，以前者最爲多見，後者數量極少。於後的分析中前顧直身皆以「前直」簡稱。前者依其身軀上紋飾的差異，分爲三式：（一）身軀無紋飾呈輪廓狀〔註2〕，（二）身軀爲棱脊留白〔註3〕的粗黑線條，（三）身軀粗肥並飾以雲雷紋。第一式紋飾無地紋，第二、三式紋飾則以較細的雲雷紋爲補地。龍首正面者則獨立做第四式（四）龍首正視，身軀有紋

〔註2〕　輪廓狀指以線條勾勒出紋飾外觀，但身軀中未有其他紋飾或線條加以裝飾。
〔註3〕　指沿龍紋身軀及其他部件的中軸留白，以製造紋飾的立體感。

飾。整體而言，角型主要爲半環狀角與尖角，亦有少數爲瓶狀角者。各式分析詳述如下。

一、前直 I 式：身軀無紋飾呈輪廓狀

21-1

圖版 21-1：

器名：婦好偶方彝。部位：尖形槽兩側。時代：殷墟中期。出土地：河南安陽殷墟五號墓（M5：791）。

紋飾說明：方形目，張口，雙唇外卷，以尖角裝飾，並與上唇之線條爲一水平直線，額頂有一短鬣，尾上卷，有二足，身軀無花紋裝飾，僅以線條勾勒出輪廓，亦無地紋。紋飾整體極爲簡單，然參酌全器紋飾摹本（見附錄一）可知紋飾位置極不顯目，因此紋飾簡單並無地紋。但同器中其他紋飾裝飾繁複華麗，故可知圖版 21-1 的簡樸因素乃紋飾位置所致，與年代無關。又此式目前於其他青銅器中尚未見相似或相同者，故應爲適應出現位置所形成的特殊類型，非常見型態。

二、前直 II 式：身軀爲棱脊留白的粗黑線條

21-2

圖版 21-2：

器名：虺龍腳獸文鼎。部位：口沿。時代：殷墟早期。

紋飾說明：臣字形目，張口，上唇微微上卷，下唇內卷，下唇處又似一尖端分岔的舌〔註 4〕，龍首整體外觀似目被包於雙唇間，爲其他龍紋少見。尖角，與上唇相連爲一相連貫的線條，並與身軀平行，尾微微上卷，一足，以較細之雲雷紋做補地。此龍紋形態特殊，非此式中典型的龍紋裝飾。

21-3

圖版 21-3：

器名：亞酗觚。部位：腹部。時代：殷墟中期。上海博物館藏。

紋飾說明：圓形目，雙唇上卷，尖角，龍紋呈倒立狀，身軀以粗黑線表示，但於線條下側留白，以呈現立體感，腹下有二足，尾部平直末端略微下垂。兩龍間有斜坡狀的棱脊〔註 5〕間隔，以雲雷紋補地。此器表上過蠟，故紋飾模糊。〔註 6〕

〔註 4〕

由上圖可見兩龍紋下唇末端皆有分岔的爪狀，似舌與唇交疊所致。

〔註 5〕 青銅器發展至一定程度後，用以修飾範塊接合的痕跡，而以突出與器面的片狀裝飾修飾，此裝飾稱爲棱脊；但後期的棱脊則不一定用以修飾接合痕跡，亦可能單純用以裝飾器物。

〔註 6〕 見陳佩芬：《夏商周青銅器研究》（上海：上海古籍出版社，2004 年）（夏商

21-4a

21-4b

圖版 21-4a、21-4b：

器名：乳簋。部位：a 口沿、b 圈足。時代：殷墟晚期。

紋飾說明：二者構圖極爲相似，爲同一器之花紋。皆爲方形目，張口，雙唇上卷，尖角，龍首末端有短鬣，尾上卷，有二足，沿身軀棱脊留白裝飾，以較細之雲雷紋做補地。圖版 21-4a 於二龍間有一正視獸面紋，圖版 21-4b 以棱脊間隔。本器腹部以斜方格狀乳丁雷紋裝飾，器型爲無耳高圈足簋。〔註 7〕

與本式相同的紋飾尚可見於《紋樣》一書中圖 2-197、2-218、2-232、2-235 等紋飾，其分別見於西周早期卣、殷墟晚期觶、西周早期尊、西周早期鼎上之腹部〔註 8〕。上述紋飾皆與獸面紋搭配，龍紋呈倒立狀填於獸面兩側空間，紋飾特徵則皆爲方形目，雙唇上卷，尖角，有二足，身軀沿棱脊留白，有雲雷紋補地的形態，其中除圖 2-235 尾部上卷外，其餘則尾部略微下垂。

綜合以上資料，可看出本式除身軀裝飾皆以棱脊留白的特徵外，亦共具有雙唇上卷的特色，並皆有雲雷紋補地。目型則以方形目居多，腹下多爲二足，其差異主要表現於尾部形態，龍紋若爲倒立狀，則尾部多呈下垂，反之龍紋爲橫置狀，則尾部多上卷。綜上而論，可歸結出本式龍紋可見時間爲殷墟早期至西周早期，殷墟時期之龍紋，橫置與倒立者皆有，西周時期則皆爲倒立狀；器類則不一致，於鼎、卣、尊、簋、瓿、觶上皆可見，但若與大型的獸面紋搭配〔註 9〕或爲倒立狀則出現於腹部，其他則出現於口沿等狹長部位。

三、前直 III 式：身軀粗肥並飾以雲雷紋

此式紋飾又依照龍紋唇部及尾部特色的綜合考察，可分爲 A、B、C、D 四組，A 組雙唇上卷且尾部平直末端略微下垂，B 組雙唇外卷且尾部平直末端略微下垂，C 組雙唇上卷且尾部上卷，D 組雙唇外卷且尾部上卷。

上），頁 230～231，此器圈足搭配 C 型卷龍紋（圖版 42-3）。於後引用，書名簡稱《夏商周》。

〔註 7〕 見容庚：《武英殿彝器圖錄》（收於劉慶柱主編：《金文文獻集成》第二十冊，香港：明石文化，2004 年），頁 54。於後引用以《武英》簡稱此書。

〔註 8〕 詳見林巳奈夫：《殷周時代青銅器紋樣の研究》（東京：吉川弘文館，1986 年），頁 24、27、29。於後以《紋樣》簡稱此書。

〔註 9〕 相對於圖版 21-4a 龍紋與獸面紋等大的情形，其形式與圖版 21-6 近似，獸面紋明顯大於龍紋。

（一）前直 III A：雙唇上卷且尾部平直末端略微下垂

21-5

圖版 21-5：

器名：射女鼎。部位：上腹部。時代：殷墟中期〔註 10〕。上海博物館藏、台北故宮館藏。

紋飾說明：方形目，張口，雙唇上卷，瓶狀角，身軀平直未做彎曲，尾部平直末端微下垂，以雲雷紋飾身，有二足，以雲雷紋做補地。由全器照片可知龍紋與獸面紋搭配，以獸面爲中兩側有背對的龍紋，全器共三組紋飾。與此器形、紋飾相似的鼎，在殷墟婦好墓曾出土八件〔註 11〕，故在時代判斷上，可以婦好墓爲參考。此器爲前直 III A 中唯一飾以瓶狀角者。

21-6

圖版 21-6：

器名：婦好中型圓斝。部位：下腹部。時代：殷墟中期。出土地：河南安陽殷墟五號墓（M5：781）。

紋飾說明：龍紋位於拓本右下角，呈倒立狀的形態。拓本左側爲獸面紋一角。方形目，尖角，雙唇上卷，腹下有二足，身軀以雲雷紋裝飾，有雲雷紋爲補地。

21-7

圖版 21-7

器名：龔子觚。部位：腹部。時代：殷墟中期。上海博物館藏。

紋飾說明：圓形目，其他特徵與圖版 21-6 同，但龍紋旁無獸面紋，兩龍紋間以凸起的棱脊間隔。此圖版與前述圖版 21-3 皆位於觚之腹部，整體龍紋形態相似，但棱脊形態與龍紋裝飾略有不同。

與本組相同的紋飾，尚見於《紋樣》圖 2-166 殷墟中期斝之腹部紋飾〔註 12〕，與獸面紋搭配，倒立於獸面紋兩側，紋飾特徵與圖版 21-6 近似，但身軀紋飾較簡，雲雷紋僅點綴於腹部前段，未全身滿飾雲雷紋。由上列圖例可知前直 III A 紋飾雖器類有所不同，於鼎、斝、觚等皆可見，但皆位於器物

〔註 10〕 本器於數書中皆可見，其中年代劃定上有些許出入。上海博物館青銅器研究組編：《商周》，圖 295（頁 107）時間作殷墟晚期。陳佩芬：《夏商周》（夏商上），頁 105 則作商代晚期，時間涵蓋整個殷墟時期，並提到婦好墓中其他相似的出土物。陳芳妹：《故宮商代青銅禮器圖錄》（台北：故宮，1998 年）中則作殷墟中期，於後以《故商》簡稱此書。筆者認爲，根據此圖版與婦好墓出土之器型、紋飾的相似，認爲本圖版之年代應爲殷墟中期較爲恰當。

〔註 11〕 陳佩芬：《夏商周》（夏商上），頁 105。另，關於婦好鼎紋飾拓本可參考中國社會科學院考古研究所：《殷墟婦好墓》（北京：文物出版社，1984 年），圖十一：1（頁 22）、圖十八：3（頁 29）。於後以《婦好》簡稱此書。

〔註 12〕 詳見林巳奈夫：《紋樣》，頁 20。

腹部,並隨空間做直立或橫置的調整,於帶狀空間則做橫置狀;若運用於獸面紋旁的間隙、觚的腹部等處,則做倒立狀,以適應狹小的空間。可見時間則全爲殷墟中期。以上紋飾除圖版 21-5 爲瓶狀角,其餘皆爲尖角;圖版 21-5、21-6 爲同一墓之出土物,故圖版 21-5 角型的差異可能爲特例,與出土地點、時間無關。

(二)前直 III B:雙唇外卷且尾部平直末端略微下垂

圖版 21-8

器名:卣。部位:腹部。時代:殷墟晚期。

紋飾說明:紋飾位於拓本的左下角,呈倒立狀,拓本右側爲獸面紋。方形目,張口,雙唇外卷,尖角,身軀平直未做彎曲,尾部平直末端略微下垂,以雲雷紋飾身,有二足,以雲雷紋做補地。由搭配獸面紋及拓本形狀推測紋飾位於腹部。

21-8

　　與前直 III B 相同的紋飾尚見於西周成王(西周早期)時之德方鼎腹部〔註 13〕,與《紋樣》圖 2-170、2-173、2-236、2-252、2-256,其分別殷墟晚期卣(2-170、2-173)、西周早期鼎、殷墟晚期尊、殷墟晚期瓿上腹部〔註 14〕。以上紋飾皆呈倒立狀,填於獸面紋兩側,紋飾特徵皆爲尖角,雙唇外卷,腹下有二足,身軀以雲雷紋裝飾,有雲雷紋補地,目型則多爲方形目,除《紋樣》圖 2-256 較爲特殊,爲臣字形目並口中似有舌,與其他紋飾差異較多。綜合以上資料,可知本組紋飾見於殷墟晚期至西周早期,器類則頗爲多元,鼎、卣罍、尊、瓿等皆可見,顯示出本組紋飾運用上的廣泛與彈性。與前直 III A 相同的是,不論於何種器類上,皆位於器物腹部;但本組紋飾皆爲倒立狀,並無爲橫置者,則與前直 III A 不同。

(三)前直 III C:雙唇上卷且尾部上卷

圖版 21-9:

器名:正觚。部位:腹部。時代:殷墟中期。上海博物館藏。

紋飾說明:兩龍相對呈倒立狀,中有棱脊間隔。方形目,雙唇上卷,上唇較長,尖角,身軀前段飾雲雷紋,後段以線條裝飾,腹下有兩小足,頗爲細小,易被忽略,以雲雷紋補地。

21-9

〔註 13〕 見馬承源:《中國文物精華大全——青銅卷》(台北:台灣商務印書館,1993年),圖 284(頁 79)。於後以《精華》簡稱此書。

〔註 14〕 詳見林巳奈夫:《紋樣》,頁 20、21、30、33。

21-10

圖版 21-10：

器名：黃觥。部位：腹部。時代：殷墟中期。上海博物館藏。

紋飾說明：圓形目，由全器彩照可知瞳仁做凸起狀〔註 15〕，雙唇上卷，上唇略長，尖角，身軀前段飾雲雷紋，後段以線條裝飾，腹下有兩小足，頗爲細小，易被忽略，以雲雷紋補地。整體而言，紋飾特徵與上圖相似，但上唇較短，且尾部裝飾略異。

21-11

圖版 21-11：

器名：夔紋提梁卣。部位：口沿。時代：殷墟晚期。出土地：後岡圓祭坑（HGH10：6）。

紋飾說明：龍紋以獸面紋爲中心相對排列。方形目，張口，雙唇上卷，尖角，龍首中段有鬣（最左側龍紋較爲明顯），身飾雲雷紋，有二足，尾上卷，以雲雷紋爲地紋。此龍紋身上所飾雲雷紋較多，沿至臀部，僅尾部彎勾處以線條裝飾。

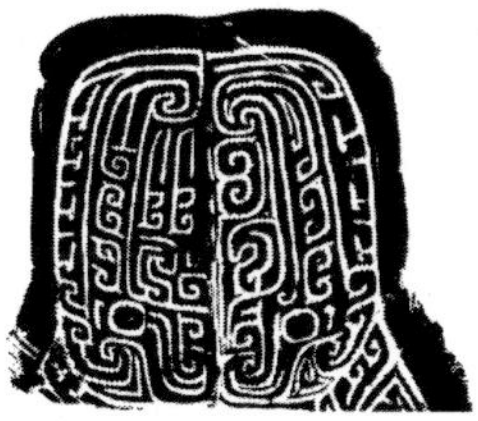
21-12

圖版 21-12：

器名：龍爵。部位：流部。時代：西周早期。上海博物館藏。

紋飾說明：圓形目，尖角，身軀前段有雲雷紋，後段以線條裝飾，本圖版龍紋形態與上列圖版差異較大，龍紋無足，無雲雷紋補地，且左側龍紋背部有翎羽狀線條〔註 16〕，右側龍紋背部有雲紋，兩龍腹下有成列的腹鰭裝飾〔註 17〕，不知屬塡空之裝飾或爲龍紋之部件。本組紋飾中僅見此例，頗爲特殊。

與本組相同的圖版尙可見於工冊觥、羊觥、獸面紋觥〔註 18〕、婦好觥〔註 19〕腹部，枚父辛簋〔註 20〕口沿，以及《紋樣》圖 2-174〔註 21〕。其中工冊觥、羊觥、獸面紋觥、婦好觥年代爲殷墟中期，以上器物紋飾形態、特徵等皆與圖版 21-9、21-10 相似，除婦好觥之外，其餘紋飾腹下二足與身軀等粗，並有雲雷紋裝飾，與圖版 21-9、21-10 以細小的黑線爲足略有不同；枚父辛簋爲殷墟時期器，紋飾橫置，方形目，足與身軀等粗，龍首中段有鬣，紋飾整

〔註 15〕見陳佩芬：《夏商周》（夏商下），頁 232。

〔註 16〕指  的形態，如帶梗之羽毛，故以翎羽狀稱之。

〔註 17〕指  的形態，多出現於龍紋身軀背部一側，如圖版 21-12 出現於腹部者較爲少見，故特別指出說明。

〔註 18〕以上諸器見上海博物館青銅器研究組：《商周》圖，277、278、279（頁 103）。

〔註 19〕中國社會科學院考古研究所：《婦好》，圖 50-1（頁 76）。

〔註 20〕丁孟：《你應該知道的 200 件青銅器》（台北：藝術家出版社，2007 年），圖 17（頁 36），於後以《200》簡稱此書。本器爲清宮舊藏器物，書中時代定爲商代晚期，即本文殷墟時期。

〔註 21〕見林巳奈夫：《紋樣》，頁 21。

體特徵與圖版 21-11 相近；圖 2-174 則爲殷墟晚期瓿上之腹部紋飾，其紋飾形態、特徵則與上組之圖版 21-8 近似，但尾部上卷。綜合以上列資料分析，可知本組紋飾可見於殷墟中期至西周早期，以殷墟中期爲多；可見器類則有觚、卣、爵、瓿，並以觚器腹部爲多，其足部有與身軀等粗及較爲細小兩類，但兩者無時間上的關聯。圖版 21-12 紋飾較其他同組紋飾特別，增加龍紋背部裝飾，並無足；其紋飾位於爵之流部，成列的腹鰭紋飾亦可能用於滾邊的效果，雖年代亦與其他紋飾不同，但觀察本式中其他組紋飾之西周早期紋飾，亦未見有背部裝飾、成列的腹鰭。故推測與紋飾出現之器類、部位較有關聯，應是適應器型整體協調，所出現之特例。

（四）前直 III D：下唇外卷且尾部上卷

21-13

圖版 21-13：

器名：子漁尊。部位：頸部。時代：殷墟中期。出土地：河南安陽殷墟十八號墓（M18：13）。

紋飾說明：臣字形目，張口，雙唇外卷口中有細密尖齒，尖角，通身飾雲雷紋，尾上卷，腹下有二足，但口下一足較不明顯，以較細之雲雷紋做地紋。

21-14

圖版 21-14：

器名：方彝。部位：圈足。時代：殷墟中期。

紋飾說明：方形目，雙唇外卷且上唇中段有豎起的短鬣，半環狀角，通身飾雲雷紋，但與圖版 21-13 的形態略異，尾上卷，腹下有二足，以較細之雲雷紋做地紋。由拓本可推知，紋飾位於方彝之圈足。

21-15

圖版 21-15：

器名：獸面紋方彝。部位：圈足。時代：殷墟中期至殷墟晚期〔註 22〕。上海博物館藏。

紋飾說明：臣字形目，雙唇外卷，半環狀角，尾上卷，腹下有一足，足尖成拳狀，以較細之雲雷紋做地紋。此器由彩照中可知器表已斑駁〔註 23〕，故拓本看來不甚清晰。但由右側龍紋及彩照的輔助，仍可見其紋飾精緻細膩的表現手法，非初期較粗糙的工藝手法。

〔註 22〕 本圖版見於陳佩芬：《夏商周》（夏商下），頁 332～333。文中說解提到「整個紋飾不僅在空隙處填以精細的雷紋，而且在突起的主體上也飾雷紋，這是商代晚期最豪華的紋飾之一」。根據陳佩芬之分期，定爲商代晚期；其所謂商代晚期涵蓋本文的殷墟時期，而由紋飾發展的情形可知本圖版至少爲殷墟中期以後的紋飾，故將本圖版定爲殷墟中期至殷墟晚期器。

〔註 23〕 見陳佩芬：《夏商周》（夏商下），頁 332。

21-16

21-17

圖版 21-16：

器名：方彝。部位：圈足。時代：殷墟晚期。

紋飾說明：圓形目，尖角，腹下有二足，胸前爲直立狀，臀部下方爲彎勾狀，身軀由一個個雲雷紋所組成，以較細雲雷紋爲地紋。由拓本可推知，紋飾位於方彝之圈足。

圖版 21-17：

器名：罍。部位：肩部。時代：殷墟晚期。

紋飾說明：圓形目，雙唇外卷，尖角，身軀以雲雷紋組成並分做二歧，上面的身軀尾上卷，下面的身軀尾部略下垂。有二足，前足前伸與下面的身軀成一直線並有爪形，後足爲彎勾狀，以極爲細緻之雲雷紋爲補地。由拓本的形狀推測紋飾位於肩部。此紋飾屬本組龍紋中較爲特殊者，當屬本組紋飾之變體。

　　與本組紋飾相似者，尚見於《紋樣》圖 4-129 甗之拓本〔註24〕，及牛方鼎〔註25〕、鹿方鼎〔註26〕的腹部上緣之紋飾，其年代分別屬於殷墟早期及中期。《紋樣》圖 4-129 之紋飾特徵與圖版 21-13 近似，但上唇外卷的程度與口中細齒更爲明顯，且爲瓶狀角；牛方鼎、鹿方鼎則爲同墓出土之一對墓葬器，兩者紋飾略有相似，皆與圖版 21-14 相似，上唇中段有豎起的短鬣，時間亦皆爲殷墟中期。綜合以上資料，可歸結出本組紋飾多有尖角，雙唇外卷，二足，以雲雷紋裝飾身體，有雲雷紋補地的特徵，雖有目型的差異，但與時間先後無關，紋飾整體可見於殷墟早期至晚期，至西周以後則未見；但上唇中段歧出的短鬣則僅見於殷墟中期，而口中的細齒則見於殷墟早期與中期，且殷墟早期口中細齒更較殷墟中期明顯，殷墟晚期則未見，以上兩種紋飾的差異或有助於年代的判斷；出現器類則有方彝、方鼎、罍、尊、甗等，主要出現在大型器物的狹長部位，如圈足、頸部、口沿等處。

　　整體而言，前直 III 式佔前直型龍紋的最多數，可見於殷墟中期至西周早

〔註24〕林巳奈夫：《紋樣》，頁 156。

〔註25〕李建偉、牛端紅：《中國青銅器圖錄》（北京：中國商業出版社，2000 年），頁 58，於後以《圖錄》簡稱此書。《圖錄》此器年代作商代晚期（相當於本文殷墟時期），出土於河南安陽武官北地 1004 號墓，現藏於台北中央研究院歷史語言所。本器亦見於《紋樣》，圖 4-134（頁 157），林巳奈夫認爲此器屬殷墟中期。兩者時間並不衝突，此處採林巳奈夫之說。

〔註26〕李建偉等：《圖錄》，頁 59。此器年代爲商代晚期（相當於本文殷墟時期），出土於河南安陽武官北地 1004 號墓，現藏於台北中央研究院歷史語言所。本器亦見於《紋樣》，圖 4-135（頁 157），林巳奈夫認爲此器屬殷墟中期。兩者時間並不衝突，此處採林巳奈夫之說。

期，然以殷墟中期至晚期居多，A、B、C、D 四組之間主要差異在於雙唇與尾部形態，四組間無絕對的先後關係。目型以方形目最多，圓形目次之，臣字形目最少，共同可見於殷墟時期，西周時期則不見臣字形目的運用；角型以尖角最多，瓶狀角與半環狀角皆見少量的運用，但無明顯的時間分界；足則以二足居多。

四、前直 IV 式：龍首正視，身軀有紋飾

　　本式龍紋數量極少，於筆者蒐集的拓本資料中僅見三例，以下為其圖版資料。

21-18

圖版 21-18：

器名：盉。部位：頸部。時代：殷墟中期。

紋飾說明：圓形目，半環狀角，張口，雙唇做正面張口狀，鼻尖上有鼻孔，左右腹下各有一足，足尖端呈拳狀，身軀有雲雷紋裝飾，紋飾外圍有三角形的外框，內有雲雷紋補地。

21-19

圖版 21-19：

器名：盉。部位：頸部。時代：殷墟中期。

紋飾說明：圓形目，尖角，張口，雙唇做正面張口狀，鼻尖上有鼻孔，左右腹下各有一足，足尖端呈拳狀，身軀有雲雷紋裝飾，紋飾外圍有三角形的外框，內有雲雷紋補地。

21-20

圖版 21-20：

器名：盉。部位：頸部。時代：殷墟中期。

紋飾說明：圓形目，口位於龍首下端，呈圓形開口狀，左右腹下各有一彎勾裝飾，可能為足，亦可能為角，身軀前段以線條裝飾，後半有雲雷紋裝飾，紋飾外圍有三角形的外框，內有雲雷紋補地。

　　由以上圖版資料可知前直 IV 式皆出現於殷墟中期盉的頸部，並皆為倒立狀，龍紋整體如被片開之狀態，身軀兩側對稱排列，呈被俯視狀。與其他紋飾差異頗大，龍首正視之龍紋在爬行龍紋中數量極少，龍首正視的情形尚可見於雙身型爬行龍紋（分析請參本文第四章第一節），但其身軀則未做俯視狀。龍首正視又同時呈俯視狀的形態則僅見於本式龍紋。本式龍紋在出現的器類、部位及時間上皆十分集中，僅見於殷墟中期的盉器頸部上，又紋飾的特徵突出，與其他紋飾的差異明顯，頗有助於斷代的判斷。

　　除前述各式龍紋外，西周早期的鳳鳥扁足方鼎，其腹部獸面紋兩側紋飾亦屬本式龍紋，其紋飾倒立、臣字型目、雙唇外卷、尖角、身軀以雲雷紋裝飾、二足，最為特別的是尾部分歧，一上卷一略為下垂，尾部特色介於前直 III B 與前直 III D 之間，無法歸於某組，暫置於最後，以特例處理。前顧直身型爬行龍紋，共收錄二十個圖版，加以他處資料補充，共分析四十一個器，其中前直 I 式一器，前直 II 式七器，前直 III A 四器，前直 III B 七器，前直 III C 八器，前直 III D 八器，前直 IV 式三器，特例一器，各式出現的器類與年代如下。

表 2-2：前直型爬行龍紋器類暨年代一覽表

	鼎	方彝	方鼎	罍	觚	觶	尊	簋	瓿	罃	甗	盉	卣	合計	時代
I		1												1	殷墟中期
II	2				1	1	1	1					1	7	殷墟早期－西周早期
III A	1				1					1			1	4	殷墟中期
III B	1		1				1		1				3	7	殷墟晚期－西周早期
III C					6		1	1	1				1	10	殷墟中期－西周早期
III D		3	2	1			1				1			8	殷墟中期－殷墟晚期
IV												3		3	殷墟中期
特例		1												1	西周早期
合計	4	4	4	1	8	1	4	2	2	1	1	3	6	41	

　　宏觀整體，可發現前顧直身型爬行龍紋可見於殷墟早期至西周早期，紋飾整體以殷墟中期數量最多；紋飾特徵方面，目型有方形目、圓形目、臣字形目等形式，以方形目較多，見於殷墟中期以後至西周早期；圓形目略少，時間與方形目相同；臣字形目最少，多見於殷墟時期，西周時期幾乎未見。

唇部則以雙唇上卷略多於雙唇外卷，尾部形態則以上卷略多於下垂，兩者的數量與時代關聯不大。身軀裝飾以雲雷紋較多於棱脊留白，以雲雷紋為飾者多見於殷墟中期，其他階段數量較少，棱脊留白者則以殷墟晚期至西周早期略多。角型以尖角最多，半環角次之，瓶狀角最少，半環狀角見於殷墟中期至晚期，瓶狀角見於殷墟早期至中期，尖角時代跨度較長，可見於殷墟早期至西周早期。足以二足居多，並多以彎勾表示，少數做柱狀或拳狀，一足做彎勾狀者僅見於殷墟早期至中期，一足做拳狀者僅見於殷墟中期至殷墟中晚期，二足做彎勾狀者通見於殷墟早期至西周早期，但以殷墟中期與晚期數量較多。器類由上表可知觚最多，鼎若不分圓鼎、方鼎則數量與觚相同，卣器數量略少於觚與鼎，方彝、尊、盉略少，其他器類則數量相當，皆一至二器；除觚器、盉器與年代關係較大外，皆出現於殷墟中期，其他器類則未見與年代的強烈關聯。除上述分析的紋飾、器類的特徵外，另一共同的特色為對稱構圖，上面所羅列的圖例中，多數為兩兩相對的形式，或對稱出現於獸面紋的兩側，不論何種形式，皆具有對稱的特徵，僅圖版 21-5、21-17、21-18、21-19、21-20 為單龍拓本，而圖版 21-5 則由其他資料補充可知為對稱構圖 [註27]。下為各部件特徵與時代的關係簡表。

表 2-3：前直型爬行龍紋各部件特徵與時代關係表

	時　代　特　色
目	1. 以方形目較多，見於殷墟中期以後至西周早期。 2. 圓形目略少，時間與方形目相同；臣字形目最少，多見於殷墟時期，西周時期幾乎未見。
唇	1. 唇型以雙唇上卷略多於雙唇外卷，其形態在殷墟早期至西周早期間並無明顯時代區別。
龍首裝飾	1. 角型以尖角最多，半環角次之，瓶狀角最少。 2. 半環狀角見於殷墟中期至晚期，瓶狀角見於殷墟早期至中期，尖角時代跨度較長，可見於殷墟早期至西周早期。
身	1. 身軀裝飾以雲雷紋較多於棱脊留白。 2. 以雲雷紋為飾者多見於殷墟中期，其他階段數量較少。 3. 棱脊留白者則以殷墟晚期至西周早期略多。 4. 尾部形態則以上卷多於下垂，但時代分界不明顯。
足	1. 一足彎勾者僅見於殷墟早期至中期，一足做拳狀者僅見於殷墟中期至殷墟中晚期。 2. 二足做彎勾狀者通見於殷墟早期至西周早期，但以殷墟中期與晚期數量較多。

〔註27〕參本章註 11。

第二節　前顧曲身型爬型龍紋

本型龍紋身軀呈波曲狀，多數龍紋臀部翹起呈 W 形，但亦有極少數例外者，因其數量極少，故不另闢一類分析。於後的分析中前顧曲身皆以「前曲」簡稱。下依其身軀上紋飾與足的型態，可分為四式：（一）身軀為實心或棱脊留白的粗黑線構成，足無利爪，（二）身有紋飾，足無利爪，（三）身有紋飾，足具利爪，（四）身有紋飾，無足。多為對稱構圖，尾上翹內卷，主要角型為尖角，並多有雲雷紋補地，以下分別探析之。

一、前曲 I 式：身軀為實心或棱脊留白的粗黑線構成，無足或足無利爪

22-1

圖版 22-1：
器名：瓶。部位：不明。時代：殷墟早期〔註 28〕。日本根津美術館藏。
紋飾說明：方形目，張口，雙唇外卷，有舌，舌尖分岔，尖角，龍首下方有一短鰭或鬣的裝飾，身軀以粗黑線表示，上有兩條沿身軀平行的白線，尾上卷，有一足，足與尾處皆飾有圓渦紋，身軀兩側有數個翎羽狀裝飾，以細緻的雲雷紋補地。與本式其他紋飾相比，身軀略顯粗壯，且有圓渦紋裝飾，頗為特殊。

22-2

圖版 22-2：
器名：分體甗。部位：小甑頸部。時代：殷墟中期。出土地：河南安陽殷墟五號墓（M5：767）。
紋飾說明：此紋飾分為上下兩部分，上半部為兩龍相對，圓形目，張口雙唇上卷，尖角（右側龍紋較為明顯），身軀沿棱脊有兩條白線裝飾，臀部拱起，尾上卷，無足，以雲雷紋補地。下半部飾倒置三角紋。

22-3

圖版 22-3：
器名：龍蟬紋鼎。部位：口沿。時代：殷墟晚期。
紋飾說明：臣字形目，張口，雙唇外卷，龍首上下中段各有一短鬣裝飾，尖角，身軀沿棱脊留白裝飾，尾上卷，龍首下方有一短鰭，臀部下方有一彎勾狀的足，以雲雷紋補地。由拓本及部位判斷，應為兩龍相對之構圖。

〔註 28〕本龍紋見於顧望等：《圖典》，頁 197，及林巳奈夫：《紋樣》，圖 5-45（頁 169）二書。《圖典》年代作商代，《紋樣》則僅作地方型，未知何時，其圖版出處為京大人文研資料，無法複查。但由《圖典》可知至少為商代的範疇，又根據圖版紋飾的特徵判斷，至少為殷墟以後的作品。根據馬承源的研究，瓶出現於商中期至晚期前段（馬承源：《中國青銅器》，頁 242），其範圍與殷墟時期重疊處為殷墟早期，故此處以殷墟早期表示。

22-4

圖版 22-4：

器名：戉簠卣。部位：蓋沿。時代：殷墟晚期。上海博物館藏。

紋飾說明：龍紋特徵與圖版 22-3 相似，但目型、鬣、身軀形態等略異。雖亦為臣字形目但外框較不明顯，無鬣裝飾，且身軀彎折處較不圓潤，臀部彎折成三角狀，補地之雲雷紋亦形狀略異，可明顯看出三角形、方形等形狀。由《夏商周》彩照中可知此圖版為對稱構圖〔註 29〕，並可看出其提梁紋飾亦屬本式龍紋，特徵與蓋沿相似，但為方形目。

22-5a

22-5b

圖版 22-5a、22-5b：

器名：龍紋卣。部位：a 頸部，b 提梁。時代：殷墟晚期。

紋飾說明：a 兩龍相對，中有一獸面。方形目，張口，雙唇外卷，龍首兩側末端有鬣，尖角，身軀棱脊留白，有一足，但龍首下方有短小實黑線的短鰭，但不明顯，尾上卷，以雲雷紋補地。b 兩龍相對，中有一實心菱形紋。除龍首下方短鰭中有白線裝飾外，與下唇末端有一卷曲的鬣外，其餘特徵與 22-5a 同。

22-6

圖版 22-6：

器名：龍紋鼎。部位：口沿。時代：西周早期。出土地：陝西淳化史家塬。

紋飾說明：兩龍相對，中有棱脊。方形目，張口，雙唇外卷，龍首兩側末端有鬣，但下方之鬣極為短小，以左側龍紋略為明顯，尖角，身軀沿棱脊留白，尾上卷，有一足，以雲雷紋補地，補地之雲雷紋可看出方形、三角形等形狀。此紋飾較其他圖版圓潤，身軀彎折處、足部皆呈圓滑的弧形。

22-7

圖版 22-7：

器名：龍紋禁。部位：禁壁。時代：西周早期。出土地：陝西寶雞。天津市歷史博物館藏。

紋飾說明：兩龍相對，中有棱脊。方形目，張口，雙唇外卷，龍首上方中段（右側龍紋較明顯）及下方末端有鬣，尖角，身軀沿棱脊留白裝飾，尾上卷，有一足，以雲雷紋補地，身旁飾有圓渦紋。

　　前曲 I 式構圖簡單，以線條勾勒出龍之各種特徵，並無繁複的細部寫形或過多的裝飾，身軀上至多以棱線留白做裝飾，使軀幹較為立體、不單調，未見以鱗紋、雲雷紋等其他較繁複之花紋做裝飾者，故龍紋看來顯得細瘦，因此多被應用於狹長的部位，如口沿、頸部、圈足、提梁等。由上述圖版中可歸納出此本式紋飾特點為：眼睛為方形目、圓形目或臣字形目；多雙唇外卷；角型皆為尖角；龍首兩側多有鬣裝飾；身軀於臀部處拱起，下方多有一彎勾

〔註29〕陳佩芬：《夏商周》（夏商下），頁 317。

線條做爲足部的代表，無做出爪狀的細緻描繪；並皆有雲雷紋爲補地；紋飾
整體多有兩龍相對的特徵，多出現於狹長部位，具有上述特徵之紋飾，可視
爲該類紋飾之正體。上述圖版中以圖版 22-1 與 22-2 較爲特殊，圖版 22-1 爲
單龍構圖，並對於細部特徵較多描繪，如其他圖版皆未見舌之描繪，圖版 22-1
不但有舌，還做了舌尖分岔的細緻寫形；且由其構圖比例與器類推測，紋飾
應放置於腹部或其他較大面積之紋飾，與其他圖版多出現於狹長部位做爲點
綴之紋飾的特點不同。圖版 22-2 則雙唇上卷，並且無足，與其他圖版不同，
故此二圖版可視爲變體或特例。

　　以下茲舉《紋樣》中其他相似圖版加以輔佐例證，然不一一詳細分析，
僅標明器類與時代。

前曲 I 式紋飾補充：

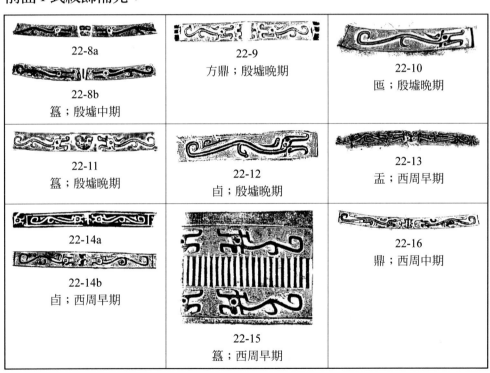

22-8a 22-8b 簋；殷墟中期	22-9 方鼎；殷墟晚期	22-10 匜；殷墟晚期
22-11 簋；殷墟晚期	22-12 卣；殷墟晚期	22-13 盂；西周早期
22-14a 22-14b 卣；西周早期	22-15 簋；西周早期	22-16 鼎；西周中期

　　如前所述，本式紋飾的龍紋構圖簡單，無繁複的細部寫形，皆有雙唇外
卷、尖角、一足的特徵，身軀上無過多的裝飾，多數以棱脊留白做裝飾，甚
有身軀完全無紋飾，龍紋整體僅以線條表示，而非輪廓狀，如圖版 22-8a、
22-8b、22-14a、22-14b、22-15 等以粗的實線爲身軀代表，但 22-14a 爲凹入的

陰線，非突起的陽線，故於拓本中爲白色的實線，但身軀表現方式實與 22-8a 等龍紋相同。又，除圖版 22-14a 外，皆有雲雷紋補地，由地紋呈黑色素面推測，紋飾可能位於提梁，而無地紋的特徵可能與紋飾出現的部位有關。值得注意的是，此紋飾在殷墟時期可見之圖版，以方形目最多，圓形目、臣字形目偶見，但於西周時期則無臣字形目，僅剩方形目與圓形目外，且圓形目數量超過方形目，顯示不同時代在目型運用上的差異，如圖版 22-14a、22-15、22-16 即是。此現象除以變體解釋外，更是可供此類紋飾在時間斷代上一個線索。

此外，根據段勇之研究成果認爲此類龍紋頭上常有剛毛（筆者稱鬣），剛毛靠近頭頂後部者見於殷墟中期至晚期；剛毛靠近頭頂中部者，則見於西周早期至晚期〔註30〕。筆者根據手上資料分析，認爲段勇之研究成果可供參考，然並非絕對。如圖版 22-3、22-11 鬣位於龍首中段，按段勇之分析應出現於西周早期至晚期，然卻出現於殷墟晚期；圖版 22-6、22-14b、22-15 鬣位於頭頂後段，卻出現於西周時期，非段勇所謂之殷墟中期至晚期。而有更多的紋飾乃龍首上無鬣者，如圖版 22-1、22-2、22-4、22-8a、22-8b、22-9、22-12、22-13、22-14a、22-16 等皆是；故段勇之研究成果僅可供做斷代上的參考，卻非絕對標準。

與此相似的紋飾尚有菱格乳丁紋鼎〔註31〕與冊鼎〔註32〕口沿、亞址卣〔註33〕與亞叀卣〔註34〕提梁處、亞盥卣〔註35〕口沿及圈足處、亞伐卣〔註36〕

〔註30〕詳見段勇：《幻想》，頁 69。

〔註31〕李建偉等：《圖錄》，頁 61。此器年代爲商代，現藏於保利藝術博物館。保利藏金編輯委員會：《保利藏金》（廣州：嶺南美術出版社，1999 年），頁 17 中則進一步分析爲殷墟晚期，於後引用此書以《保利》簡稱。

〔註32〕見於馬承源：《精華》，圖 318（頁 91）；丁孟：《200》，圖 56（頁 87），兩書皆作傳陝西寶雞出土，現藏北京故宮博物館，但在器名與時代上有所差異。馬承源作水鼎，西周晚期器；丁孟作冊鼎，西周早期器。因《200》爲後出之書，又爲北京故宮館藏介紹之專書，故此處採丁孟之說。

〔註33〕李建偉等：《圖錄》，頁 138。此器年代爲商代晚期，出土於河南安陽郭家莊西 160 號墓，現藏於中國社會科學院考古研究所。

〔註34〕李建偉等：《圖錄》，頁 155。此器年代爲商代晚期，出土於江西遂川，現藏遂川縣博物館。

〔註35〕見中國社會科學院考古研究所：《殷墟》，圖版 67 及頁 450 之解說，此器屬殷墟三期，相當於本文殷墟晚期。

〔註36〕馬承源：《精華》，圖 127（頁 36）。商代晚期器，河北靈壽西木佛村出土，現藏正定縣文物保管所。

與伯各卣〔註37〕圈足處、夔紋簠〔註38〕的器蓋與器身上下緣、圈足等處紋飾。以上菱格乳丁紋鼎、亞盥卣爲殷墟晚期器，冊鼎、夔紋簠爲西周早期器，伯各卣爲西周中期器。亞址卣、亞奭卣、亞伐卣、戍箙卣（圖版 22-4）等四器器型相似，具有橢圓體，隆蓋，兩側似檐角，直頸，鼓腹下垂，圈足有厚緣，龍形提梁等相同特徵，故四者年代應相距不遠。其中戍箙卣可確知爲殷墟晚期器，亞址卣、亞奭卣、亞伐卣三器資料則爲商代晚期，相當本文殷墟時期；由四者器型的相近，可推斷亞址卣、亞奭卣、亞伐卣三者年代亦爲殷墟晚期。

　　綜合以上資料可知，本式龍紋共分析二十四器，可見於殷墟早期至西周中期之間，流行時間頗長，主要出現於殷墟晚期（共十二器），次爲西周早期（共七器）；應用的器型亦頗爲廣泛，主要出現於卣（九器）、鼎（六器）、簋（三器）等容器，其他如瓿、甗、匜、盂、禁、簠等器物亦有少量應用。本式龍紋器類運用廣泛，與其狹長構圖、龍紋細瘦的特色有關，狹長、細瘦的構圖不論器物大小，皆能有所應用，具有較大的彈性而不受到空間的侷限。因此即便時代流行器物的改變，如此構圖的特色，卻因可應用的器物廣泛，不易因不適用於該時代所流行器物所需紋飾的大小不同而被加以淘汰，故可見的時間跨度較長，於整個殷墟時期至西周中期皆可見。

二、前曲 II 式：身有紋飾，足無利爪

22-17

圖版 22-17：

器名：盂。部位：不明。時代：殷墟中期。日本根津美術館藏。

紋飾說明：圓形目，張口，雙唇外卷，半環狀角，但佔龍紋整體比例大，形狀頗似羊上的大彎角（參見附錄二）。身軀上半拱起，長尾，尾上卷，腹下有兩短鰭，口下有一前屈的足，雖拓本不全，但由其形態推測足尖爲拳狀。身尾上飾菱格紋，旁飾有圓渦紋，有雲雷紋做補地。

〔註37〕李建偉等：《圖錄》，頁 180。此器年代爲西周中期，出土於陝西寶雞竹園溝七號墓乙室，現藏於寶雞市博物館。

〔註38〕見於馬承源：《精華》，圖 568（頁 163）；丁孟：《200》，圖 64（頁 98），西周早期器，現藏北京故宮博物院。丁孟作夔紋方器，馬承源作夔紋簠，由照片可知本器器蓋與器身相同，打開後爲相同的兩器，爲簠器之特徵，又於各家青銅器分類中未見方器一類，故此處採馬承源之命名。

22-18

圖版 22-18：

器名：盉。部位：不明。時代：殷墟中期。日本根津美術館藏。

紋飾說明：圓形目，張口，雙唇外卷，半環狀角，臀部拱起，身飾雲雷紋，腹部下方有一短鰭，雖拓本尾部不全，但由身軀形態可推測尾往上卷，應無足，以雲雷紋補地。

　　前曲 II 式之共同特徵為身軀較粗肥並密布紋飾，身軀一處拱起，尾向上翹起或內卷，足無利爪。角型皆為半環狀角，並佔整體構圖的頗大比例，一眼望去極為顯著。此式紋飾對於龍紋各細部的特徵，明顯較前曲 I 式細緻，身軀佈滿裝飾，又如圖版 22-17 足部已非彎勾，似呈拳狀；整體紋飾也較前曲 I 式寬大，非狹長細瘦的構圖。紋飾特徵的不同推測與其出現的器類為盉有關，盉之用途有學者認為是酒器〔註 39〕，亦有認為水器者〔註 40〕，然不論如何，可確知盉屬於較大型的容器，因此相對而言裝飾於器物之上的紋飾也較大。盉出現於商代早期，盛行於商晚期（相當於本文殷墟時期）至西周〔註 41〕，然由其紋飾之細膩程度與風格判斷，推測至少屬於中期以後之花紋。林巳奈夫《紋樣》中將其歸為殷墟中期〔註 42〕，與上述推測年代相合。綜上所述，可知本式龍紋時間、器類單一，侷限於殷墟中期的盉器，紋飾特徵又與其他前曲型龍紋差異極大，故本式龍紋為對於年代、辨偽的判斷頗有幫助。

三、前曲 III 式：身有紋飾，足具利爪

　　本式龍紋依照地紋的有無，可分為兩組，A 組無地紋，B 組有地紋。角型主要為尖角，身飾有鱗紋，於臀部處拱起，皆具兩足，呈站立狀，且足形明顯等特徵。

〔註39〕 容庚在《殷周青銅器通論》第五章「青銅器類別介紹」中將盉列於酒器部。詳見《殷周青銅器通論》，頁 46。

〔註40〕 馬承源認為從盤盉的組合來看，盉主要為盛水之用。詳見《中國青銅器》，頁 245。

〔註41〕 馬承源：《中國青銅器》，頁 245。

〔註42〕 林巳奈夫：《紋樣》，圖 5-58、5-59（頁 170）。

（一）前曲 III A：無地紋

22-19

圖版 22-19：
器名：婦好盤。部位：盤口下內壁。時代：殷墟中期。出土地：河南安陽殷墟五號墓（M5：777）。

紋飾說明：臣字形目，張口，雙唇上卷，其中下唇僅微微內卷，尖角，臀部拱起，尾尖上翹，兩足前屈呈站立狀，足上有線條裝飾，前足足尖似有爪形，後足為拳狀，身上飾鱗紋，尾部以線條裝飾，無地紋。

22-20

圖版 22-20：
器名：盤。部位：盤口下內壁。時代：殷墟晚期。

紋飾說明：特徵與圖版 22-19 相似，但目型不同。方形目，張口，雙唇上卷，尖角，臀部拱起，尾尖上翹，兩足前屈呈站立狀，足上無線條裝飾，足尖有爪形，身上飾鱗紋，尾部以線條裝飾，無地紋。由拓本可推測紋飾位於盤口下內壁。

22-21

圖版 22-21：
器名：盤。部位：盤口下內壁。時代：殷墟晚期。

紋飾說明：特徵與圖版 22-20 接近，但龍首方向不同，且身尾皆飾鱗紋，足部上有線條裝飾。由拓本可推測紋飾位於盤口下內壁。

22-22

圖版 22-22：
器名：盤。部位：盤口下內壁。時代：西周早期。

紋飾說明：特徵與圖版 22-20 極為相似，但目型為臣字形目，其餘角型、唇型、身軀與足部特徵、地紋、紋飾位置等皆相同。

與前曲 III A 相似的紋飾尚可見於旅盤〔註43〕、《圖錄》蟠龍紋盤〔註44〕、《通考》蟠龍紋盤〔註45〕的盤口下內壁，及《紋樣》圖 5-269 之拓本〔註46〕。皆具尖角、雙唇上卷、二足之特徵，但在目型、身軀裝飾、足部等特徵上有所差異，旅盤龍紋為臣字形目，身尾皆有鱗紋，足上有線條裝飾，足尖為拳狀；《圖錄》蟠龍紋盤盤口下內壁龍紋為臣字形目，身尾皆有鱗紋，足上無線條裝飾，足尖為拳狀；《通考》蟠龍紋盤為方形目，身尾皆有鱗紋，足上有線

〔註43〕李建偉等：《圖錄》，頁 326。商代晚期，傳河南安陽出土，現藏美國舊金山亞洲藝術博物館。

〔註44〕李建偉等：《圖錄》，頁 325。商代晚期，傳河南安陽出土，現藏美國佛利爾美術館。即《紋樣》，圖 3-159（頁 109），林巳奈夫將其定為殷墟中期器。

〔註45〕容庚：《通考》，圖 105（頁 112）。

〔註46〕林巳奈夫：《紋樣》，頁 200，殷墟中期器。

條裝飾，足尖爲爪狀〔註47〕；《紋樣》圖 5-269 爲方形目，身尾皆有鱗紋，足上有線條裝飾，足尖爲爪狀。《圖錄》蟠龍紋盤與《紋樣》圖 5-269 皆爲殷墟中期器，《通考》蟠龍紋盤爲殷墟中期至晚期器〔註48〕，旅盤資料爲商代晚期器，相當本文之殷墟時期，本器盤緣有六鳥站立，由器型、紋飾推測爲殷墟中期器。

綜上所述，可知前曲 III A 紋飾可見於殷墟中期至西周早期，皆位於盤口下內壁，尖角、雙唇上卷、無地紋，紋飾間的差異主要表現於目型、身尾裝飾、足部等處。目型有方形目與臣字形目兩種，臣字形目見於殷墟中期及西周早期，殷墟晚期則爲方形目，此現象或可視爲西周早期對殷墟中期的模仿；身軀皆飾有鱗紋，尾部則有以線條與鱗紋裝飾兩種，數量以全身皆爲鱗紋裝飾者略多，但此差異與時代無關；足部則多有爪形，僅婦好盤（圖版 22-19）做拳狀，數量極少，可視爲特例。而由旅盤、《圖錄》與《通考》蟠龍紋盤全器照片、拓本可知爲單龍，非成對出現，爲龍、魚、鳥、獸等相互圍繞的排列。故判斷本組紋飾之排列方式，應與上述相似，皆爲與其它動物相互圍繞之形式。

與本組搭配的盤底紋飾，多爲蟠龍紋，周圍輔以鳥獸龍魚相互圍繞的形式，由全器照片與蟠龍紋盤命名的重複皆可得知。值得留意的是，宏觀盤上紋飾，在殷墟時期盤底多爲蟠龍紋或其他動物紋飾，至西周中期之後，盤底多逐漸改鑄銘文，盤口下內壁紋飾亦多改爲鱗紋或其他較爲抽象的紋飾，雖蟠龍紋延續至春秋時期仍可見（關於蟠龍紋的分析可參閱本文第四章第三節），但由本組龍紋的流行年代可知，與蟠龍紋搭配的盤口下內壁紋飾則有所改變，顯現出不同的紋飾運用模式。

（二）前曲 III B：有地紋

22-23

圖版 22-23：

器名：鉦。部位：不明。時代：商〔註49〕。出土地：湖南寧鄉。

紋飾說明：圓形目，角型不明顯，張口，雙唇外卷，臀部拱

〔註47〕其紋飾可參見本文第四章第三節圖版 43-11。

〔註48〕關於本器年代分析，詳見本章第四章註 55。

〔註49〕本器見於顧望等：《圖典》，頁 195；林巳奈夫：《紋樣》，圖 5-277（頁 200）。《圖典》時代作商，《紋樣》則僅說明爲地方型，未針對時代做分析。又《紋樣》資料來源爲京大人文研，《圖典》則未說明資料來源，故暫無其他資料可協助分析，因此暫時保留所見資料原貌，以供日後查考。

起，尾上卷，臀下有一足前屈，呈站立狀，足尖隱約可見利爪，身尾上飾有鱗紋，首尾旁飾有圓渦紋、地紋，但由於拓本不清晰，可能為雲雷紋，並由其他圖版的特色推測，本圖版應有二足。由鉦之器型判斷，紋飾位於鼓部的機率較高。

22-24

圖版 22-24：
器名：司母辛四足觥。部位：蓋面右側。時代：殷墟中期。出土地：河南安陽殷墟五號墓（M5：803）。
紋飾說明：臣字形目，張口，雙唇上卷，尖角，身尾上飾鱗紋，臀部拱起處飾雲紋，尾尖上翹，兩足前屈呈站立狀，足上有線條裝飾，足尖利爪，以較細的雲雷紋補地，為單龍構圖。紋飾整體較其他圖版瘦長，且彎曲程度較小。

22-25

圖版 22-25：
器名：蟠龍紋盤。部位：盤口下內壁。時代：殷墟中期。台北故宮館藏。
紋飾說明：圓形目，雙唇上卷，尖角，龍首中段與末端有鬣，身尾皆有鱗紋，臀部翹起，尾上卷，二足前屈呈站立狀，足以實心粗黑線表示，足尖為爪狀，有雲雷紋做地紋。本器盤底飾蟠龍紋（本文之ＯⅠＢ卷龍紋），盤口下內壁則以龍、魚、鳥相互圍繞。〔註50〕

22-26

圖版 22-26：
器名：罍。部位：不明。時代：西周早期。日本根津美術館藏。
紋飾說明：方形目，張口，兩唇外卷，尖角，龍首中段與末端有鬣，身尾上飾有鱗紋，臀部拱起，尾上卷，背部可見整片的背鰭裝飾，兩足前屈呈站立狀，足上有線條裝飾，足尖為利爪，以較細的雲雷紋補地。與圖版 22-24 形態較相近，但身軀彎曲幅度較大，且多出鬣與背脊裝飾。

22-27

圖版 22-27：
器名：𣄰卣。部位：圈足。時代：西周早期。出土地：陝西涇陽高家堡一號墓。陝西歷史博物館藏。
紋飾說明：圓形目，雙唇上卷，多齒角〔註51〕，龍首末端有鬣，身尾皆飾鱗紋，臀部拱起，尾上卷，腹下有二足，一處位於臀下以彎勾線條做足，腹下另有多處歧出線條，應為其腹鰭，一處位於龍首下方呈前屈站立狀，足上有線條裝飾，足尖有爪，背部亦有多處歧出彎勾狀背鰭，有雲雷紋做地紋，由全器照片可知𣄰卣蓋沿與圈足紋飾相同。〔註52〕

〔註50〕關於本器盤底紋飾與完整的盤口下內壁紋飾，可參本文第四章第三節圖版43-8a、43-8b。

〔註51〕此命名見於上海博物館青銅器研究組：《商周》龍紋對角型的分類（頁109），由圖版可知其形狀如尖角齒輪，有多處歧出，此處沿用其命名。

〔註52〕李建偉等：《圖錄》，頁294；馬承源：《精華》，圖494（頁143）。

　　與前曲 III B 相似紋飾尚有二祀邲其壺〔註53〕、六祀邲其壺〔註54〕圈足處的紋飾。二祀邲其壺鏽蝕較爲嚴重，紋飾特徵依稀可辨爲圓形目，雙唇外卷，鹿角〔註55〕，身軀似有鱗紋裝飾，臀部拱起，尾部上卷，臀下有一八字狀的兩歧彎勾爲其足，龍首下方有足前屈呈站立狀，足尖爲爪形，有地紋；六祀邲其壺圈足紋飾與二祀邲其壺接近，但鏽蝕較輕，紋飾特徵較爲明顯，可清楚看出身尾皆飾有鱗紋，其他特徵則與二祀邲其壺相同，以上兩器皆爲殷墟晚期器。〔註56〕

　　圖版 22-23 資料僅知爲商代，器類爲鉦，由於鉦出土時多無伴存物，故對於斷代的判斷有一定的困難度，鉦的始見期亦不明確〔註57〕。在馬承源《中國青銅器》一書鉦的器類舉例中，其中鉦圖 3 在鉦部的上緣（靠近舞部處），畫有圖版 22-23 紋飾形狀，且龍紋兩側亦有圓形紋飾裝飾，由於所舉例之圖片爲手繪的摹本，非拓本，對於紋飾特徵的表示較爲簡略，但由出土地相同與紋飾特徵的相似，懷疑鉦圖 3 與圖版 22-23 爲同一器。鉦圖 3 名爲象紋鉦，現藏於北京故宮〔註58〕，此資料有助於了解圖版 22-23 的相關資訊。

　　由上述資料中可歸結本組紋飾可見於商至西周早期。大致而言，前曲 III B 紋飾之共同特徵與前曲 III A 頗爲相似，皆爲身軀上飾有鱗紋，於臀部處拱起，足前屈呈站立爪、具利爪，在龍紋身軀形態的整體表現相似度頗高。但在目型、唇型、角型、尾部與爪部形態等細節則有所差異，目型方面，A 組以方形目、臣字形目兩者參半，B 組則以圓形目居多，方形目、臣字形目各見一例；唇部特徵，A 組皆雙唇上卷，B 組則有雙唇上卷與雙唇外卷兩種形式；角型方面，A 組全爲尖角，B 組雖主要仍以尖角裝飾，但除此之外有較多的變化，如

〔註53〕 見馬承源：《精華》，圖 133（頁 39）；丁孟：《200》，圖 38（頁 62）；中國青銅器全集編輯委員會：《全集 3》，圖 127（頁 128）。

〔註54〕 見馬承源：《精華》，圖 134（頁 39）；丁孟：《200》，圖 40（頁 66）；中國青銅器全集編輯委員會：《全集 3》，圖 128（頁 129）。

〔註55〕 由於此圖版角型在尖角的基礎上又有多處歧出，整體略似鹿角，並與多齒角形狀不同，故暫以鹿角之名表示其特徵。

〔註56〕 此二器除前曲 III 式龍紋外，皆搭配下直 III 式龍紋（分析詳見本章第三節）。雖此二器年代資料皆僅作商代晚期（參馬承源：《精華》，圖 133、134（頁 39）；丁孟：《200》，圖 38（頁 62）及圖 40（頁 66）；中國青銅器全集編輯委員會：《全集 3》，圖 127（頁 128）），但經由下直 III 式龍紋可見於殷墟晚期至西周中期，可推知此二器應爲殷墟晚期器。

〔註57〕 馬承源：《中國青銅器》，頁 277。

〔註58〕 以上資料見馬承源：《中國青銅器》，頁 278、608。

多齒角、鹿角等；尾部形態上，A 組龍紋尾部僅上翹，並有線條與鱗紋裝飾兩種形態，B 組尾巴則多為上卷，皆以鱗紋裝飾，除圖版 22-24 尾部上翹外，其餘圖版皆做上卷狀；雖兩組皆做爪形，但 A 組爪形較為圓潤、簡單，B 組爪形則較為銳利、細膩。此外，B 組部份圖例中，龍首上有鬣裝飾，A 組則全部未見有鬣裝飾。

　　整體而言，B 組紋飾較為細膩，A 組較為樸拙，其細節特徵差異與可見時代可用下表表示：

表 2-4：前曲 III A 與前曲 III B 異同一覽表

	異	同
前曲 III A	1. 方形目、臣字形目參半。 2. 皆雙唇上卷。 3. 皆為尖角。 4. 尾部有線條與鱗紋裝飾兩種。 5. 爪形圓潤、簡單。 6. 皆無地紋。 7. 龍首上未見有鬣裝飾。 8. 年代為殷墟中期至西周早期，以殷墟時期為多。	1. 身軀上飾有鱗紋，於臀部處拱起，足前屈呈站立狀、具利爪。 2. 可見時代皆以殷墟時期為多。
前曲 III B	1. 以圓形目為多，方形目、臣字形目偶見。 2. 有雙唇上卷、雙唇外卷兩種。 3. 以尖角為多，但有多齒角、鹿角等特殊形式。 4. 尾部皆以鱗紋裝飾。 5. 爪形細膩寫實、線條銳利。 6. 皆有地紋。 7. 部分龍紋龍首上有鬣裝飾。 8. 年代為商至西周早期，以殷墟時期略多。	

　　由圖版年代資料可知兩組紋飾可見年代大致重疊，故兩者紋飾繁簡、細膩的差異應與紋飾應用器類及部位有關。A 組紋飾皆為盤口下內壁裝飾，屬次要紋飾，加以紋飾皆未做補地，故紋飾風格較為簡樸；B 組紋飾運用器類則較為多元，可見於鉦、觥、盤、罍、卣、壺之上，器類間裝飾的特性亦有所差異，由圖例中即可見 B 組紋飾間細微差異較多，風格亦略有不同，不如 A 組紋飾風格一致，實與運用器類不同所致。其中蟠龍紋盤紋飾（圖版 22-25）與前曲 III A 紋飾位置相同，搭配的紋飾相同，但紋飾特徵在鬣、尾部、足部、地紋上有明顯的差異，整體而言紋飾特徵與前曲 III B 較為接近，但與前曲 III B 器類、搭配紋飾不同，此現象可視為前曲 III A 的變形運用與特例，亦可從

中看出前曲 III A 與前曲 III B 紋飾間的過渡。

四、前曲 IV 式：身有紋飾，無足

本式龍紋的特色：龍首佔較大比例，於紋飾整體中頗為突出，張口有舌，並舌尖分岔。角型則有瓶狀角、尖角等形式。

22-28

圖版 22-28：

器名：婦好三聯甗。部位：甑口下。時代：殷墟中期。出土地：河南安陽殷墟五號墓（M5：769）。

紋飾說明：臣字形目，張口，雙唇外卷，有舌，舌尖分岔，尖角，臀部拱起，尾上卷，身軀以棱脊留白裝飾，無足，身尾旁飾有圓渦紋，以雲雷紋補地。由其全器摹本可知此圖版為兩龍相對〔註 59〕，此處因考量到圖版的清晰呈現，故僅放入單龍。

22-29

圖版 22-29：

器名：龍紋觥。部位：腹部。時代：殷墟中期至殷墟晚期〔註 60〕。出土地：山西石樓桃花莊。山西博物館藏。

紋飾說明：臣字形目，張口，兩唇外卷，有舌，舌尖分岔，瓶狀角，下唇末端有鬣，身軀呈波曲狀內飾菱格紋，尾尖上翹內卷，無足，無地紋，背上有一魚紋。由全器照片可知為單龍構圖。〔註 61〕

22-30

圖版 22-30：

器名：人面腳虺龍紋盤〔註 62〕。部位：盤口下外壁。時代：西周早期。日本奈良天理參考館藏。

紋飾說明：臣字形目，張口，兩唇內卷，有舌，舌尖分岔，下唇較長並與舌交疊，瓶狀角，臀部拱起，尾上卷，身軀以棱脊留白裝飾，無足，身、尾、角旁飾有圓渦紋，以雲雷紋補地。本紋飾風格與圖版 22-28 相似，紋飾特徵亦接近，但年代差異較大，可能為後世仿古之作。

〔註 59〕 中國社會科學院考古研究所：《殷墟》，圖九。

〔註 60〕 本器可見於林巳奈夫：《紋樣》，圖 5-63（頁 170）；李建偉等：《圖錄》，頁 140；顧望等：《圖典》，頁 171；中國青銅器全集編輯委員會：《全集 4》，圖 76（頁 74）等書，然綜合其資料僅可知為商代晚期，相當於本文之殷墟時期。又朱鳳瀚之研究提出（《古代》，頁 102），觥可見於殷墟中期至西周早期，故綜合兩者資料，暫以殷墟中期至殷墟晚期表明其時代。

〔註 61〕 李建偉等：《圖錄》，頁 140。

〔註 62〕 本圖版可見於林巳奈夫：《紋樣》，圖 6-124（頁 236）；顧望：《圖典》，頁 169；梅原末治：《支那 2》，圖 89 等處，其中《圖典》資料較為簡略，故以《紋樣》與《支那 2》為主要參考資料。上述器名、館藏地點等採《支那 2》之說，年代則採《紋樣》之說。

　　由上述圖例中，明顯看出圖版 22-28 與 22-29 兩者紋飾的特徵、風格差異頗大，由圖版資料中可知一器爲河南安陽出土，一器爲山西石樓出土，兩地相隔甚遠，似因地域關係，使兩器時代雖相近，但身軀上之紋飾風格特色卻存有極大差異。雖皆身軀粗肥，但兩者仍具有一粗一細的差異，其上的紋飾也繁簡不同。另一方面，也可能因器類差異的關係，造成風格的懸殊；三聯甗上的甑器型較一般，紋飾僅需適合帶狀安置，觥則整體器型多做動物造型，由照片中可知圖版 22-29 即整器做龍形，或因配合器形做出不同的紋飾特色，亦未可知。但兩圖仍明顯可見具有龍首比例較大，張口有舌並分岔的共同特色。圖版 22-29 對於龍紋各部件的描繪，雖較圖版 22-28 詳盡，但比對後可發現，其線條的細膩程度不如圖版 22-28，線條的刻劃較爲粗糙樸拙一些。雖然此現象除上述地域、器形的因素外，亦可能與墓主身分高低有所關聯〔註 63〕，雖婦好墓已可確知屬身分等級較高的墓葬，但山西石樓的出土狀況則資料缺乏，此處因不能充分掌握相關的資訊，暫時存疑，僅將此一可能性提出。

　　圖版 22-30 與圖版 22-28 則紋飾特徵、風格頗爲接近，不論是紋飾整體之構圖，或是線條的運用等方面，皆極爲近似，僅龍首部分略有差異，或因時代、位置的關係，龍首部分的構圖，較圖版 22-28 有略微抽象的傾向，其下唇與舌交疊，舌尖分岔的形狀又頗似爪形，故從另一角度觀看，頗似龍前屈的足與爪，具有雙重解讀的特色，但此處考量到與圖版 22-28 的近似與分岔處爲上舉狀態，若爲足部則上舉較不合情理，因此認爲仍以舌尖分岔認定較爲恰當。此特色推測與盤口下內壁或圈足處可構圖位置相對狹小有關，因此龍首略爲簡略變形，以適應出現位置，亦頗爲合理。

　　綜合以上資料，前曲 IV 式龍紋，其流行時間爲殷墟中期至西周早期，可見於甗、觥、盤等器類上。

　　前顧曲身型爬行龍紋共三十個圖版，輔以其他可見資料，共有四十四器進行分析，其器類與年代資料如表 2-4 所示。

　　本型龍紋共同的主要特徵爲：張口向前，身軀整體呈現一波曲狀，尾上卷。前曲 I 式紋飾身軀至多僅沿棱脊留白裝飾，於臀部下方有一彎勾的線條，

〔註 63〕一般而言，墓主身分亦會影響到陪葬器物精美程度的差異。墓主身分越高，
　　　　陪葬器物越精美；墓主地位低者，陪葬器物尚有見明器者，器物製造手法明
　　　　顯粗糙許多。

為足部的代表。紋飾簡單，應用器類與時間廣泛，由上表可見為前曲型龍紋中數量最多的一式。前曲 II 式紋飾主要特色為身軀粗肥，龍首與角佔整體構圖較大比例。紋飾身軀上有密布的花紋裝飾，足部寫形則介於 I 式與 III 式之間，各圖版間特徵略有差異，亦有雲雷紋為地紋，出現時間較 I 式略晚。前曲 III 式紋飾在身軀上有詳細的鱗紋，對足部及爪形的詳細寫形，其中 A 組紋飾雖較簡單，並無地紋，與紋飾出現部位有關，A 組紋飾全見於盤上；B 組紋飾則較為細緻，並有地紋裝飾，器類則不一。此式紋飾較前曲 II 式龍紋線條細膩，II 式紋飾龍紋的線條及整體造型仍帶有樸拙的色彩，III 式紋飾則較為細緻。前曲 IV 式紋飾則無足，龍首於整體比例中較大，有舌並於尖端分岔。此式紋飾雖無足，但由拓本中可知其地紋與主紋的層次分明，線條刻畫細膩，龍紋整體充滿精美的藝術氣息。雖由藝術手法的精細差異，可推測出各式間先後的差異，但上述各式之間出現時間仍有所重疊，非斷然的先後關係，此點乃是在進行紋飾分析時所需留意的。

表 2-5：前曲型爬行龍紋器類暨年代一覽表

	鼎	簋	簠	卣	罍	盂	匜	盉	壺	觥	瓿	鉦	甗	禁	盤	合計	時　　　代
I	6	4	1	9		1	1			1		1	1			24	殷墟早期－西周中期
II								2								2	殷墟中期
III A															8	8	殷墟中期－西周早期
III B				1	1				2	1		1			1	7	商－西周早期
IV									1			1			1	3	殷墟中期－西周早期
合計	6	4	1	10	1	1	1	2	2	2	1	1	2	1	10	44	

　　由上表可見前顧曲身型爬行龍紋整體可見於商至西周中期，於殷墟中期至西周早期數量最多；紋飾特徵方面，目型有方形目、圓形目、臣字形目等形式，三者數量相當，以方形目較多，圓形目略少，臣字形目最少，方形目以殷墟晚期至西周早期數量較多，臣字形目以殷墟中期與殷墟晚期兩階段數量略多，圓形目殷墟中期至西周早期各階段數量相當。唇部有雙唇外卷、雙唇內卷、雙唇上卷等形式，以雙唇外卷最多，約佔七成（44 器有 31 器），雙唇上卷約佔三成，雙唇內卷則僅見一例，屬特例；時代上，雙唇外卷者以殷墟晚期至西周早期數量最多，雙唇上卷則以殷墟中期數量較豐，較為常見。尾部形態則以上卷遠超過上翹，上卷者將近八成，上述兩者的數量與時代關

聯不大。角型則幾乎全爲尖角，其他角型則僅見零星數例，其形態的差異屬紋飾運用的零星變化，整體而言與時代關聯不大身軀多爲棱脊留白，其次以鱗紋裝飾，其他如雲雷紋、粗黑線等則零星數例；時代鱗紋裝飾以殷墟中期較爲常見，棱脊留白以殷墟晚期較爲常見，兩者時代偏重略有差異。足以一足最多，並多以彎勾表示，二足者則做拳狀或爪形，少數無足；時代上，二足者殷墟中期數量較多，一足者以殷墟晚期數量較多。器類則以卣、盤、鼎上爲多，其餘器類僅少數的運用；卣最常見於殷墟晚期，盤以殷墟中期爲多，鼎則以殷墟晚期至西周早期數量較多。整體而言，前曲型龍紋在可見時代中，特徵的變動不大，較難由細部差異中看出與時代的關聯，但單就某一式中則仍可由細節差異做約略的時代判斷。表 2-5 爲各部件特徵與時代關係簡表。

表 2-6：前曲型爬行龍紋各部件特徵與時代關係表

	時　　代　　特　　色
目	1. 臣字形目以殷墟中期與殷墟晚期兩階段數量略多。 2. 圓形目殷墟中期至西周早期各階段數量相當。 3. 方形目以殷墟晚期至西周早期數量較多。
唇	1. 唇部有雙唇外卷、雙唇內卷、雙唇上卷等形式，以雙唇外卷最多，雙唇上卷其次，雙唇內卷僅見一例。 2. 時代上，雙唇外卷者以殷墟晚期至西周早期數量最多，雙唇上卷則以殷墟中期數量較豐，較爲常見。
龍首裝飾	1. 角型則幾乎全爲尖角，其他角型則僅見零星數例，整體而言與時代關聯不大。
身	1. 鱗紋裝飾以殷墟中期較爲常見，棱脊留白以殷墟晚期較爲常見，兩者時代偏重略有差異。 2. 尾部形態以上卷遠超過上翹，然兩者的數量與時代關聯不大。
足	1. 足以一足最多，並多以彎勾表示，二足者則做拳狀或爪形，少數無足。 2. 時代上，二足者殷墟中期數量較多，一足者以殷墟晚期數量較多。

第三節　下視直身型爬行龍紋

　　本型龍紋龍首下視，身軀平直，尾部型態有上卷與平直上翹兩類，以前者最爲多見；由於後者數量極少，故不另闢一類分析。於後的分析中下視直身皆以「下直」簡稱。下依其背部特色又可分爲三式：（一）背上有短翼；（二）

背上有長翼；（三）背上有列旗，其中 II 式與 III 式之下又依身軀花紋分做兩組。本型龍紋之角型主要爲半環狀角，亦有少數爲 T 形角、葉狀尖角。其中 II 式與 III 式，鼻前多有裝飾。

一、下直 I 式：背上有短翼

本式紋飾背部皆有豎起的短翼裝飾，尾部有上卷與平直上翹兩類，以平直上翹者略多。

23-1

圖版 23-1：
器名：婦好無蓋方彝。部位：圈足。時代：殷墟中期。
出土地：河南安陽殷墟五號墓（M5：849）。
紋飾說明：雙龍相背，臣字形目，張口向下，雙唇外卷，T 形角，身軀沿棱脊留白裝飾，背部中後有豎起之短翼，尾部平直末端略微上翹，無足，以雲雷紋補地。本紋飾無足，爲本式紋飾中較爲特殊者。

23-2

圖版 23-2：
器名：鼎方彝。部位：圈足。時代：殷墟晚期〔註64〕。
上海博物館藏。
紋飾說明：雙龍相背，方形目，張口向下，雙唇外卷，半環狀角，身軀以雲雷紋裝飾，背部中後有豎起之短翼，尾部平直末端略微上翹，腹下有一足，以彎勾線條表示，有雲雷紋補地。

23-3

圖版 23-3：
器名：盂。部位：圈足。時代：殷墟晚期。
紋飾說明：雙龍相對，圓形目，雙唇外卷，葉狀尖角，身軀以雲雷紋裝飾，背部前段有豎起的短翼，尾部上卷，腹下有一足，足前伸做爪狀，有雲雷紋補地。由拓本呈上窄下寬的梯形外觀判斷，紋飾應位於圈足部位。
〔註65〕

筆者所蒐集到的拓本僅上述三例，但於他書之銅器照片中，仍可見與本式構圖相似者，如子蝠方彝〔註66〕圈足處的紋飾，此紋飾整體與圖版 23-3 較

〔註64〕此圖版《紋樣》（圖 4-178）與《夏商周》（夏商下），頁 331 皆有收錄，陳佩芬作商代晚期器，林巳奈夫定爲殷墟晚期。筆者以爲兩者時間未衝突，爲求分析的細膩，此處採林巳奈夫之說。

〔註65〕盂爲大型盛飯器，兼可盛水盛冰，多做侈口深腹圈足的模式（以上根據馬承源之說，見《中國青銅器》，頁 150）。因此若爲腹部紋飾，則拓本應爲上寬下窄，或上下等寬的模式。此處拓本爲上窄下寬，則可推斷爲圈足之紋飾。

〔註66〕李建偉等：《圖錄》，頁 145 及中國青銅器全集編輯委員會：《全集 4》，頁 69。此器爲商代晚期，現藏於美國哈佛大學藝術博物館。

爲相似，角型與足相同，但目型與尾部形態不同，其特徵爲兩龍相背，方形目，雙唇外卷，葉狀尖角，身軀以雲雷紋裝飾，背部中段有豎起之短翼，足前伸有爪，尾部平直末端略微上翹（狀如圖版 23-1、23-2），有雲雷紋爲地紋。此器爲商代晚期器，相當於本文殷墟時期；又由照片中可知其器型與圖版 23-2 鼎方彝相同，故推測亦屬殷墟晚期的器物。

由上列圖例中可知本式紋飾主要特徵爲：張口向下且雙唇外卷，身軀上多裝飾有雲雷紋，但並不密布，留有些許的空白，較地紋之雲雷紋線條略粗，背部中段有豎起的短翼，少數位於前段，多有足並多數做爪形，但屬較圓潤之爪狀〔註67〕，有雲雷紋做補地。在目型與角型上差異略大，目型有方形目、圓形目、臣字形目等；角型則有葉狀尖角、瓶狀角、尖形半環狀角，雖角型不同，然其共同特色爲角向上，尾端略尖。然各圖版間雖有目型或角型的差異，但與時間的關聯性不大。整體而言，由上述圖例及其他資料可歸結出，本式紋飾流行年代集中於殷墟中期至殷墟晚期，並以方彝圈足最爲多見，盂上僅見一例。

二、下直 II 式：背上有長翼

此式紋飾的特徵在於龍紋背部有翎羽狀的長翼裝飾，又依身軀形式分爲兩組：A 組身軀細長無紋飾，B 組身軀粗肥有紋飾。

（一）下直 II A：身軀細長，無紋飾

23-4

圖版 23-4：

器名：古父已卣。部位：口沿。時代：西周早期。〔註68〕

紋飾說明：兩龍相對，中有獸面紋相隔。圓形目，張口向下，雙唇上卷，半環狀角，額前有鬣，身軀爲實心的粗黑線，背上有與身軀等粗的翎羽狀長翼，有一足，足

〔註67〕由上節之前曲 III A 與前曲 III B 之分析中，可看出其間爪形的差異，前者之爪狀略似拳狀，較爲圓潤，後者的爪形分岔明顯，整體較爲尖銳。其他龍紋之爪形多不出此二類。

〔註68〕《幻想》一書作殷墟四期，即筆者分類中的殷墟晚期（段勇：《幻想》，頁67）。上海博物館青銅器研究組：《商周》，圖 268（頁 100）；馬承源：《精華》，圖 132（頁 38）亦作殷墟晚期。雖持殷墟晚期之說者佔多數，但段勇資料來源實爲《商周》一書，故視爲一者。而陳佩芬：《夏商周》（西周上），頁185 作西周早期，其理由乃其他西周早期墓葬中曾出土同類器形，較具說服力。又《夏商周》乃後出之作，故此處以陳佩芬之說爲準。

端爲拳狀且上有尖勾，腹下另有多處彎勾裝飾，應爲其腹鰭，尾上卷，以雲雷紋補地。其圈足部位紋飾相同，但以棱脊取代獸面紋。

23-5

圖版 23-5：

器名：宁鼎。部位：口沿。時代：西周中期。〔註69〕

紋飾說明：兩龍相對，中有棱脊間隔。臣字形目，張口向下，雙唇上卷，似有舌，Ｔ形角，龍首前另有長鼻狀裝飾，但不與龍首直接相連，長鼻下有線條裝飾，身軀分做兩歧且棱脊處留白，背上有較細的翎羽狀長翼，腹下有二彎勾狀的足，一尾上卷，一尾平直末端略微下垂，以雲雷紋補地。

在筆者蒐集的資料中，僅上述二例屬下直 II A，數量不多，然由圖例中可清楚看出其身軀分做兩歧或視覺上具有分歧的效果，爲其他龍紋所未見。如圖版 23-4 雖未身做兩歧，但由於其背翼與身軀等粗，故易有身做兩歧的錯覺；而圖版 23-5 身做兩歧，雖背上另有長翼，然顯得細小易被忽略，不至成爲三歧狀，仍看似兩歧狀。整體而言，兩圖版身軀的相似高，並皆雙唇上卷，額前另有裝飾，然細看後仍能分辨其中諸多的細節差異，如一爲圓形目，一爲臣字形目；一爲半環狀角，一爲 Ｔ 形角；身軀一爲實心粗黑線，一爲棱脊留白；一足爲拳狀且另有腹鰭，一足爲彎勾狀無腹鰭；一額前裝飾爲夔，一額前裝飾爲長鼻；兩者背翼的粗細亦有差別。目前可知的資料中顯示本組紋飾可見於西周早期至西周中期，器類則爲卣與鼎。而上述差異與年代、器類等因素是否有直接相關，由於缺乏其他更多的資料佐證，僅做存疑，此處先將此現象提出，以供日後進一步的探析。

（二）下直 II B：身軀粗肥，有紋飾

23-6

圖版 23-6：

器名：鼎。部位：口沿。時代：西周時期。

紋飾說明：兩龍相對，中有棱脊相隔。臣字形目，張口向下，上唇上卷，下唇倒 Ｔ 字形，半環狀角，身軀中段飾雲雷紋，尾部以線條裝飾，尾部上卷，背上有翎羽狀長翼，額前以一顧首之小鳥紋做長鼻狀裝飾，在下唇後方有一爪狀足，但頗爲細小，由右側龍紋較易看出，以雲雷紋補地。由器類與拓本形狀判斷，紋飾位於口沿。

〔註69〕 彭裕商：《年代》，圖十四：8（頁536）一書作西周孝、夷時期；陳佩芬：《夏商周》（西周上），頁238；上海博物館青銅器研究組：《商周》，圖363（頁127）作西周恭王。故此處以西周中期涵蓋上兩類說法。

23-7

圖版 23-7：

器名：簋。部位：口沿。時代：西周早期。

紋飾說明：兩龍相對，中有獸面紋相隔。圓形目，張口向下，上唇上卷，下唇倒 T 字形，半環狀角但為實心狀，身軀中段飾雲雷紋，尾部以線條裝飾，尾部上卷，背上有翎羽狀長翼，額前以 L 形倒勾裝飾，非長鼻狀，腹下有一足，足部末端線條頗長，以雲雷紋補地。由器類與拓本形狀判斷，紋飾位於口沿。

23-8

圖版 23-8：

器名：龍紋簋。部位：口沿。時代：西周早期。

紋飾說明：兩龍同向右，非對稱相對。臣字形目，張口向下，上唇上卷，下唇倒 T 字形，T 形角，身軀中段飾雲雷紋，尾部以線條裝飾，尾部上卷，背上有翎羽狀長翼，額前以 L 形倒勾裝飾，非長鼻狀，腹下有一足，足部末端另有一線條，兩者間有斷開，以雲雷紋補地。整體特徵與圖版 23-7 相似，但身軀較為厚實。

23-9

圖版 23-9：

器名：卣。部位：不明。時代：西周中期。

紋飾說明：此紋飾屬本組紋飾身軀裝飾較簡單者，紋飾整體線條感濃厚，較為單薄呈非實心狀。圓形目，張口向下，上唇外翻，下唇未成倒 T，與其他圖版不同，半環狀角，有二足，一足前伸做爪形，腹下另有一長爪，尾豎起內鉤，軀幹稜線有一線條裝飾。由器類與拓本形狀判斷，紋飾可能位於口沿或圈足等狹長部位，由於兩龍間無獸面紋，位於圈足的可能性略高於口沿。

23-10

圖版 23-10：

器名：丰卣。部位：頸部。時代：西周穆王（西周中期）。出土地：傳世器。

紋飾說明：兩龍相對，中有獸面紋相隔。臣字形目，張口向下，上唇上卷，下唇倒 T 字形，半環狀角，身軀中段飾雲雷紋，尾部以線條裝飾，尾部上卷，背上有翎羽狀長翼，額前以一顧首之小鳥紋做長鼻狀裝飾，在下唇後方有一爪狀足，足後有一線條，以雲雷紋補地。紋飾整體特徵與 23-6 近似，但身軀雲雷紋裝飾較多略顯粗肥，且兩龍中有獸面間隔。足部形態則與 23-9 相似，腹下另有長爪。

　　由上列圖例及資料可歸結出，下直 II B 見於西周早期至西周中期，圖版 23-6 雖未知詳細的時間，但由其與圖版 23-10 的近似推估兩者時間差距不至於過大，較可能為出現的時間仍為西周早期至西周中期之間；且由圖版 23-10 為西周穆王可知，本組紋飾下限僅至西周中期前段，故紋飾整體時間跨度不長。

其紋飾主要特徵為：臣字形目或圓形目，多半環狀角，僅一例（圖版 23-8）為 T 形角，下唇多呈倒 T 形，身軀粗肥，身軀前段飾有雲雷紋，尾部則以線條裝飾，背部有細長翎羽狀的長翼，腹下有一呈爪形的足並後方有延續的線條，額前多有裝飾，其形態有二，一為顧首小鳥狀，一為 L 形倒勾，亦有無裝飾者（如圖版 23-9）。值得留意的是，若以小鳥狀長鼻裝飾，則搭配中空半環狀角，如圖版 23-6、23-10；若以 L 形倒勾裝飾，則角為實心狀，且年代確知集中於西周早期。且 L 形倒勾與長鼻裝飾出現器物則略有不同，L 形倒勾裝飾僅見於簋一器類；長鼻裝飾器類則不固定，可見於鼎、卣。上述差異皆可提供年代與辨偽判斷上的參考。

　　綜觀下直 II 式 A、B 兩組，其共同特徵為背上有一條細長翎羽狀的長翼，其他紋飾主要特徵則皆有：多為兩龍相對的構圖，中間有獸首、扉棱間隔其中；如圖版 23-8 兩龍同向者，則較為少見；目型不出圓形目及臣字形目兩種類型，數量差距不大，然以臣字形目略多；角型多為半環狀角，少數為 T 形角（如圖版 23-5 與圖版 23-8）；額前多有裝飾，有做 L 形倒勾（如圖版 23-7、23-8）或長鼻狀（如圖版 23-5、23-6、23-10）兩種，圖版 23-4 則較為特殊，額前的鬣微微上勾，與 L 形倒勾略微近似，但較不明顯，似乎為 L 形倒勾的原型或變體，極少數額前無裝飾者（如圖版 23-9）；並皆有細密的雲雷紋做補地，與龍紋主體顯得層次分明。要言之，對稱構圖、圓形目與臣字形目、半環狀角、翎羽狀長翼、額前裝飾、雲雷紋地紋為下直 II 式 A、B 組共同的特徵要素。而 A、B 組紋飾的差異主要表現於身軀及足部特徵上，A 組身軀以線條表示並有兩歧的特徵，B 組則粗肥有紋飾；A 組足部以彎勾狀為基礎，或增加點綴成拳狀（如圖版 23-4），B 組足部則全做爪狀，並於爪後有相連或斷開的線條延續。A 組紋飾可見時間為西周早期至西周中期；B 組紋飾可見時間亦同為西周早期至西周中期，雖兩者出現的時間有所重疊，但 B 組紋飾可見下限可能較 A 組略早，僅至西周中期初期，而 A 組下限則可推至西周中期偏後〔註 70〕。兩組紋飾出現器類皆有為卣、鼎兩器類，B 組又在此基礎上增加簋一器類；數量上亦以 B 組紋飾較為多見。整體而言，A、B 組紋飾的差異可視為同一時代中紋飾的不同表現，兩者間的差異雖與時代的關聯性較小，但對於了解紋飾的運用與搭配仍有所助益。

〔註 70〕由圖版 23-5 𩰬鼎年代的爭議可知其下限至多為西周孝夷時期，至少為西周恭王，不論何者皆晚於圖版 23-10 㠱卣之西周穆王。

　　必須一提的是，下直 II 式龍紋與下直 III 式之間有許多相似或關聯之處，如下直 II A 紋飾於前述分析中可見身軀兩歧的傾向，下直 III A 則以棱脊留白與尾部分歧製造身軀兩歧的視覺錯覺；其餘異同之處，將於介紹下直 III 式後一併進行詳盡的討論。

三、下直 III 式：背上有列旗

　　本式紋飾背部多有許多成列豎起的「卜」字形短羽，習稱列旗，亦可見其他形式者，但皆與背鰭爲成列的彎勾不同。又依身軀的型態可分爲兩組。A組身軀細長無紋飾，B組身軀粗肥有紋飾。

（一）下直 III A：身軀細長，無紋飾

23-11a

23-11b

圖版 23-11a、23-11b：

器名：卣。部位：a 蓋沿、b 口沿。時代：殷墟晚期。

紋飾說明：兩龍相對，圖版 23-11a 中以棱脊間隔，圖版 23-11b 以獸面紋間隔。兩圖版特徵大致相同，皆爲圓形目，半環狀角，有葉狀尖耳（圖版 23-11b 較爲明顯），雙唇上卷，額前有長鼻裝飾。身軀沿棱脊留白，尾部上卷，尖端分歧內勾，使身軀如分做兩歧，背部有列旗裝飾，腹下有許多彎勾狀線條，應爲其足部及腹鰭的表示，以雲雷紋補地，上下有聯珠紋。由圖版 23-11a 拓本彎曲的弧度，及圖版 23-11b 兩龍中的獸面紋可知圖版分別位於蓋沿及口沿二處。

23-12

圖版 23-12：

器名：酉父癸簋。部位：口沿。時代：殷墟晚期。

紋飾說明：龍紋特徵與圖版 23-11 相似，皆爲圓形目，半環狀角，且身軀棱脊空白與尾部分歧的模式一致。但無葉狀尖耳，雖亦雙唇上卷，但上唇翻卷程度較小，且背部列旗數量與腹下彎勾線條較少，並以顧首鳥紋爲長鼻裝飾，龍紋爲同向排列，但左側似有獸面紋的痕跡。與本圖版形式相似的紋飾尚見於滕侯簋〔註71〕口沿及圈足部位屬西周早期器；其紋飾呈兩龍成組同向，中隔獸面紋相對，其紋飾排列方式可爲本圖版之參考。

23-13

圖版 23-13：

器名：觶卣。部位：口沿。時代：殷墟晚期。

紋飾說明：龍紋特徵與圖版 23-11 相似，圓形目，半環狀角，葉狀尖耳，雙唇上卷，額前有長鼻裝飾。身軀沿

〔註71〕詳細圖片見李建偉等：《圖錄》，頁 289，滕州市博物館藏；據彭裕商：《年代》（頁 533）之研究，此器爲西周康王（西周早期）時器。

棱脊留白，尾部上卷，尖端分歧內勾，使身軀如分做兩歧，背部有列旗裝飾，腹下有許多彎勾狀線條，應為其足部及腹鰭的表示，以雲雷紋補地，但身軀棱脊留白較少，顯得較為粗肥，且為中空的半環狀角，非實心狀。

23-14a

23-14b

圖版 23-14a、23-14b：

器名：卣。部位：a 口沿 b 圈足。時代：西周早期。

紋飾說明：圓形目，半環狀角，有葉狀尖耳，雙唇上卷，額前有長鼻裝飾，其中圈足處紋飾之長鼻裝飾略似顧首鳥紋（右側尤其明顯）。身軀沿棱脊留白，尾部上卷，尖端分歧內勾，使身軀如分做兩歧，背部有列旗裝飾，腹下有許多彎勾狀線條，應為其足部及腹鰭的表示，以雲雷紋補地。整體而言，龍紋特徵與圖版 23-11 相似，但身軀背部的列旗與腹下的彎勾線條較密，並棱脊留白處較寬，更具身做兩歧的錯覺，長鼻裝飾亦較為粗肥，紋飾整體不若圖版 23-11 細瘦，較顯粗實。由拓本之弧度及獸面紋的有無，可推知圖版 23-14a 位於口沿，圖版 23-14b 位於圈足部位。

23-15

圖版 23-15：

器名：睦尊。部位：部位：上腹部／下腹部。時代：西周康王（西周早期）。出土地：河南浚縣辛村魏國墓（M60：5）。

紋飾說明：兩龍相對，上腹部中隔一獸面紋，下腹部則以棱脊相隔。方形目，半環狀角，有葉狀尖耳但頗為模糊，以上腹部左側龍紋最為明顯，雙唇上卷，額前有長鼻裝飾，身軀沿棱脊留白，尾部上卷，尖端分歧內勾，使身軀如分做兩歧，尾部下方有數處歧出的線條，可能為腹鰭，背部有列旗裝飾，腹下有兩彎勾的足，以雲雷紋補地。本圖版獸面臉部呈三角形，較為特別。

23-16a

23-16b

圖版 23-16a、23-16b：

器名：卣。部位：a 蓋沿 b 口沿。時代：西周早期。出土地：河南浚縣辛村魏國墓（M60：7）。

紋飾說明：本圖版為摹本，故紋飾細部特徵不如拓本，但仍可辨別出具有方形目，半環狀角，葉狀尖耳，雙唇上卷，額前有長鼻裝飾，身軀棱脊留白，腹下有二足，尾部下方有歧出的線條裝飾，有雲雷紋補地。紋飾整體形態與圖版 23-15 極為近似。

23-17a

圖版 23-17a、23-17b：

器名：卣。部位：不明。時代：西周中期。

紋飾說明：圓形目，半環狀角，雙唇上卷，葉狀尖耳，額前有長鼻裝飾，身軀棱脊留白裝飾，尾上卷，爪狀足，有雲雷紋補地。此圖版屬本組紋飾中較為特殊者，足部與其他圖版皆異，為爪狀足且後方有拖曳的長線條，非彎勾狀；額前長鼻裝飾的形態亦與其紋飾不同，長鼻與

23-17b

額前無斷開的痕跡，呈相連狀，並且長鼻較為瘦長；尾端亦未做分歧狀。圖版 23-17a 彎曲弧度大，故推測位於蓋沿，圖版 23-17b 拓本無弧度，大致為平直的型態，應位於口沿或圈足等狹長部位，但僅單龍拓本，線索有限，無法做更深入的推測。

其他相似龍紋尚可見於商代晚期的二祀邲其壺〔註 72〕與六祀邲其壺〔註 73〕的蓋沿與口沿處，此二器紋飾與圖版 23-11a、23-11b 特徵十分相似，唯兩龍間的獸面紋略有不同，故推測時代亦為殷墟晚期。其中二祀邲其壺做尖耳狀，但兩旁無聯珠紋；六祀邲其壺雖有聯珠紋裝飾，但獸面紋做圓耳狀，仍與圖版 23-11a、23-11b 略有不同。

下直 III A 共計分析九器，綜合以上資料可知其可見於殷墟晚期至西周中期，器類以卣最為多見（共七器），少數為簋、尊（各一器）。紋飾共同特徵則為：圓形目或方形目，但以圓形目居多，半環狀角，雙唇上卷，除圖版 23-12 外多有葉狀尖耳，額前有長鼻裝飾，身軀棱脊留白裝飾，尾上卷且多為分歧狀，背部有列旗，腹下有多處的彎勾線條，為其足部與腹鰭的綜合表現，並有雲雷紋為地紋。整體而言各圖版間特徵差異不大，唯圖版 23-17a、23-17b 較為特殊，足做爪形，其爪之形態與下直 II B 相似，皆於爪的後方有拖曳的長線條，身軀上無兩歧的特徵，且長鼻裝飾未與龍首斷開，又長鼻形態與下直 III A 其他圖版皆異，其時代居本式龍紋可見下限之末（西周中期），又該圖版可見於卣上，為本式龍紋最常見之器類；綜合上述線索推測，此現象或許為紋飾運用一段時間後的變形，可能受到其他形式紋飾的影響，可視為本式龍紋的特例。

如前所述，下直 III A 與下直 II A 特色頗為相似，除兩者背部裝飾的差異，以及下直 III A 較下直 II A 多出葉狀尖耳之外，其餘特徵皆幾盡相同。兩式紋飾皆具有目型為圓形目或臣字形目、雙唇上卷、半環狀角、額前有裝飾、身軀細長無雲雷紋裝飾、尾上卷、腹下有彎勾線條等特徵。如下直 II A 的圖版 23-4 足呈拳狀，然於拳狀足之外，亦有彎勾的線條做腹鰭。與下直 II A 相同，下直 III A 多數圖版足未做爪形，且以彎曲的線條替代足部，並在足部之外，有腹鰭裝飾，於紋飾中已很難辨別何者為足？何者為腹鰭？如圖版 23-13、

〔註 72〕見馬承源：《精華》，圖 133（頁 39）；丁孟：《200》，圖 38（頁 62）；中國青銅器全集編輯委員會：《全集 3》，圖 127（頁 128）。

〔註 73〕見馬承源：《精華》，圖 134（頁 39）；丁孟：《200》，圖 40（頁 66）；中國青銅器全集編輯委員會：《全集 3》，圖 128（頁 129）。

23-14a、23-14b 等則腹下彎勾線條密布，此特徵則極為特出，其他如圖版23-11a、23-11b、23-15、23-16a、23-16b 等身軀下方亦有許多如足部的彎曲線條，但不如圖版 23-13 等密布。而圖版 23-12 龍紋較為短小，且腹下彎勾線條亦較為單純，數量較少；考量其他圖版皆有足部的特徵，推測其腹下彎勾線條為其足部的表現，受限於龍紋身軀的長度，而省略腹鰭的裝飾。圖版 23-17 之足部特徵，則與上述不同，由前段的分析中可知為變體的表現。

除腹下裝飾的特色相似外，下直 III A 身軀細長無雲雷紋裝飾，並狀似兩歧的特色，此點亦與下直 II A 相似。下直 II A 身軀兩歧的特徵於前已有所分析，兩圖版雖皆看似兩歧，但一者乃長翼與身軀等粗所造成，一者則為身軀確實兩歧，但長翼細小不明顯所致，在表現手法上略有差異。而下直 III A 兩歧特色的表現手法則較為一致，由圖版 23-12 至圖版 23-15 可發現，為製造立體感而留白的脊線，以及尾端分歧的特色，容易造成龍紋身軀分做兩歧的錯覺，圖版 23-16 以摹本表示，則此特點更加突顯，在視覺上身做兩歧的效果顯著。簡言之，下直 III A 身軀兩歧的特徵，其形成的原因與呈現出來的形態，皆較下直 II A 更加一致而明顯。

此外，額前裝飾形態亦略有差異，下直 II A 亦有見以 L 形倒勾裝飾者，然下直 III A 則全為長鼻裝飾。其餘半環狀角、雙唇形態、尾部形態等相似處，則兩者間無差異。兩式紋飾出現的器類則亦有所重疊，下直 II A 出現器物為鼎、卣，下直 III A 則為尊、卣、簋；而下直 III A 則又可細分商代時出現器物為卣、簋，至西周時則為卣、尊。要言之，兩式紋飾皆見於卣器。

綜合上述分析可知，下直 II A 與下直 III A 紋飾特色頗多相似，又出現器類、可見時間皆有所重疊，由此或可推知當時喜好與流行紋飾的特色。兩式間異同的特徵則以下表簡示。

表 2-7：下直 II A 與下直 III A 異同一覽表

	異	同
下直 II A	1. 背部以長翼裝飾。 2. 出現於鼎、卣。 3. 年代為西周早期至西周中期。	1. 目型皆為圓形目或臣字型目、雙唇上卷、半環狀角、額前有裝飾、身軀細長無雲雷紋裝飾、尾上卷、腹下有彎勾線條。 2. 身軀具兩歧的視覺效果。 3. 皆可見於卣器。
下直 III A	1. 背部為列旗裝飾。 2. 出現於簋、卣、尊（西周時，簋轉成尊）。 3. 年代為殷墟晚期至西周中期。	

　　彭裕商以圖版 23-15 為例，認為下直 III A 年代上限在殷代，而年代明確的昭王時器物尙未發現本式花紋。故得出本式花紋流行於殷代到西周早期前段武成康時期的結論〔註 74〕。然就筆者所掌握資料分析，結果與其有些微的差異，以爲本式紋飾見於殷墟晚期至西周中期，年代下限略晚於彭裕商之研究，上限則更加明確。

（二）下直 III B：身軀粗肥，有紋飾

23-18

圖版 23-18：

器名：父戊簋。部位：口沿。時代：殷墟晚期。

紋飾說明：兩龍相對，中有一半環狀角獸面紋。臣字形目，T形角，上唇外卷至角處，下唇倒 T 字形，額前有橫 T 形狀裝飾，背上列旗呈 T 形與短線條豎立狀，身軀前段以雲雷紋裝飾，尾部以線條裝飾並豎起上卷，腹下有一倒 T 形裝飾，前有線條延伸，爲其足，腹下另有線條，可能爲腹鰭之表示。

23-19

圖版 23-19：

器名：中盤〔註 75〕。部位：口沿。時代：西周早期。上海博物館藏。

紋飾說明：兩龍相對，中有一葉狀尖角獸面紋。方形目，T形角，上唇外卷至角處，下唇倒 T 字形，額前有橫 T 形狀裝飾，背上列旗爲多根豎立的短羽，身軀前段以雲雷紋裝飾，尾部以線條裝飾並豎起上卷，腹下有一倒 T 形裝飾，前有線條延伸並做爪形（左側龍紋較爲明顯），爲其足，腹下另有線條，可能爲腹鰭之表示。

23-20a

圖版 23-20a、23-20b：

器名：ᔭ父辛卣。部位：a 蓋沿、b 口沿。時代：西周早期至西周中期〔註 76〕。上海博物館藏。

紋飾說明：此紋飾兩龍相對，蓋沿之紋飾以棱脊間隔，口沿

〔註 74〕彭裕商：《年代》，頁 533。

〔註 75〕此器上海博物館青銅器研究組：《商周》作仲ᔭ臣盤（圖版 274，頁 101）。陳佩芬：《夏商周》（西周上，頁 214）作中盤，根據其所附銅器銘文，可知兩者爲同一器，但《商周》取銘文前三字命名，《夏商周》以銘文內容中器主之名命名。此處採陳佩芬之命名。由於《夏商周》一書未提供本器全器照片，該紋飾出現部位則參考《商周》一書所述。

〔註 76〕本器圖版 23-20a 可見於上海博物館青銅器研究組：《商周》，圖版 272（頁101）：陳佩芬：《夏商周》（西周下），頁 373，圖版 23-20b 則僅見於《夏商周》一書。兩書時間上有所差異，《商周》作西周早期，《夏商周》則作西周中期，經由《夏商周》一書全器彩照之器形，具有垂腹、蓋緣分折、蓋面有豎起的犄角、提樑兩端有獸首裝飾、圈足外撇等特徵，與王世民等：《斷代》一書對於卣 3 式器形特徵相同（頁 125～128），其研究成果認爲此器形可見於西周早

23-20b

之紋飾以尖角獸面紋間隔，紋飾特徵皆為：臣字形目，T 形角，上唇上卷，下唇倒 T 形，額前以 L 形倒勾裝飾，背部列旗呈多個 U 形彎勾排列，身軀前段以雲雷紋裝飾，尾部以線條裝飾並豎起上卷，腹下有一倒 T 形裝飾，前有線條延伸並做爪形，為其足，腹下另有線條，可能為腹鰭之表示，有雲雷紋補地。整體而言，上唇、額前裝飾、背部列旗的裝飾與前二圖版相異，其餘特徵則接近。

　　與本組相同的紋飾還見於亞啟簋〔註77〕、邐簋〔註78〕、史游父鼎〔註79〕、禽簋〔註80〕、目雷紋簋〔註81〕口沿，亞啟簋、邐簋為殷墟時期器，其中亞啟簋有耳並有蓋，邐簋有耳，基於簋至商代晚期（相當於殷墟時期）前段數量才逐漸增加，因此為殷墟早期器的機率極小，又其器型外觀與西周早期簋型制較為接近，皆有圈足，有耳並下方有長方形裝飾下垂，故推測應屬殷墟晚期器，史游父鼎與禽簋屬西周早期器，目雷紋簋則有西周早期與西周中期二說；以及《紋樣》圖 4-23～4-29、4-35、5-9 等亦屬相似紋飾，其分屬於殷墟晚期的卣（4-23）、西周早期（4-24～4-27）及中期（4-28～4-29、4-35）的簋、西周中期的卣（5-9）。〔註82〕

　　亞啟簋與邐簋紋飾較為相似，其中邐簋因鏽蝕的緣故，部分細節較為模糊，但仍可見兩者共同具有臣字形目，半環狀角，雙唇上卷，額前有長鼻裝飾（與圖版 23-11a、23-11b 近似），背部有成列短羽為列旗，身軀前部為雲雷紋，尾部則以線條裝飾並上卷的相同特徵，亞啟簋腹下有多處彎勾線條，可能為其足部與腹鰭，形態與下直 III A 腹部裝飾略為相似，邐簋腹下特徵則較不清晰，約略可見許多橫 S 的螺旋裝飾，足部特徵不甚明顯。史游父鼎、禽簋、目雷紋簋之紋飾特徵皆與圖版 23-19 極為近似，各細部特徵皆相同，主要差異為目型與兩龍紋中相隔的獸面紋略有差異，史游父鼎為方形目，以牛首狀獸面紋相隔，禽簋與目雷紋簋皆為臣字形目，以半環狀角獸面紋相隔（與圖版 23-18 之獸面紋相似）。《紋樣》圖 4-23～4-29 紋飾特徵亦與禽

　　期至西周中期偏早，故本文綜合以上資料，以西周早期至西周中期做為本器時間的斷代。

〔註77〕丁孟：《200》，圖 16（頁 34），商代晚期器（相當本文殷墟時期）。
〔註78〕丁孟：《200》，圖 15（頁 32），商代晚期器（相當本文殷墟時期）。
〔註79〕丁孟：《200》，圖 58（頁 89），西周早期器。
〔註80〕馬承源：《精華》，圖 366（頁 104），西周早期器。
〔註81〕馬承源：《精華》，圖 348（頁 99），西周早期器，一說西周中期。
〔註82〕詳見林巳奈夫：《紋樣》，頁 142、164。

簋、目雷紋簋相同，圖 4-36 則特徵相似，但以葉狀尖角之獸面紋相隔，圖 5-9 則較為特別，為臣字形目，半環狀角，額前有顧首小鳥狀的長鼻裝飾，兩龍間以半環狀角獸面紋相隔，其餘身軀、足部、背部特徵亦與圖版 23-19 相似。

　　總結上述圖版資料與文字資料，可歸結出本組紋飾流行殷墟晚期至西周中期，紋飾主要特徵為臣字形目，僅圖版 23-19 為方形目；多上唇上卷、下唇倒 T 形，少數下唇亦上卷；以 T 形角為多，極少數為半環狀角；額前皆有裝飾，以橫 T 形狀裝飾為多，偶見長鼻狀裝飾與 L 形倒勾；背部皆有列旗，圖版 23-18 的列旗如 T 型角的延續，圖版 23-19 的列旗則與下直 III A 近似，為「卜」狀之短羽，圖版 23-20 則呈一個個 U 形的弧線，但以「卜」狀短羽之列旗最為常見，其餘兩種型態則僅各見一例；身軀前段皆以雲雷紋裝飾，尾部則皆以線條裝飾並上翹內勾；足部則以一足並做爪形為多；由全器照片與拓本中，似乎多無地紋裝飾，唯圖版 23-20a、23-20b 約略可見地紋的裝飾。上述差異僅唇部特徵較具時代的差異，雙唇上卷者僅見於殷墟晚期，並多搭配長鼻狀裝飾，但長鼻狀裝飾則不必然與雙唇上卷同時出現，如《紋樣》圖 5-9 則下唇呈倒 T 形，且與殷墟晚期之長鼻裝飾形態略異，為顧首狀小鳥，其餘特徵則通見於殷墟晚期至西周中期，雖有少數特例，但與時代無關。器類則以簋最多見（十二件），卣次之（三件），盤、鼎偶見（各一件），紋飾出現部位則大抵不出口沿、蓋沿的範圍。

　　本組龍紋有稱做目雷紋〔註83〕、獸紋〔註84〕、獸面紋〔註85〕等不同的稱呼，目雷紋的稱呼或許是根據紋飾的特徵命名，其中獸紋、獸面紋的稱呼，則突顯出此紋飾與獸面紋的關係。上述所舉之圖例，除圖版 23-20a 之外，兩龍中多有一獸面紋相隔，圖版 23-20a 雖無獸面紋相隔，但兩龍間間隔頗遠，難以合成一完整的獸面，因此可確知本組紋飾並非獸面紋，當屬龍紋。然何以本組紋飾仍與獸面紋（或獸紋）有所混淆？筆者以為，乃本組紋飾由獸面紋演變而成所致。有一類型的獸面紋背部亦具有短羽狀的列旗（圖見註

〔註83〕如馬承源對目雷紋簋、禽簋之說解，即以目雷紋描述本組紋飾。《精華》，圖 348（頁 99）、圖 366（頁 104）。

〔註84〕如陳佩芬對𠦪父辛卣之說解，以獸紋描述本組紋飾。《夏商周》（西周下），頁 373。

〔註85〕如丁孟對亞啓簋、遷簋、史游父鼎之說解，以獸面紋描述本組紋飾。《200》，圖 16（頁 34）、圖 15（頁 32）、圖 58（頁 89）。

文）〔註86〕，但由圖片中可知鼻脊極爲明顯，並以鼻脊將兩側身軀緊密相連。由於紋飾中確實有許多特徵皆與本組紋飾相近，如目型、唇型頗爲相似，尤其是身軀、背部、足部的形態，更幾乎無所差異。因此若無觀察到將身軀緊密相連的鼻脊，則容易將獸面紋與本組龍紋混淆。簡言之，獸面紋與本組龍紋最主要的差別即在於是否有鼻脊將兩側身軀相連，若無則當以龍紋論之。

　　比對下直 III A 與下直 III B 兩組圖版可知，下直 III B 紋飾身軀明顯較下直 III A 粗肥許多，身軀上皆有雲雷紋爲飾，不同於下直 III A 僅以線條做爲身軀之表徵。此外，下直 III B 下唇多呈倒 T 字形，此點下直 II B 相同，亦爲與下直 II A、下直 III A 區隔的特色。下直 III B 紋飾數量上亦較下直 III A 常見；此現象與下直 II A 與下直 II B 的情形相同。並且下直 II B 與下直 III B 額前皆有裝飾，其形式皆有長鼻狀裝飾、L 形倒勾等，然下直 III B 又多出橫 T 形裝飾。雖下直 II B 與下直 III B 間有許多共通之處，如以臣字形目居多，足爲爪狀，身軀前段以雲雷紋裝飾，尾部以線條裝飾並上卷，以及前述的下唇倒 T、額前裝飾等，然兩者間仍有些許的細微差異。如下直 II B 多爲半環狀角，下直 III B 則多爲 T 形角；下直 II B 多有地紋，龍紋主體顯得較爲突出，整體構圖看來層次分明；而下直 III B，則多無地紋，其龍紋主體線條感較爲強烈，需仔細辨別才能看出其龍紋各部件，整體構圖層次感較不突出，兩者在藝術風格上略有不同。

　　簡言之，下直 II 式與下直 III 式之間有許多相似之處，且其特徵於 A、B 組乃呈個別應對。即下直 II A 與下直 III A 相似，下直 II B 與下直 III B 相似，而下直 II A 與下直 II B 的關聯，亦與下直 III A 與下直 III B 之關聯相似。下直 II 式、III 式之 A 組皆具視覺上身做兩歧的特色；B 組則有下唇倒 T 形、額前裝飾的共同特徵；在應用方面，兩式皆以 B 組較 A 組常見。下直 II A 與下直 III A 之間的異同已於表 2-6 論述，下直 II B 與下直 III B 間的異同則見表 2-8。

〔註86〕  （轉錄自《圖典》，頁 30）

表 2-8：下直 II B 與下直 III B 異同一覽表

	異	同
下直 II B	1. 背部以長翼裝飾。 2. 多爲半環狀角。 3. 額前裝飾有 L 形倒勾與長鼻兩類。 4. 多有地紋。 5. 年代爲西周早期至中期前段。	1. 多爲臣字形目、下唇倒 T、足做爪狀、身軀前段以雲雷紋裝飾、尾部以線條裝飾並上卷。 2. 額前多有裝飾。 3. 皆較 A 組常見。
下直 III B	1. 背部爲列旗裝飾。 2. 多爲 T 形角。 3. 額前裝飾除 L 形倒勾與長鼻兩類外，亦有橫 T 形裝飾。 4. 多無地紋。 5. 年代爲殷墟晚期至西周中期。	

　　由前述二十個圖版加上文字補充的資料，下直型龍紋共計分析三十七器，各式間器類與年代簡表如下：

表 2-9：下直型爬行龍紋器類暨年代一覽表

	鼎	方彝	簋	卣	尊	盤	盂	合計	時　　代
I		3					1	4	殷墟中期－殷墟晚期
II A	1			1				2	西周早期－西周中期
II B	1		2	2				5	西周早期－西周中期前段
III A			1	7	1			9	殷墟晚期－西周中期
III B	1		12	3			1	17	殷墟晚期－西周中期
合計	3	3	15	13	1	1	1	37	

　　各式特徵簡介如下：下直 I 式背上有短翼，身軀較短，上有雲雷紋裝飾，額前未有任何裝飾線條或物件，出現於殷墟中期至晚期。下直 II 式與 III 式皆可分爲 A、B 兩組，額前多有裝飾，或爲長鼻、L 形倒勾、橫 T 形等形式，兩式紋飾之間關聯頗深。A 組身軀上無繁複紋飾，多以沿棱脊留白爲裝飾，或是無紋飾，且與 B 組相比明顯瘦長許多。其中下直 II A 身軀具有分做兩歧的傾向；而下直 III A 則因身軀上的留白裝飾與尾部分歧，造成身軀分歧的視覺錯覺。兩組紋飾額前多有長鼻裝飾，目型皆爲圓形目與臣字型目兩種，雙唇皆上卷，角型主要爲半環狀角，足部多以彎勾線條表示，出現器類

亦有所重疊，下直 II A 出現於鼎、卣，下直 III A 爲簋、卣、尊；出現時間則下直 II A 爲西周早期至中期，下直 III A 爲殷墟晚期至西周中期，並以後者數量較多。

B 組則身軀相對較 A 組粗肥許多，上有雲雷紋裝飾，目型多爲臣字形目，下唇多呈倒 T 字形，足多爲爪狀，額前亦有裝飾，或爲長鼻或爲 L 形倒勾或爲橫 T 形裝飾，型態較 A 組多元；其角型則與額前裝飾有所關聯，額前做 L 形倒勾或橫 T 形裝飾者，多爲 T 形角；鼻前做長鼻者，則爲半環狀角。並且兩式 B 組皆較 A 組數量多，由表 2-9 中可知 B 組數量皆遠超出 A 組數量。可見時間下直 II B 集中見於西周早期至中期前段，下直 III B 則於殷墟晚期即出現，直至西周中期皆可見其蹤跡。

由上述分析中可知兩式紋飾間 A、B 組個別有緊密的關聯性，但由下直 II 式 A、B 兩組皆可見於西周早期至西周中期，以及下直 III 式 A、B 兩組皆可見於殷墟晚期至西周中期，可知下直 II 式與下直 III 式，各式之下的組與組間，在可見時間上仍具高度的一致性，顯現時代中的紋飾特色；而下直 II 式略晚見於下直 III 式，其中各組的共通性，則可視爲紋飾相互影響的表現。

若統觀所有的下直型龍紋，除背翼的差別外，在目型方面，以臣字形目最多（37 例中有 21 例），圓形目次之（37 例中有 11 例），方形目偶見（37 例中有 5 例）；其中臣字形目各時代皆可見，以西周時期略多於殷墟時期，圓形目以殷墟晚期略爲多見（9 例中有 6 例），方形目以西周早期略爲常見（7 例中有 5 例）。唇型方面，以上唇上卷下唇倒 T 形最多（37 例中有 19 例），雙唇上卷者次之（37 例中有 14 例），雙唇外卷者偶見（37 例中有 4 例）；其中上唇上卷下唇倒 T 者多見於西周時期，殷墟時期僅見二例，雙唇上卷者以殷墟晚期較爲多見（14 例有 7 例）。在角型方面，以 T 形角最多（37 例中有 18 例），半環狀角次之（37 例中有 17 例），葉狀尖角偶見（37 例中有 2 例）；其中殷墟晚期以半環狀角最多，T 形角的運用反而於各時代皆平均可見，無明顯的時代分界。身軀裝飾以雲雷紋爲主（37 例中有 25 例），棱脊留白其次（37 例中有 10 例），粗黑線偶見（37 例中有 2 例）；但於各階段數量分布差異不大，時代分野並不明顯。足部方面，以一足最多（37 例中有 26 例），其中一足並做爪狀者佔一足形式的最多數（26 例中有 23 例），多足者次之（37 例中有 9 例），兩足、無足、足形式不明者則偶見（各佔 1 例）；其中一足者以西周時期爲多，多足者則以殷墟晚期爲多，具有明顯的時代區分。下表爲上述各特徵與時代

關係整理之簡表。

表 2-10：下直型爬行龍紋各部件特徵與時代關係表

	時　　代　　特　　色
目	1. 臣字形目各時代皆可見，以西周時期略多於殷墟時期。 2. 圓形目以殷墟晚期略為多見。 3. 方形目以西周早期略為常見。
唇	1. 雙唇上卷者以殷墟晚期較為多見。 2. 上唇上卷下唇倒 T 者多見於西周時期。
龍首裝飾	1. 殷墟晚期以半環狀角最多。 2. T 形角的運用於各時代皆平均可見，無明顯的時代分界。
身	1. 以雲雷紋為主，棱脊留白其次，粗黑線偶見。 2. 各階段各式數量分布差異不大，時代分野並不明顯。
足	1. 一足者以西周時期為多，多足者則以殷墟晚期為多，具有明顯的時代區分。

第四節　下視折身型爬行龍紋

此型紋飾之共同特徵為龍首下視，身軀呈 Z 字形方折，其身軀轉折處呈方折而非圓弧狀，故稱為下視折身型（於後簡稱「下折」）。與下直型相同，皆依龍紋背部特徵做進一步的區別，可分為四式：（一）背上無翼，（二）背上有短翼，（三）背上有長翼，（四）背上有鰭。此型紋飾多數身軀粗肥有紋飾，並以雲雷紋為補地。背上有短翼與背上有長翼兩式，其翼的型態與下直 I 式與下直 II 式相同；背上有鰭一類，其型態則與魚類的背鰭較為相似，雖與下直 III 式有些相似，但列旗則為豎起的短羽，形態不同，故以不同命名將其區別。角型則頗為多元，有大曲折角、半環狀角、瓶狀角、葉狀尖角等型態。

一、下折 I 式：背上無翼

本式紋飾背部無裝飾，又可依照龍首角型可區分為兩組，A 組有大角，角與身軀約各佔整體紋飾的一半比例，角型主要為曲折角；B 組皆為半環狀角，角所佔的比例明顯較 A 組小。

（一）下折 I A：有大角

此組紋飾的特點在於皆有約與身軀等大的角形裝飾；另一項特徵在於嘴

部如鬚的特殊形態。

24-1

圖版 24-1：

器名：龍紋觚〔註87〕。部位：圈足下部〔註88〕。時代：殷墟中期。上海博物館藏。

紋飾說明：兩龍相對，中以棱脊間隔。方形目，張口向下，雙唇上卷，曲折角〔註89〕，身飾雲雷紋，無足，拱身翹尾，尾上卷，以雲雷紋補地，圈足上部有蟬紋裝飾。此紋飾嘴部形態屬此式龍紋中較少見。

24-2

圖版 24-2：

器名：工冊觚〔註90〕。部位：圈足下部。時代：殷墟中期。上海博物館藏。

紋飾說明：兩龍相對，中以棱脊間隔。臣字形目，瞳仁爲方形，嘴部如鬚，曲折角，身飾雲雷紋，無足，拱身翹尾，尾上卷，以雲雷紋補地，圈足上部有蟬紋裝飾。此紋飾與上圖最大的差異在於嘴部形態。本龍紋嘴部如鬚狀，於其他類型龍紋中所少見，頗爲特殊，但卻爲本組龍紋的重要特徵。

24-3

圖版 24-3：

器名：羊觚。部位：圈足下部。時代：殷墟中期。

紋飾說明：兩龍相對，中以棱脊間隔。臣字形目，瞳仁爲圓形，嘴部如鬚，曲折角，身飾雲雷紋，無足，拱身翹尾，尾上卷，以雲雷紋補地，圈足上部有雲雷紋裝飾。龍紋整體特徵與圖版 24-2 近似，但角與身上的粗黑線條較圖版 24-2 的龍紋顯得較爲細瘦。

〔註87〕 此器於上海博物館青銅器研究組：《商周》，圖版289（頁105）命名爲獸面紋觚。筆者以爲此乃《商周》一書將兩龍紋合併視爲一獸面所致，但兩龍之間卻無鼻翼將其連結，明顯爲分開的兩龍，故此處採用陳佩芬之命名。年代上《商周》作殷墟中期，《夏商周》作商代晚期，兩者時間並未衝突，爲求較精細的斷代分析，此處採《商周》之說。

〔註88〕 由圖版中可見圈足有上下兩部份，其中本組龍紋位於圈足的下部，佔圈足整體較大面積，形狀呈扇形；圈足上部則面積較小，形狀爲狹長的帶狀。如以圖版24-1爲例，蟬紋所在位置即圈足上部，龍紋所在位置即圈足下部。

〔註89〕 上海博物館青銅器研究組：《商周》，圖版 288-292（頁 105～106）分類中稱其爲曲折角，筆者此處採用其稱呼。此角型主要的特徵在於彎曲處皆做方折。

〔註90〕 此圖版在陳佩芬：《夏商周》（夏商下），頁241中命名爲芔癸觚，但芔癸觚下的文字介紹實乃針對工冊觚之圖版。此現象可能是文字錯置，亦可能爲圖版錯置。研究期間筆者曾嘗試與上海博物館聯繫，然未得回應。此處因上海博物館青銅器研究組於《商周》中命名爲工冊觚，又陳佩芬於工冊觚的說解實針對此圖版，故筆者以爲此器爲工冊觚的可能性較高。

24-4

圖版 24-4：

器名：戈觚。部位：圈足下部。時代：殷墟中期。

紋飾說明：兩龍相對，中以棱脊間隔。臣字形目，瞳仁爲圓形，嘴部如鬚，外卷彎角，身飾雲雷紋，無足，拱身翹尾，尾上卷，以雲雷紋補地，圈足上部有蛇紋裝飾。龍紋特徵與圖版 24-3 較似，但角型不同，且嘴下的鬚較粗實。

24-5

圖版 24-5：

器名：獸面紋罍。部位：肩部。時代：殷墟晚期。出土地：安徽西部淮南地區〔註91〕，現爲上海博物館藏。

紋飾說明：兩龍相對，龍紋與圓渦紋相互間隔。臣字形目，瞳仁爲圓形，嘴部如鬚，曲折角，身飾雲雷紋，無足，拱身翹尾，尾上卷，以雲雷紋補地。龍紋排列組合的方式與上列圖版不同，此乃因器類不同、紋飾運用空間不同所致。

　　與下折 I A 紋飾相似者尚有殷墟中晚期的子🐢觚〔註92〕，以及殷墟晚期的庚觚〔註93〕圈足下部之紋飾，子🐢觚紋飾與圖版 24-2 接近，無論是目型、角型、身軀形態、圈足上部紋飾皆相同；庚觚紋飾則與圖版 24-3 較爲相近，角型爲曲折角，但臣字形目之瞳仁爲方形；圈足上部爲本文分類中下折 II A 紋飾。另，《紋樣》圖 4-146～4-150 觚器圈足的紋飾，與圖 4-151 罍上的紋飾亦屬本組紋飾。其角形圖 4-146～4-148 爲外卷彎角，圖 4-149～4-151 爲曲折角，目型皆爲臣字形目，瞳仁以圓形爲多，僅圖 4-150 爲方形；圈足上部紋飾僅 4-148 可見爲蛇紋，4-147、4-149 爲雲雷紋，其餘紋飾則無法得知；年代上則分屬殷墟早期（4-146）、中期（4-147～4-149），與西周早期（4-150～4-151）〔註94〕。加以前述資料，可歸結出下折 I A 可見於殷墟早期至西周早期，但以殷墟中期最爲常見；器類以觚爲多（十一器），罍（二器）偶見。

　　綜觀上列資料，可知下折 I A 紋飾最突出的特色，即爲其頂上的大角與猶

〔註91〕據陳佩芬的研究，此器表面氧化層呈光亮的黑灰色，爲安徽西部淮河以南出土器的特色。見《夏商周》（夏商下），頁 346。

〔註92〕陳芳妹：《故商》，頁 272～275。

〔註93〕李建偉等：《圖錄》，頁 148 與保利藏金編輯委員會：《保利藏金》（廣州：嶺南美術出版社，1999 年），頁 33 皆可見此器，現藏於保利藝術博物館。《保利藏金》一書於後以《保利》簡稱。根據《保利》一書之分析，可知此器紋飾與殷墟出土之告寧觚、父甲觚紋飾相似，其皆爲殷墟晚期器（參中國社會科學院考古研究所：《殷墟》，頁 474、476，其原始資料分別爲殷墟三期、四期，皆相當於本文之殷墟晚期），故可推測本器亦屬殷墟晚期器。

〔註94〕林巳奈夫：《紋樣》，頁 159～160。

如長滿鬚的嘴部，但也因其特殊的形態，學者對於其分類看法亦有所分歧。
在段勇的研究中將其視爲神鳥紋〔註95〕，認爲圖版 24-3 屬於勾首折身，翼與
身軀相對展開，且翼下折上卷，冠呈 N 形之變形鳥紋，其似乎將筆者分析之
嘴部視爲身軀，將身軀視爲鳥翼。然筆者認爲此類圖版並未具鳥紋最爲重要
的勾喙特徵，整體特徵亦與其他鳥紋不同；又依據段勇的分析去觀察圖版，
又顯牽強，故認爲將此類圖版視爲鳥紋不甚恰當。筆者以爲此類圖版大角與
嘴部特殊的現象，可能與部分獸面紋以兩龍合併表現的習慣有關。獸面紋往
往做一首二身的模式，其中部分的獸面紋乃以兩龍紋合併表現一獸面的形態
〔註96〕，故部分獸面紋中確實可見龍紋的特徵，此現象由圖版 24-1 馬承源與
陳佩芬對器名訂定的出入即可推知一二；又某些獸面紋中口部具有細密的線
條〔註97〕，其嘴部的特徵即與此類紋飾嘴部特徵相似。故下折 I A 龍紋可能受
上述兩類獸面紋部分特徵的影響，融合表現出此二類獸面紋之特徵，其嘴部
如鬚的特色可能由此而來。但筆者以爲圖版 24-2 至 24-5 仍應歸入龍紋。因兩
龍合併的獸面紋除凸起的稜脊之外，兩側尚具有鼻翼的特徵，視覺上兩龍看
來是緊緊相連；並且獸面紋多有足，其足部爲爪狀，並於爪後方有一長線條。
上述的特徵於圖版 24-2 至 24-4 之龍紋中皆未見，故不應將其與獸面紋相混
淆。並由圖版 24-5 與圖版 24-2 至 24-4 嘴部特色相同可知，確爲同一類的紋
飾。而圖版 24-5 明確可知爲龍紋，不爲獸面紋，此點並無爭議，故不該將其

〔註95〕段勇：《幻想》，頁 121～122、139，其將圖版 24-3 列入 R III 變形鳥紋。

〔註96〕
上圖即爲兩龍合併表現一獸面的獸面紋（轉錄自《圖典》，頁 82），中有稜脊且
旁有一片狀的鼻翼，爪後方有一線條（在獸面紋的圖例中，亦有少數爪後方無
線條者）。如陳佩芬對獸面紋之描述提到：「獸面紋的特點是從鼻樑爲中線，
兩側做對稱排列。」（《認識古代青銅器》，頁 33），鼻樑爲獸面紋重要的判別要
素。故筆者認爲，若兩龍同時出現時，但中有鼻樑將其緊密結合，兩龍間並無
空細間隔（即爲一獸面完整形象），應將其歸入獸面紋分類中，較爲完善。

〔註97〕
上圖獸面紋之口部明顯可見具有細密的線條（轉錄自《圖典》，頁 78），爲獸
牙的表現。其口部形態與圖版 24-2 至 24-5 有幾分相似，故推測此類龍紋極可
能是受到此種獸面紋的影響。

分論，應將其視爲龍紋討論較爲恰當。

　　上述圖版中，以彎折的曲折角爲多，其角根較粗，有方形彎折，最後角尖向上；圖版 24-4 與《紋樣》圖 4-146 至 4-148 的大角則爲外卷彎角，與上述曲折角最大的差別在於無方形彎折，其線條爲圓滑的曲線，形狀略似牛、羊頂上的大角。但不論爲何種角型，皆可看出大角佔整體比例極大，約與身軀大小相同，爲其他龍紋所少見。另一突出的特點，是本式龍紋的嘴部。除圖版 24-1 外，由圖版 24-2 至 24-5 可明顯看出，龍紋上下唇的形象並不顯著，無法清楚區分上下唇，以一較粗的線條向棱脊彎折，下有多條細小的線條裝飾，整體看來猶如長滿鬚的嘴部，頗具特色，此特色僅於下折 IA 紋飾中可見；而此特色如前述分析，可能受到獸面紋口中細齒表示的影響（參註96、97 附圖）。而圖版 24-1 則嘴部形象清晰，其上下唇皆向上卷起，於前述圖例中多可見，但卻爲本式龍紋中的特例。目型上以臣字型目居多，且瞳仁以圓形爲多，在上述圖例中，僅圖版 24-2、子🐗觚、《紋樣》圖 4-150 三者瞳仁爲方形，圖版 24-1 爲方形目。其餘特徵則較爲一致，身軀皆有雲雷紋裝飾，背部皆無裝飾，皆無足，皆有雲雷紋爲地紋。要言之，本式龍紋的差異主要表現於角型、目型、瞳仁、嘴部的特徵上，其中角型的差異可歸結出時代的落差，外卷彎角僅見於殷墟早期至中期，於後未見，曲折角則可見於殷墟中期至西周早期；而其他紋飾差異則未見與時間的特殊關聯，大抵於殷墟早期至西周早期皆可見。

　　另一項值得留意的是本式龍紋所搭配的紋飾，其組合方式亦可做爲判斷年代的參考，如圖版 24-1、24-2、子🐗觚圈足上部的蟬紋，其盛行的年代爲商末周初，並多爲次要的紋飾，於後則沒有出現過〔註 98〕。圖版 24-4、《紋樣》圖 4-148 的蛇紋，其出現年代則爲商代中晚期，西周時代幾乎沒有見過，直至春秋戰國才再度以蟠虺紋的形式出現，與商代蛇紋的型態有所區別〔註 99〕。圖版 24-5、《紋樣》圖 4-151 的圓渦紋，其出現的年代很早，除了單個做圖案外，還與其他紋飾搭配出現，如龍紋、雷紋、四瓣目紋〔註 100〕等，

〔註 98〕見馬承源：《中國青銅器》，頁 331～332。

〔註 99〕見馬承源：《中國青銅器》，頁 331。

〔註 100〕 （如左圖，圖版爲商代晚期羉尊腹部紋飾）

由此可約略劃分出可見年代的先後。依馬承源之研究，圓渦紋與龍紋的組合有三〔註101〕，圖版24-5《紋樣》與圖4-151之組合型態屬於分類中的第一種，故可推測出可見年代為商末周初年間。由上述搭配紋飾的時代範圍，可提供本式龍紋可見年代複檢的線索，皆與本式龍紋所舉例分析之例相合，雖就前人研究的成果，上述搭配紋飾的時代範圍較為籠統，僅以商代中晚期、商末、周初等較模糊的斷代，但至少可劃定一定的時間範圍；此外，本式龍紋的研究成果，亦可做為搭配紋飾可見時代的研究線索，達到相輔相成的作用。不論如何，對於紋飾斷代的研究仍具有相當的幫助。

（二）下折ⅠB：半環狀角

B組紋飾與A組紋飾最大的區別在於角型的差異與比例，B組紋飾多為小巧的半環狀角，且佔龍紋整體的比例頗小。

24-6

圖版24-6：

器名：并父辛觚。部位：圈足上部。時代：殷墟晚期。

紋飾說明：方形目，張口，雙唇上卷，半環狀角，身飾雲雷紋，腹下有一拳狀足，尾豎起內卷，以雲雷紋補地。由圖版中可見，龍紋身軀之雲雷紋與補地形態近似，龍紋主體與地紋間，似乎僅以輪廓勾勒區別，由其他觚器的彩照中〔註102〕，可知此類紋飾多以淺浮雕方式飾於器表。

24-7

圖版24-7：

器名：？觚〔註103〕。部位：圈足上部。時代：殷墟晚期。

紋飾說明：方形目，張口，雙唇上卷，半環狀角，身飾雲雷紋，腹下有一拳狀足，尾豎起內卷，以雲雷紋補地。

目紋居中，周圍有四個尖瓣構成葉狀，盛行於殷末，周初已少見。上海博物館青銅器研究組：《商周》，頁249、256。

〔註101〕其組合模式有：（一）圓渦紋與龍紋相間排列，所搭配的龍紋多做卷體龍紋或短體。（二）圓渦紋與雙體龍紋搭配，龍首居中，軀體向兩側波曲狀展開，在軀體上下飾有圓渦紋。此兩種型態可見於商末周初。（三）以圓渦紋為中心，在兩旁配置龍紋，此組合自西周中期至春秋、戰國皆可見。馬承源：《中國青銅器》，頁334。

〔註102〕如馬承源：《精華》，頁56～58的觚器照片，雖器表上之紋飾不完全相同，但仍可看出其中相同的雕刻手法。

〔註103〕此字上海博物館青銅器研究組：《商周》一書印刷不明（圖版264，頁99），未知何字，此處先暫存疑。

24-8

圖版 24-8：
器名：獸面紋觚。部位：圈足上部。時代：殷墟晚期。
紋飾說明：方形目，張口，雙唇上卷，半環狀角，身飾雲雷紋，腹下有一拳狀足，尾豎起內卷，以雲雷紋補地。

24-9

圖版 24-9：
器名：子祖辛觚。部位：圈足上部。時代：殷墟晚期。
紋飾說明：方形目，張口，雙唇上卷，半環狀角，身飾雲雷紋，腹下有一拳狀足，尾豎起內卷，以雲雷紋補地。

與下折ⅠB相似的紋飾尚見於爰亞次觚〔註104〕、父甲觚〔註105〕與寧觚〔註106〕圈足上部，父甲觚爲殷墟晚期器，其餘二器僅知屬殷墟時期器；以及《紋樣》圖 4-159、4-164、4-165、4-170 等，其中圖 4-159 屬殷墟中期，圖 4-170 屬西周早期，其餘皆爲殷墟晚期器；紋飾上僅 4-164 爲瓶狀角，較爲特殊，其餘皆與上列圖例相同，爲半環狀角〔註107〕。而由圖版 24-8、24-9 的整體拓本〔註108〕與父甲觚、寧觚的彩照中可知，下折ⅠB紋飾下方多搭配分解式的獸面紋。〔註109〕

由上列圖版及補充資料中可知下折ⅠB紋飾特徵頗爲一致，出現器類則全

〔註104〕陳佩芬：《夏商周》（夏商下），頁 239。
〔註105〕李建偉等：《圖錄》，頁 118，此器年代爲商代晚期，出土於河南安陽孝民屯南 1572 號墓，現藏於中國社會科學院考古研究所。中國社會科學院考古研究所：《殷墟》一書作殷墟四期器，即殷墟晚期器（頁 476）。
〔註106〕中國青銅器全集委員會：《全集 2》，圖 119（頁 123）、圖 120（頁 124），有二器皆爲寧觚，年代爲商代晚期，紋飾、形制皆相似，分別出土於河南安陽劉家莊北一、二號墓。
〔註107〕林巳奈夫：《紋樣》，頁 160～161。
〔註108〕上海博物館青銅器研究組：《商周》，圖 121、圖 123（頁 45）。
〔註109〕

（上圖爲子祖辛觚圈足完整紋飾）獸面紋軀幹各部份互不相連，角、目、鼻、耳、爪、軀幹等各自在相應的位置獨立存在，而沒有相互連結的線條，稱爲分解式獸面紋，盛行於殷墟中晚期至西周早期。見上海博物館青銅器研究組：《商周》，頁 2、頁 45。

為觚器，其主要特徵為方形目，半環狀角，雙唇上卷，身飾雲雷紋，腹下有一拳狀足，尾豎起內鉤，以雲雷紋補地；於上列資料中，僅《紋樣》圖 4-164 為瓶狀角，可視為特例。可見於殷墟早期至西周早期，然以殷墟晚期最為多見。由於紋飾的特徵與器類一致性極高，於可見時間中亦未見明顯的紋飾差異，對於紋飾的年代判斷頗有助益。

　　整體而言，下折 I B 的紋飾特徵與下述下折 II 式、下折 III 式較為相似，沒有下折 I A 紋飾中突出的大角與嘴部的特色，下折 I B 的角型主要為常見而小巧的半環狀角，嘴部也是常見的雙唇型態，唇部形象明顯，雙唇朝同一方向卷曲，嘴部附近也無鬚狀之線條，與下折 I A 形象差異極大，容易區別。除了角與嘴部之外，下折 I B 皆具有足部的描繪，由圖版中可見下折 I B 紋飾的足部雖未做明顯的爪形，但清晰可見一尾端為拳狀的足形，下折 I A 則皆無足。下折 I A 多為臣字形目，下折 I B 則皆為方形目。要言之，兩組紋飾的差異表現在目型、角型、唇部、足部等方面，兩者間具有明顯的差異。

　　除紋飾本身特徵之外，器類、其他搭配紋飾與可見時間上亦有所區別。下折 I A、下折 I B 雖主要出現的器類皆為觚，但出現的部位略有差異，A 組出現於圈足下部，B 組則出現於圈足上部；時間上皆可見於殷墟早期至西周早期，但分別以殷墟中期及殷墟晚期最為多見，B 組流行時間略晚於 A 組。由兩組紋飾出現部位與時間的差異，可從中推知紋飾應用的規律與風格的特色。A 組紋飾位於圈足下部，其面積較大，自然紋飾可描繪的空間較大，可做較宏偉的紋飾，A 組紋飾幾乎與身軀等大的大角，宛如長滿鬚的嘴部，皆容易帶給觀看者強烈而深刻的視覺印象；B 組紋飾位於圈足上部，其面積較小，僅一帶狀的空間，適合小巧的紋飾與下方紋飾相互搭配，故以小巧的半環狀角為裝飾。由彩照中可知 B 組紋飾下方，即 A 組紋飾出現的位置，多搭配為獸面紋；而 A 組紋飾的上方，即 B 組紋飾出現的位置，則多以蟬紋、蛇紋等紋飾搭配。由此可推知在殷墟時期觚器次要紋飾與主要紋飾的搭配習慣與應用，獸面紋上方多搭配小巧的龍紋，而具有大角的龍紋上方則不再以龍紋搭配，而改以其他動物或幾何圖案為裝飾。

　　綜上所述，可得知下折 I A、下折 I B 雖皆可見於殷墟早期至西周早期，但在紋飾特徵、出現部位、搭配紋飾等方面皆有顯著的差異，對於判斷紋飾較可能出現的斷代範圍有所幫助。其間的異同以表 2-11 表示。

表2-11：下折ⅠA與下折ⅠB異同一覽表

		異	同
下折ⅠA		1. 角與身軀約各佔紋飾一半比例，角型則有曲折角與外卷彎角兩類。 2. 嘴部如鬚。 3. 以臣字形目爲主。 4. 皆無足。 5. 出現於觚器圈足下部。 6. 圈足上部搭配蟬紋、雲雷紋等其他非龍紋紋飾。 7. 以殷墟中期最爲常見。	1. 皆可見於殷墟早期至西周早期。 2. 皆以觚器爲主要出現器類。 3. 背部皆無裝飾。 4. 皆以雲雷紋裝飾身軀，並以雲雷紋爲地紋。
下折ⅠB		1. 角佔紋飾整體的比例頗小，角型全爲半環狀角。 2. 嘴部唇型明顯，皆雙唇上卷。 3. 全爲方形目。 4. 腹下皆有一拳狀足。 5. 出現於觚器圈足上部。 6. 圈足下部多以獸面紋搭配。 7. 以殷墟晚期最爲常見。	

二、下折Ⅱ式：背上有短翼

　　本式紋飾與前述下直Ⅰ式相似，背上皆有向上豎起的短翼，然兩式之間仍存有細微的不同。下直Ⅰ式僅一個短翼，位於背部中段；本式則多具有兩個短翼，一位於角的後方，一位於臀部上方，亦有極少數僅背上一短翼者。除此之外，下直Ⅰ式未見身軀無花紋之紋飾；本式紋飾則可而依照龍紋身軀花紋的有無，分爲兩組，A組身軀無花紋，B組身軀上有花紋。

（一）下折ⅡA：身軀無花紋

24-10

圖版24-10：

器名：史觶。部位：圈足。時代：殷墟晚期。上海博物館藏。

紋飾說明：方形目，半環狀角，張口向下，雙唇上卷，身無紋飾以粗黑實線表示，腹下有一足，尖端似做拳狀，背上有二短翼，尾豎起內卷。《紋樣》圖4-169亦與本圖版相似，但足上有豎起的短彎勾，屬西周早期之觶器。〔註110〕

〔註110〕林巳奈夫：《紋樣》，頁161。

24-11

圖版 24-11：

器名：獸面紋簋。部位：圈足。時代：殷墟晚期。上海博物館藏。

紋飾說明：方形目，半環狀角，張口向下，雙唇上卷，身無紋飾以粗黑實線表示，腹下有一足，尖端爲拳狀並有豎起的短勾，背上有二短翼，尾豎起內卷，有雲雷紋爲補地。《紋樣》圖 4-162 亦與本圖版相似，但爲臣字形目，屬殷墟中期之簋器。〔註111〕

其他如殷墟晚期的庚觚〔註112〕圈足上部紋飾，亦屬本式紋飾，紋飾特徵爲方形目，半環狀角，張口向下，雙唇上卷，身無紋飾以粗黑實線表示，腹下有一足，尖端似爲拳狀，背上有二短翼，尾豎起內卷，有雲雷紋爲補地，其形式兼具圖版 24-10 與圖版 24-11 之特色，足部特徵與圖版 24-10 相同，其餘特徵則與圖版 24-11 相同。

由圖例中可見下折 II A 僅以粗黑實線勾畫出身軀的模樣、線條，身軀本身並無花紋裝飾，皆有半環狀角、雙唇上卷、腹下有一足、背部有兩短翼等特徵，主要差別在於目、足的形態與地紋的有無，目型主要以方形目爲主，僅《紋樣》圖 4-162 爲臣字形目，可視爲紋飾運用的特例；足的形態則皆以拳狀表示，差異在於有無豎起的短勾。整體而言，時間上則集中於殷墟晚期，殷墟中期與西周早期各僅見一例，可見紋飾流行的起始與沒落階段，數量上相對較少；但上述特徵的差異與時間的關聯不大，反與紋飾表現的手法有關。

比較圖版 24-10 與 24-11，前者無地紋，有足但無爪形，半環狀角形狀模糊，與龍首相連，不仔細辨別容易被忽略；圖版 24-11 則有雲雷紋爲地紋，足部呈拳狀，並可看出拳上具有尖銳的利爪，半環狀角與龍首分離。由上述的些微差異中，似乎圖版 24-10 遠不如圖版 24-11 精細，然透過彩照的輔助可知兩器物所運用的雕刻方式並不相同〔註113〕，因此於拓本中所顯現的效果也不盡相同。圖版 24-10 所運用的雕刻方式爲浮雕，並且在目紋、角的根部、耳、軀體、口的轉折處都有加強突起的圓點〔註114〕，雖無地紋的陪襯，但透

〔註111〕林巳奈夫：《紋樣》，頁 160，其年代作殷墟晚期。陳芳妹：《故商》，頁 436 ～439 中亦有此圖版，且爲林巳奈夫之圖片資料來源，故採其殷墟中期之說。

〔註112〕詳細器物資料，請參本章註93。

〔註113〕分見於陳佩芬：《夏商周》（夏商上），頁 155、（夏商下），頁 265。

〔註114〕詳見陳佩芬：《夏商周》（夏商下），頁 265 之說解。

過浮雕所製造出的立體感，使器物上的紋飾更顯突出。圖版 24-11 所運用的雕刻方式則爲平雕，其整體紋飾爲一平面而無突起之處，有細密的地紋陪襯，即使紋飾本身爲一粗寬的平面，反而突顯出紋飾主體；然拓本雖較圖版 24-10 清晰，但實體的立體感卻不如圖版 24-10。兩者爲不同的藝術手法，一爲浮雕一爲平雕，但皆有繁簡互補的特色。圖版 24-10 與 24-11 所運用的不同雕刻手法，可視爲商代晚期青銅工藝蓬勃發展的表現，於青銅紋飾中透露出多元的藝術風貌。而由圖版 24-10 與《紋樣》圖 4-169 紋飾的相似性並皆出現於觶上，以及圖版 24-11《紋樣》圖 4-162 紋飾的相似性並皆出現於簋上，其中各別呈現出紋飾特徵與器類上的關聯性，似乎可做出浮雕者出現於觶，平雕者出現於簋的推論，然是否爲絕對關係，則需要更多的資料驗證。而庚觚融合圖版 24-10、24-11 的特色，其足部特色與圖版 24-10 相同，但整體而言與圖版 24-11 更爲近似，由彩色照片中亦可見該器以平雕的方式表現紋飾。故綜合以上資料，至少可確知本組龍紋有地紋者皆以平雕處理，無地紋者皆以浮雕處理的特色；而兩種不同的藝術處理方式與器類間是否有絕對的相關，則暫且存疑。

（二）下折 II B：身軀上有花紋

24-12

圖版 24-12：

器名：口丁簋。部位：圈足。時代：商代。

紋飾說明：方形目，葉狀尖角，張口向下，雙唇外卷，身飾雲雷紋，腹下有一拳狀足，背部有二短翼，一位於角後方一位於臀部上方，尾豎起內卷，以雲雷紋補地。此圖版據彭裕商分析屬商代，但未知屬於商代何時段，故保留其資料原貌。〔註 115〕

24-13

圖版 24-13：

器名：尊。部位：圈足上部。時代：殷墟晚期。

紋飾說明：臣字形目，半環狀角，張口向下，雙唇外卷，身飾雲雷紋，腹下有一拳狀足，背部有二短翼，一位於角後方一位於臀部上方，尾豎起內卷，以雲雷紋補地。此圖版在林巳奈夫分類屬觚形尊〔註 116〕，考量其拓本形狀與器類，推測紋飾應位於圈足上部。

〔註 115〕彭裕商：《年代》，頁 542。

〔註 116〕林巳奈夫：《紋樣》，頁 160。觚形尊，顧名思義其器型與觚近似，但爲尊器，由於拓本爲向下弧形的帶狀，最可能出現於圈足上部。

24-14

圖版 24-14：

器名：戉箙卣。部位：圈足。時代：殷墟晚期。上海博物館藏。

紋飾說明：圓形目，半環狀角，張口向下，雙唇外卷，身飾雲雷紋，無足，臀部上方有一短翼，位於臀部上方，尾豎起內卷，以雲雷紋補地。整體而言，屬此組紋飾中較為特殊者。

24-15

圖版 24-15：

器名：獸面紋方彝。部位：口沿。時代：殷墟中期至晚期〔註117〕。上海博物館藏。

紋飾說明：臣字形目，半環狀角，張口向下，雙唇上卷，身飾雲雷紋，腹下有一拳狀足，上有豎起的短勾，背部有二短翼，一位於角後方一位於臀部上方，尾豎起內卷，以雲雷紋補地。龍紋整體形態與圖版 24-16 最接近，但身軀上的雲雷紋不似圖版 24-16 那樣密布，與圖版 24-12 至 24-14 身軀裝飾形式較為接近。由彩照中可知此器表斑駁，故拓本較不清晰〔註118〕，上述特徵之描述，亦有參酌彩照。由於此圖紋飾特徵及器類與圖版 24-16 皆有共通，加以紋飾較為模糊，故未依年代順序置於全部圖版之首，而置於圖版 24-16 之前，以利讀者比對。

24-16

圖版 24-16：

器名：方彝。部位：圈足。時代：殷墟晚期。

紋飾說明：臣字形目，半環狀角，張口向下，雙唇上卷，身飾雲雷紋，腹下有一拳狀足，上有豎起的短勾，背部有二短翼，一位於角後方一位於臀部上方，尾豎起內卷，以雲雷紋補地。紋飾整體特徵與圖版 24-13 近似，皆為臣字形目，但臀部短翼的位置略前，雙唇皆朝上。值得注意的是，此紋飾身軀裝飾的方式，與上述下折 II A 較為相似，以密布的雲雷紋裝飾，與地紋的區別不大。

其他尚有獸面紋簋〔註119〕圈足、母嫠方罍〔註120〕頸部之紋飾及《紋樣》圖 4-161〔註121〕與下折 II B 紋飾相似。獸面紋簋之紋飾為臣字形目，葉狀尖

〔註117〕此器陳佩芬作商代晚期（《夏商周》（夏商下），頁 333），比對其器型與殷墟中期的婦好方彝（中國社科院考古研究所：《殷墟》，圖版 22），以及殷墟晚期的亞醜方彝（陳芳妹：《故商》，頁 549）近似，故推測其年代亦應與二者接近。

〔註118〕陳佩芬：《夏商周》（夏商下），頁 333。

〔註119〕陳佩芬：《夏商周》（夏商上），頁 159，為商代晚期器（相當於殷墟時期），1933 年自香港徵集，現藏於上海博物館，器物表面氧化層呈淺綠色，為洞庭湖以南地區出土青銅器的特點。

〔註120〕李建偉等：《圖錄》，頁 173，此器年代為西周早期，出土於河南洛陽北窯村，現藏於洛陽市文物工作隊。

〔註121〕林巳奈夫：《紋樣》，頁 160。

角，雙唇外卷，身飾雲雷紋，腹下有一拳狀足，上有豎起的短勾，背部有一短翼，位於臀部上方，尾豎起內卷，以雲雷紋補地；母嫈方罍由於照片較小，細部特徵較難辨別，但約略可見其紋飾與圖版 24-16 相近，為臣字形目，半環狀角，雙唇上卷，身軀滿飾雲雷紋，腹下有一拳狀足，背部有二短翼，一位於角後方一位於臀部上方，尾豎起內卷，有雲雷紋補地等特徵，足的細節則無法辨別，故不知足上是否有彎勾；《紋樣》圖 4-161 則特徵幾乎與圖版 24-16 相似，但足為拳狀，上無彎勾，且龍紋呈同向排列，與上述圖版中龍紋呈對稱狀排列不同。年代上獸面紋簋為殷墟時期器，母嫈方罍為西周早期，圖 4-161 則為殷墟晚期的觚形尊。綜合以上資料，可歸結出下折 II B 紋飾流行於殷墟晚期，其可見年代上限為殷墟時期，下限則為西周早期；紋飾主要特徵為方形目或臣字形目，以半環狀角為多，葉狀尖角偶見，雙唇有皆外卷與皆上卷兩種形式，腹下皆有一足，部分為拳狀，部分上有彎勾，背部以二短翼為主，極少數為一短翼，身軀皆有雲雷紋，並皆有雲雷紋補地；器類則頗為多元，方彝、方罍、尊、簋、卣上皆可見。其中方彝、方罍、尊上的紋飾皆為臣字形目，方彝則又身軀皆滿飾雲雷紋，足部上皆有彎勾，並雙唇上卷，與其他器類的紋飾有所區別，雖方彝上之特徵，亦可見於其他器類，然四者（目、唇、身、足）皆具者，則非方彝莫屬。相對而言，其它器類的紋飾特徵，則較為混雜。

　　下折 II B 與下折 I B 極為相似，最大的差異在於背上有無短翼，主要特徵皆為半環狀耳，腹下多有一足，身軀有雲雷紋裝飾，呈彎折狀，尾豎起內卷，而足部特徵上亦有些許的落差，下折 I B 全為拳狀足，下折 II B 則有部分紋飾在拳狀的基礎上增加彎勾，但仍以拳狀足為多。上述圖版中，除圖版 24-12、獸面紋簋為葉狀尖耳、圖版 24-14 無足之外，其他紋飾皆具有相同的特徵。此外，下折 II B 與下直 I 式的特色亦有相似之處，主要為身軀直線與 Z 字形彎折的差別，以及短翼數量及位置的差異。其他細處之特徵，如半環狀耳、身飾雲雷紋、以雲雷紋補地等皆相仿。換言之，三者紋飾基本架構差異不大，僅在於身軀彎折方式，與背上短翼裝飾型態的差別。流行時間上，三者皆以殷墟晚期最為流行，或許可推敲出殷墟晚期紋飾慣用的風格。

三、下折 III 式：背上有長翼

　　本式紋飾共同的特色為背上有長翼，身軀粗短飾有雲雷紋，並以較細雲雷紋為補地。角型多元，有 T 形角、葉狀尖角、瓶狀角等，以前兩者數量較多。依照龍紋旁有無圓渦紋可分為兩組，A 組旁無圓渦紋，B 組旁有圓渦紋。

（一）下折 III A：旁無圓渦紋

24-17

圖版 24-17：

器名：簋。部位：口沿。時代：殷墟中期。出土地：河南安陽殷墟五號墓（M5：848）。

紋飾說明：兩側龍紋依獸面紋為中心相對排列，臣字形目，張口雙唇外卷，口中有細齒，T 形角，拱身翹尾，尾豎起內卷，無足，長翼與身軀緊貼，以雲雷紋補地。

24-18

圖版 24-18：

器名：婦好平底爵。部位：腹部。時代：殷墟中期。出土地：河南安陽殷墟五號墓（M5：664）。

紋飾說明：臣字形目，張口，雙唇上卷，瓶狀角，身軀前段飾雲雷紋，尾部以線條裝飾，有翼並與身軀分離，無足，拱身翹尾，尾豎起內卷，以雲雷紋補地。

24-19

圖版 24-19：

器名：婦好平底爵。部位：腹部。時代：殷墟中期。出土地：河南安陽殷墟五號墓（M5：652）。

紋飾說明：與上圖同為婦好平底爵，然與上圖不同器〔註 122〕，紋飾特徵大致相同，但臀部彎折處更顯方折，瓶狀角外觀有細部差異，然整體相似度極高。

　　下折 III A 紋飾可見於簋、爵等器類，多做帶狀裝飾。由前述圖示可發現紋飾間裝飾細節不同，其中圖版 24-17 為一類，圖版 24-18、24-19 一類，兩者皆有臣字形目、無足、背有長翼的特徵。但兩類間仍有細微的差異，前者為 T 型角，雙唇外卷，身軀粗肥有紋飾，長翼緊貼身軀，並搭配獸首；後者則皆為瓶狀角，雙唇上卷，身軀亦有紋飾，長翼與身軀分離。雖兩類皆身軀有紋飾，但圖版 24-17 身軀較為細瘦，圖版 24-18、24-19 相對線條較為勻圓粗肥，身軀整體較為粗壯，圖版 24-18 尤其明顯，其右側龍紋雖身軀方折，但背部線條呈圓弧狀，與圖版 24-17 明顯不同。

　　兩類間構圖、風格上的差異，筆者推測此現象應與器物有關。因上列圖版皆為河南安陽殷墟五號墓出土之器物，在時代上兩者差距應不大，但風格上仍有所差異，故受到器類影響的可能性較高。爵相對於簋器體形較小，紋飾可發揮的空間相對亦減少，故以主體紋飾搭類地紋即已充滿整個器物，簋器形較大，僅以龍紋裝飾則略顯單調，故容易與其他紋飾搭配。此推測於下折 III B 紋飾分析時，可做進一步的驗證。而下折 III A 紋飾於可知資料中，則

〔註122〕依《婦好》一書之分析，婦好平底爵共出土十件。中國社會科學院考古研究所：《婦好》，頁 85～86。

未見相似形式者，目前可知之圖版皆為殷墟中期婦好墓出土之器物，可能為當時期特有之裝飾習慣。

（二）下折 III B：旁有圓渦紋

24-20

圖版 24-20：

器名：火龍紋鼎。部位：口沿。時代：殷墟晚期。

紋飾說明：臣字形目，張口，上唇上卷，下唇呈倒 T，葉狀尖角，身飾雲雷紋，尾部則以線條裝飾，翼與身軀相連，無足，拱身翹尾，尾豎起內卷，以雲雷紋補地，旁飾有圓渦紋。

24-21

圖版 24-21：

器名：盍鼎。部位：口沿。時代：殷墟晚期。

紋飾說明：方形目，張口，上唇上卷，下唇呈倒 T，T 形角，額前有短彎勾裝飾，可能為其鬣，身飾雲雷紋，尾部則以線條裝飾，翼與身軀相連，無足，拱身翹尾，尾豎起內卷，以雲雷紋補地，旁飾有圓渦紋。本圖版龍紋身軀較短，且長翼與身軀極為緊連。

24-22

圖版 24-22：

器名：奇字鼎。部位：口沿。時代：西周早期。

紋飾說明：臣字形目，張口，上唇上卷，下唇呈倒 T，T 形角，身飾雲雷紋，尾部則以線條裝飾，翼與身軀相連，無足，拱身翹尾，尾豎起內卷，以雲雷紋補地，旁飾有圓渦紋。

24-23

圖版 24-23：

器名：冊鼎。部位：口沿。時代：西周早期。

紋飾說明：臣字形目，張口，上唇上卷，下唇呈倒 T，葉狀尖角，額前有 L 形倒勾裝飾，身飾雲雷紋，尾部則以線條裝飾，翼與身軀相連，無足，拱身翹尾，尾豎起內卷，以雲雷紋補地，旁飾有圓渦紋。特徵與圖版 24-21 近似，額前皆有裝飾，但身軀較長，且長翼較長，延至尾部。

其他與下折 III B 相似的紋飾尚有丰公鼎〔註123〕、圓渦紋鼎〔註124〕口沿之紋飾，以及《紋飾》圖 4-152、4-154、4-157、4-166、4-171 等鼎上紋飾

〔註123〕彭裕商：《年代》，圖 15-6（頁 546）、頁 541，紋飾位於口沿，西周早期器，出土於陝西寶雞竹園溝七號墓。

〔註124〕可見於李建偉等：《圖錄》，頁 53 與保利藏金編輯委員會：《保利藏金》，頁 31～32。此器形制、紋飾與河南安陽殷墟郭家莊西南 1 號墓出土的鼎相似，年代為商代晚期（相當於殷墟時期），現藏於保利藝術博物館。

〔註 125〕，其年代分屬殷墟早期（4-152）、殷墟中期（4-154、4-157）、殷墟晚期（4-166）及西周早期（4-171、圥公鼎），圓渦紋鼎年代僅知爲殷墟時期，不知屬何階段；而上列圖例皆具有上唇上卷，下唇呈倒 T，身飾雲雷紋，尾部則以線條裝飾，翼與身軀相連，無足，拱身翹尾，尾豎起內卷，以雲雷紋補地，旁飾有圓渦紋的共同特點，目型多爲臣字形目，僅《紋樣》圖 4-152 爲方形目，角型則多爲葉狀尖角，其中僅《紋樣》圖 4-157 角形狀略異，其尖端不明而略呈圓葉狀，然或許是拓本不清所致，《紋樣》圖 4-166 拓本角型不明，不知屬何角型。綜合以上資料，可歸結出本組紋飾流行時間爲殷墟晚期至西周早期，可見年代上限則至殷墟早期，器類則全爲鼎；紋飾主要特徵爲臣字形目（11 個圖例中佔 9 個），方形目偶見（11 個圖例中佔 2 個），角型多爲葉狀尖角（11 個圖例中佔 8 個），T 形角偶見（11 個圖例中佔 2 個），另一爲圓葉狀尖角（《紋樣》圖 4-157），唇型皆上唇上卷，下唇呈倒 T，身軀前段有雲雷紋裝飾，尾部以線條裝飾並上卷，背部有長翼，無足。上述紋飾細微差異，則未見與時代的直接關聯，以紋飾彈性運用、變例論之較爲恰當。

由圖例中可知，除圖版 24-21 之龍紋皆做同向排列外，其構圖大致呈現對稱的特色。與前述下折 III A 之圖版 24-18、24-19 相似，其龍紋之長翼與身軀分離。而其唇型爲上唇上卷，下唇呈倒 T 字形的形態，此點則與前述下直 II B 與下直 III B 紋飾相同，但多無該組額前裝飾的特徵，僅圖版 24-21、24-23 具有額前裝飾，僅佔整體比例的 18%，又其中圖版 24-21 之額前裝飾十分短小不明顯，顯示額前裝飾弱化的傾向。

在彭裕商的研究中，以丰公鼎爲例，將其列爲 Fb 型的代表，認爲此類紋飾流行時間，主要在周初武成時期，上限在殷代，下限到康王。因其所見，除一器爲殷代，一器爲康昭之時，其餘大致屬於周初武成時期，故下此定論〔註 126〕。依筆者掌握之資料分析，對於可見年代的範圍大致與彭裕商相同，但對於流行時間則略有差異。由上列十一器的資料中可知，殷墟早期有一器，殷墟中期有二器，殷墟晚期有三器，西周早期則有四器，另有一器僅知屬殷墟時期而未知何時段。就比例而言，殷墟晚期佔 27%，西周早期佔 36%，落差不至太大，兩者加總則佔整體過半之比例。且下折 III A 屬前述馬承源分析中圓渦紋與龍紋搭類的第一類，馬承源以爲流行於商末周初〔註 127〕，故以爲

〔註 125〕詳見林巳奈夫：《紋樣》，頁 160～161。
〔註 126〕彭裕商：《年代》，頁 541。
〔註 127〕參本章註 101。

流行時間應以殷墟晚期至西周早期間，即商周之交較爲合宜，與彭裕商所見略有不同。

　　將下折 III 式之 A、B 兩組合觀，可知其見於鼎、簋、爵等器類，並以鼎器居多，紋飾多呈帶狀。由上述圖示中可發現，此類紋飾若裝飾於大型器物如鼎、簋等，則會與其他紋飾相互搭配，例如 A 組之圖版 24-17 器類爲簋，兩龍中間則有一獸首；B 組紋飾器類全爲鼎，則皆作龍紋與圓渦紋相互搭配的型態。此點在 A 組紋飾分析時即已提到，下折 III A 紋飾於大型器類上與其他紋飾搭配的習慣，B 組紋飾所出現的器類爲鼎，亦屬大型的器類，故驗證筆者前述的推論。而所搭配的紋飾則受到器類不同而有所不同，目前可見此類龍紋若出現於鼎，則皆以圓渦紋做搭配；出現於簋上則以獸面做搭配。在年代上，A 組紋飾出現於殷墟中期，B 組紋飾則流行於商周之交，A 組流行時間略早於 B 期。

　　本式紋飾與下直 II 式雖同具有長翼的共同特徵，但兩者間細節差異較大，有許多異同之處，與下折 II 式與下直 I 式間緊密的關係不同。以相同處而言，下直 II B 身軀紋飾的特徵與本式紋飾較爲相近，尾部皆以線條裝飾，僅身軀中段以雲雷紋點綴，未見全身滿飾雲雷紋者。其中下直 II B 與下折 III B 龍紋下唇皆爲倒 T 形。然，下直 II A 身軀分爲兩歧未著紋飾，下直 II B 才以雲雷紋飾身；本式紋飾 A、B 組身軀上皆有紋飾點綴。下直 II 式不論 A、B 組皆有足，且皆有額前裝飾；此類紋飾則與前類特點恰恰相反，本式紋飾 A、B 組額前多無裝飾，且皆無足，僅圖版 24-21、24-23 具有額前裝飾。角型方面，下直 II 式 A 組有 T 形角與半環狀角比例參半，B 組則主要爲半環狀角，T 形角偶見；本式 A 組爲 T 形角與瓶狀角，B 組則多爲葉狀尖角，T 形角偶見，則可見兩者在角型上的差異。

四、下折 IV 式：背上有鰭

24-24

圖版 24-24：

器名：〜〔註 128〕𠬝爵。部位：腹部。時代：殷墟時期。〔註 129〕上海博物館藏。

紋飾說明：圓形目，張口，上唇上卷，下唇呈倒 T 形，瓶狀角，身飾雲雷紋，尾部以線條裝飾，背上有鰭，無足，拱身翹尾，尾豎起內卷，以雲雷紋補地。

〔註 128〕此字狀似羊首，懷疑爲「羊」字。
〔註 129〕本器見於陳佩芬：《夏商周》（夏商下），頁 187，年代作商代晚期，相當於本文之殷墟時期。

24-25

24-26

24-27

圖版 24-25：

器名：爵。部位：腹部。時代：殷墟早期。

紋飾說明：方形目，張口，上唇上卷，下唇呈倒 T 形，瓶狀角，身飾雲雷紋，尾部以線條裝飾，背上有鰭，無足，拱身翹尾，尾豎起內卷，以雲雷紋補地。由拓本可推測出紋飾位於腹部。

圖版 24-26：

器名：三聯甗。部位：甗架正面。時代：殷墟中期。出土地：河南安陽殷墟五號墓（M5：790）。

紋飾說明：臣字形目，張口，上唇上卷，下唇呈倒 T 形，瓶狀角，身飾雲雷紋，背上有鰭，無足，拱身翹尾，尾豎起內卷，以雲雷紋補地，旁飾有圓渦紋。

圖版 24-27：

器名：獸面紋鼎。部位：頸部。時代：殷墟晚期。

紋飾說明：臣字形目，張口，雙唇外卷，口中有細齒，瓶狀角，身飾雲雷紋，背上有鰭，無足，拱身翹尾，尾豎起內卷，以雲雷紋補地。本圖版龍紋唇部型態與其他不同，且口內有細齒，為本式紋飾中較為特殊者。

　　以上四個圖版，皆具有瓶狀角，無足的特點，而背部、身軀與地紋的裝飾方式亦相同。其中圖版.24-24、24-25 做對稱構圖，並皆出現於爵上，其目型分別為方形目與圓形目，皆不為臣字形目，與圖版 24-26、24-27 不同，顯示出不同器類中目型特徵的差異。除圖版 24-27 較為特別外，其餘唇型皆為上唇上卷，下唇倒 T 形的形態。圖版 24-26 則由彩照可知〔註130〕，其為單向環狀的帶狀龍紋，非對稱構圖。圖版 24-27 出現於鼎，由拓本看不出整器構圖的特徵，亦無彩照可茲比對，但對稱構圖的機率仍較高。

　　本式紋飾與其他紋飾區別的主要特徵在於背上密布的背鰭，其造型宛如魚類的背鰭，呈斷續而成的片狀。與前述下直 III 式相同之處皆背上密布有裝飾線條，但仔細區別列旗之造型為整列豎起之短羽，與此類魚鰭狀的外型明顯不同，故以不同的命名將其特徵加以區別。角型、額前裝飾、足部等方面兩者亦有所差別，下直 III 式主要為半環狀角與 T 形角，本式紋飾則皆為瓶狀角；下直 III 式於額前有倒勾狀或長鼻裝飾，本式紋飾則未見額前有裝飾的圖版；下直 III 式皆有足，甚至有多足的傾向，本式紋飾則未見有足者。

　　綜上所述，本式紋飾具有背鰭、瓶狀角、額前無裝飾、多下唇呈倒 T 字

〔註130〕中國青銅器全集委員會：《全集2》，頁 78～80。

形的特徵。集中出現於殷墟時期，主要以帶狀方式裝飾於器物之上，或爲兩龍相對，或爲同向排列。

下視折身型爬行龍紋共二十七個圖版，輔以其他可見資料，共有五十五器進行分析，其器類與年代資料如下。

表2-12：下折型爬行龍紋器類暨年代一覽表

	鼎	方彝	方罍	簋	卣	爵	觚	尊	觶	甗	罍	合計	時　　代
ⅠA							11				2	13	殷墟早期－西周早期
ⅠB							11					11	殷墟早期－西周早期
ⅡA				2			1		2			5	殷墟中期－西周早期
ⅡB		2	1	2	1			2				8	商－西周早期
ⅢA				1		2						3	殷墟中期
ⅢB	11											11	殷墟早期－西周早期
Ⅳ	1					2				1		4	殷墟時期
合計	12	2	1	5	1	4	23	2	2	1	2	55	

各式特徵簡介如下：下折Ⅰ式背上無短翼，依角型分爲兩組，A組主要出現於觚器圈足下部，B組則全出現於觚器圈足上部，前者出現於殷墟早期至西周早期，然以殷墟中期最爲常見，後者則見於殷墟中期至西周早期，以殷墟晚期最多，雖兩者出現的器物部位相同，又可見時間雖有重疊，但極少見兩者相互搭配者。下折Ⅱ式背上有短翼，依其身軀紋飾分爲兩組，A組身軀無紋飾，B組上有雲雷紋裝飾，皆主要出現於殷墟晚期，與下直Ⅰ式及下折ⅠB間特徵有些相似。下折ⅢA與下折ⅢB其區別在於搭配紋飾的不同，A組旁無圓渦紋，目前可見皆爲殷墟中期器，B組則旁有圓渦紋搭配，器類全爲鼎，時代則以殷墟晚期至西周早期最爲多見。下折Ⅳ式則以魚類背鰭爲顯著特徵，與前述下直Ⅲ式列旗形態有所差異，可見於整個殷墟時期。整體而言，下折Ⅱ式、下折ⅢA與下折Ⅳ式出現器類較分散，下折Ⅰ式主要可見於觚器，下折ⅢB全出現於鼎，器類頗爲一致。上述資訊對於斷代、辨僞的判斷有所助益，如下折ⅢA全出現於殷墟中期，則於其他器物中發現下折ⅢA的紋飾則可優先推測屬殷墟中期器；若下折Ⅰ式、下折ⅢB紋飾出現於非上述歸納之器類上，則需更加仔細的檢驗其中的眞僞。

整體而言，除背翼的差別外，其他共同的特徵亦可見些許的差異。在目

型方面下折型龍紋以臣字形目與方形目運用最多，在上述所有案例中，僅見一例為圓形目（圖版 24-24），其中臣字形目多運用於殷墟中期，方形目多運用於殷墟晚期，目型的差異具有時代的分野。唇型則以雙唇上卷最多（54 例中佔 23 例），上唇上卷下唇倒 T 形次之（54 例中佔 14 例），口部如鬚者再次之（54 例中佔 12 例），雙唇外卷者偶見（54 例中佔 6 例），雙唇外卷者其中一例口中有細齒（圖版 24-27），屬特例；其中雙唇上卷者以殷墟晚期較為常見（23 例中有 12 例），口中如鬚者則以殷墟中期較為常見（12 例中有 6 例），其他唇型的時代分布則頗為平均，未見集中於某時段的現象。角型以半環狀角最多（54 例中佔 21 例），葉狀尖角次之（54 例中佔 10 例），其餘以曲折角、瓶狀角略多（54 例中分佔 9 例及 7 例），外卷彎角與 T 形角則偶見（54 例中分佔 4 例及 3 例），尚有一例角型不明，無法分析；其中半環狀角以殷墟晚期最為常見（21 例中有 13 例），其他角型則時代分野不明顯。身軀裝飾以雲雷紋為主（54 例中佔 50 例），然於殷墟時期至西周早期未見時代運用上的偏好，尾部則全為上卷。足部則以無足最多（54 例中佔 32 例），超過所有案例的一半，一足並做拳狀者次之（54 例中佔 18 例），一足並做爪狀者最少（54 例中佔 5 例），未見做二足者；其中殷墟早期全為無足者，殷墟中期亦以無足者最多，殷墟晚期則以一足並做拳狀者最多，西周早期則僅見無足者及一足並做拳狀者，未見一足並做爪狀者，一足並做爪狀者於殷墟各階段皆零星可見。

表 2-13：下折型爬行龍紋各部件特徵與時代關係表

	時　代　特　色
目	1.臣字形目多運用於殷墟中期。 2.方形目多運用於殷墟晚期。 3.圓形目僅一例，見於殷墟時期。
唇	1.唇型有雙唇上卷、上唇上卷下唇倒 T 形、口部如鬚者、雙唇外卷等。 2.雙唇上卷者以殷墟晚期較為常見，口中如鬚者則以殷墟中期較為常見，其他唇型的時代分布則頗為平均，未見集中於某時段的現象。
龍首裝飾	1.角型有半環狀角、葉狀尖角、曲折角、瓶狀角、外卷彎角、T 形角等。 2.僅半環狀角以殷墟晚期最為常見，其他角型則時代分野不明顯。
身	1.身軀裝飾以雲雷紋為主，然於殷墟時期至西周早期未見時代運用上的偏好。 2.尾部則全為上卷狀。
足	1.有無足、一足拳狀、一足爪形等形式。 2.殷墟早期、殷墟中期以無足者最多，殷墟晚期以一足拳狀者最多，西周早期則僅見無足者及一足拳狀者，未見一足爪狀者，一足並做爪狀者於殷墟各階段皆零星可見。

第五節　下視曲身型爬行龍紋

　　本型紋飾的共同特徵在於龍首下視，身軀呈波曲狀，故命名爲下視曲身型（以下簡稱「下曲」）。又依照角型的差異分爲兩式：（一）非瓶狀角，（二）瓶狀角，其中第二式又可以依身軀紋飾的特徵再做細分。

一、下曲I式：非瓶狀角

25-1

圖版 25-1：

器名：盉。部位：不明。時代：殷墟中期。日本根津美術館藏。

紋飾說明：臣字形目，張口向下，雙唇外卷，半環狀角，拱背長身，身飾簡單的雲雷紋，背部有成片鰭狀裝飾，尾上卷，腹下有一足，足做拳狀，似有雲雷紋補地。此紋飾上唇與棱脊間似有鼻脊相連，亦可能爲獸面紋。然此處無法得知銅器照片，或其他更多資料，暫且採林巳奈夫之說，將其歸入龍紋。〔註131〕

25-2

圖版 25-2：

器名：盉。部位：頸部。時代：殷墟中期。日本根津美術館藏。

紋飾說明：方形目，張口向下，雙唇外卷，半環狀角，但尖端呈尖形，拱背長身，身飾菱格紋，似有成片背鰭裝飾，尾上卷，腹下有一足，足做拳狀，有雲雷紋補地。

25-3

圖版 25-3：

器名：卣。部位：不明。時代：殷墟晚期。

紋飾說明：方形目，張口向下，雙唇外卷，葉狀尖角，拱背長身，身飾鱗紋，背部無背鰭裝飾，尾上卷，腹下有一足，足有利爪，有雲雷紋補地。

25-4

圖版 25-4：

器名：盤。部位：盤口下內壁。時代：西周晚期。

紋飾說明：此紋飾與上三圖版差異大，身軀爲棱脊留白的粗黑線，腹下有一足，足爲利爪，末端有延伸線條，雙唇外卷，似上唇極度上卷或額前另有一L形倒勾裝飾，尾部上卷多圈，有雲雷紋補地。本圖版角型與目型不甚清楚，角可能爲葉狀尖角，目型可能爲圓形目。本圖版由拓本爲向下彎曲的弧線，以及綜合出現的器類判斷，紋飾應位於盤口下內壁。

〔註131〕林巳奈夫：《紋樣》，圖5-33，頁167。

25-5

圖版 25-5：

器名：獸面紋龍流盉。部位：蓋沿。時代：春秋晚期。上海博物館藏。

紋飾說明：圓形目，半環狀角，雙唇外卷，額前另有似 L 形倒勾裝飾，此紋飾龍身形態與圖版 25-4 略為近似，皆有 L 形倒勾裝飾，拱背長身，身飾鱗紋，腹下有一足，足為翎羽狀，尖端做爪狀，末端並有延伸的線條，尾部上卷，無地紋。此圖版形式與圖版 25-4 較為近似，頭部、身軀、尾部的形式皆相仿，但身軀裝飾不同，亦無地紋裝飾。此器資料乃筆者比對拓本與銅器照片所得，據陳佩芬之說，此器乃越人仿照西周盉的式樣所鑄〔註 132〕。顯示此紋飾特徵既有西周餘風，亦兼及地方特色。與圖版 25-5 相似之紋飾尚見於獸面紋龍流盉〔註 133〕蓋沿，其紋飾、器型皆極為近似。兩器雖同名，但由銅器照片可知為不同器，其年代皆屬春秋時期。

上述五個圖例中，其風格可概分兩類，圖版 25-1 至 25-3 一類，圖版 25-4 至 25-5 一類。前者身軀較粗，無額前裝飾，足做拳狀；後者則尾部卷曲誇張，足為翎羽狀利爪，並有額前裝飾。由於圖版 25-5 乃越人所製，故推測或與地區風格有關。但未知圖版 25-4 所屬何地，故仍需更多資料驗證，此處僅提出此想法，以供學界參考。而圖版 25-1 與 25-2 其紋飾風格與前述前曲 II 式的 22-17、22-18 的圖版頗為相似，並皆出現於「盉」一器類（可參考本文第 33、34 頁）。尤其是圖版 25-1 與圖版 22-18 相似度極高，兩者皆身軀粗肥渾圓，以雲雷紋裝飾，並皆以半環狀角為角型，兩者最大的差異在於前曲 II 式無爪型之描繪，本式紋飾則可見拳狀寫形。

綜合上列資料，可知本式紋飾可見時間由殷墟中期至春秋晚期皆可見，然由圖例可見商周兩代間風格的改變，商代時紋飾未有額前裝飾，足為拳狀；至西周時期則有額前裝飾及翎羽狀利爪，且尾部卷曲程度更甚。兩類風格間是否有絕對的轉變推演痕跡，由目前已知資料尚無法準確判斷；但由圖版 25-1、25-2 與 25-3 間足部形態的細微轉變，或許即已透露出本式紋飾於商周間風格改變的傾向。

二、下曲 II 式：瓶狀角

本式紋飾可依身軀紋飾分為 A、B 兩組，A 組以棱脊留白或雲雷紋為裝

〔註 132〕圖片來自林巳奈夫：《紋樣》，圖 5-41（頁 168），其資料顯示為地方型，未標明時代。其他器物相關資料則參考陳佩芬：《夏商周》（東周上），頁 193。

〔註 133〕李建偉等：《圖錄》，頁 358，春秋早期器，廣東信宜光頭嶺出土，廣東省博物館藏。

飾，B組則以鱗紋爲裝飾。

（一）下曲ⅡA：以棱脊留白或雲雷紋為裝飾

　　本組紋飾身軀裝飾相似，但細觀後可發現其背部裝飾形態略異，然由於數量不多，故不另分組分析，僅於本組之下劃分小類以視區別。A1：背部有鰭狀裝飾；A2：背部有翼狀裝飾；A3：背部無裝飾。

1. A1：背部有鰭狀裝飾

25-6

圖版25-6：
器名：罍。部位：不明。時代：殷墟晚期。日本根津美術館藏。
紋飾說明：臣字形目，張口向下，雙唇外卷，瓶狀角，拱背長身，身軀前段飾有雲雷紋，尾上卷，腹下有一足，足做拳狀，背部有成片的背鰭，其中隱約可見斷開的線條，故推測此圖版背鰭形態與圖版25-8近似，以雲雷紋補地。

25-7

圖版25-7：
器名：乳丁龍紋簋〔註134〕。部位：圈足。時代：殷墟晚期。
紋飾說明：臣字形目，張口向下，雙唇上卷，瓶狀角，身軀前段飾簡單的雲雷紋，有分明的背鰭，腹下有一足，由銅器彩照可知爲爪狀足〔註135〕，拱身翹尾，尾上卷，以雲雷紋補地。

25-8a　　　　25-8b

圖版25-8a、25-8b：
器名：𤔲冊𣪘觥。部位：器蓋兩側。時代：殷墟時期。
〔註136〕上海博物館藏。
紋飾說明：臣字形目，張口向下，雙唇外卷，瓶狀角，拱背長身，身軀前段飾有簡單的雲雷紋，腹下有一足，由圖版25-8a明顯可見足有利爪，有背鰭，成片狀中有線條斷開的形態，尾上卷。兩圖版位於器蓋棱脊對稱的兩邊，構圖極爲相似。由彩照中可見器蓋空白處以雲雷紋補地，但於拓本中地紋較不清晰。據陳佩芬之見，此器出土較早，歷見著錄，著錄中稱匜，有誤，今以器之外形改正爲觥。〔註137〕

〔註134〕此器陳佩芬於《夏商周》一書中命名爲乳丁雷紋簋（夏商上，頁162），馬承源於《商周》（圖298，頁108）名爲乳丁龍紋簋，但由拓本可判斷爲同一器。筆者以爲陳佩芬於此器後另有一器同名，又此器圈足上具有龍紋，以乳丁龍紋簋命名似乎更可區別於他器，故此處採馬承源之命名。
〔註135〕陳佩芬：《夏商周》（夏商上），頁162。
〔註136〕本器見於陳佩芬：《夏商周》（夏商下），頁343，其年代作商代晚期，相當於本文之殷墟時期。
〔註137〕陳佩芬：《夏商周》（夏商下），頁343。

2. A2：背部有翼狀裝飾

25-9

圖版 25-9：

器名：鳳紋犧觥。部位：流部上側。時代：殷墟時期〔註138〕。上海博物館藏。

紋飾說明：臣字形目，張口向下，雙唇外卷，瓶狀角，背有翼，身軀前段飾簡單的雲雷紋，拱身翹尾，尾上卷，腹下有一足，足為拳狀且後方有延伸的線條，以雲雷紋補地。由紋飾所在部位推測，可能為對稱構圖（形式與下圖同）。

25-10

圖版 25-10：

器名：爵。部位：流部。時代：西周中期。

紋飾說明：兩龍上下對稱，臣字形目，張口向下，雙唇上卷，額前有 L 形倒勾，瓶狀角，背有長翼，身軀前段飾簡單的雲雷紋，拱身翹尾，尾上卷，腹下有一足，足為爪狀且後方有延伸的線條，以雲雷紋補地。紋飾形態與圖版 25-9 較為相似，但唇部形態略異，雙唇皆往上卷；翼與爪的形態亦不同，長翼為翎羽狀，足有利爪後有延伸的線條，額前亦有裝飾。由拓本可推斷紋飾位於流部。

3. A3：背部無裝飾

25-11

圖版 25-11：

器名：蝸身獸紋罍。部位：圈足。時代：西周早期。出土地：遼寧喀左北洞村 2 號墓。遼寧省博物館藏。

紋飾說明：兩龍相對，臣字形目，瓶狀角，張口向下，雙唇外卷，有舌，身軀沿棱脊留白裝飾，拱背長身，尾上卷，腹下有一足，足尖為拳狀，背部無裝飾，以雲雷紋補地。

25-12〔註139〕

圖版 25-12：

器名：從簋。部位：圈足。時代：西周早期。上海博物館藏。

紋飾說明：兩龍相對，臣字形目，瓶狀角，張口向下，雙唇外卷，有舌，身軀沿棱脊留白裝飾，拱背長身，翹臀，尾上卷，腹下有二足，足尖為爪狀，背部無裝飾，以雲雷紋補地。紋飾特徵大致與圖版 25-11 相似，但身軀與足部形式略異，本圖版身軀彎曲略成 M 形，且與圖版 25-11 身軀裝飾形態有細微的差異，然大致仍為沿棱脊有多條留白裝飾，腹前與臀下各有一爪狀足。

〔註138〕本器見於陳佩芬：《夏商周》（夏商下），頁 337，其年代作商代晚期，相當於本文之殷墟時期。

〔註139〕

圖例 25-12 右側龍紋放大圖。

　　上列圖版中可見龍紋背部特徵不同，A1 為圖版 25-6 至 25-8 屬於有背鰭者之龍紋，其可見時間為殷墟時期，其中以圖版 25-7、25-8 與上述下折 IV 式背鰭形式較相近，且流行時間相同，皆可見於殷墟時期。在筆者收集的材料當中，以魚鰭狀裝飾的龍紋並不多，其中以下折 IV 式與下曲 II A1 及下曲 II B 部分紋飾達一定數量，其餘龍紋多見以「翼」為背部裝飾，足見背部以魚鰭狀裝飾龍紋的分布的集中與侷限性，故藉由分析、瞭解下折 IV 式與下曲 II A1 及下曲 II B 的可見年代、器物與紋飾特徵等資料，有助於了解魚鰭狀裝飾之龍紋可見年代，對於紋飾的辨偽亦頗有助益。A2 為圖版 25-9 與 25-10 背部有翼狀裝飾，其形態較似前述分析中的長翼，可見於殷墟時期至西周中期，紋飾出現器類雖不相同，但皆位於流部，其拓本則具有上下對稱的特色。A3 為圖版 25-11 與 25-12，屬下曲 II A 紋飾中最為簡單的龍紋，無背鰭裝飾，身軀上亦無雲雷紋點綴裝飾，不像圖版 25-5 至 25-9 於身軀中段靠近頭部處有一簡單的雲雷紋做裝飾。由圖版資料可知 A3 龍紋出現於西周早期，其紋飾的簡化可能與西周之後紋飾風格大體由繁複華麗逐漸走向簡潔有關，又紋飾出現於圈足部位，圈足僅佔全器極小的空間，紋飾發展空間有限且為不顯眼的位置，故紋飾的妝點較為簡化。整體而言，下曲 II A 紋飾見於殷墟時期至西周中期，可見器類則有罍、簋、觥、爵等。

　　由上述的分析中可發現，下曲 II A 紋飾主要特徵為：瓶狀角，腹下皆有足，以一足者為多，二足者僅見一例（圖版 25-12），並皆有地紋裝飾。唇型以雙唇外卷者為多；身軀裝飾上，即使身飾雲雷紋，也僅於身軀中段點綴，未見全身滿飾雲雷紋者。如圖版 25-6、25-9 若不細看，則雲雷紋容易被忽略，而以為此龍紋僅以線條裝飾。下曲 II A 紋飾的另一特色為殷墟時期背上有鰭或翼做裝飾，或以短線條於背上刻劃，呈現如背鰭排列的狀態；並且皆為臣字形目，與下曲 I 式目型多元的情形有些不同，可視為角型差異外的另一項判別參考。

　　而獸面龍紋大鼎〔註140〕腹部上緣之紋飾初看之下與 A1 紋飾型態相似，亦為張口向下、身軀呈波曲狀，背鰭以短線條斷開，足具利爪；但以數個雲雷紋排列裝飾於身軀上，口中有舌或利牙的裝飾，則與上述 A1 紋飾裝飾特徵略有差異，A1 紋飾口中未見有舌或利齒者，身軀亦未見滿飾雲雷紋者，僅見

〔註140〕李建偉等：《圖錄》，頁 83，此器年代為西周早期，出土於陝西淳化史家塬西周墓，現藏於淳化縣文物管理所。

於身軀前段以雲雷紋點綴。另，在《圖錄》的分析中，獸面龍紋大鼎乃是以六條龍紋合併構成三個獸面紋，由彩照中可見兩龍連接處除稜脊外，亦具有寬大的鼻翼將兩側紋飾相連結，故在筆者的分類中應歸入獸面紋。其紋飾中具有舌、利牙、利爪、身軀上滿飾雲雷紋等特徵，可能是保留獸面紋特徵的緣故。而其利牙、舌、身軀滿飾雲雷紋的特徵與 A1 紋飾大相逕庭，反而提供分析 A1 紋飾時，一個鑑別、區分的標準，若具有利牙與舌、身軀滿飾雲雷紋等特徵則不為 A1 紋飾的機率較高，可能為獸面紋或其他類型之紋飾，可視為 A1 紋飾的反證。

（二）下曲 II B：以鱗紋為裝飾

25-13

圖版 25-13：

器名：方彝。部位：圈足。時代：殷墟中期。

紋飾說明：兩龍相對，臣字形目，張口向下，雙唇外卷，瓶狀角，拱背長身，上飾有鱗紋，尾上卷，腹下有二足，足為彎勾狀，以雲雷紋補地。由拓本的形狀推測，該紋飾可能出現於圈足。

25-14

圖版 25-14：

器名：觶。部位：腹部。時代：殷墟中期。出土地：河南安陽殷墟五號墓（M5：783）。

紋飾說明：兩龍相對，圓形目，張口向下，雙唇上卷，瓶狀角，拱背長身，上飾有鱗紋，尾上卷，腹下有一足，足尖為拳狀，背有成片的背鰭裝飾，以雲雷紋補地。龍紋上方有倒立的蟬紋裝飾。形態與圖版 25-13 大致相似，但角型較小，且目型與足部形式不同。

25-15

圖版 25-15：

器名：兮矢父戊爵。部位：流部。時代：西周早期。

紋飾說明：圓形目，張口向下，雙唇外卷，瓶狀角，拱背長身，上飾有鱗紋，背部中段有魚鰭狀裝飾，尾上卷，腹下有一爪狀足但不明顯（箭頭指示處），以雲雷紋補地。

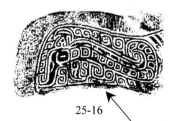

25-16

圖版 25-16：

器名：爵。部位：流部。時代：西周早期。

紋飾說明：方形目，張口向下，雙唇外卷，瓶狀角，拱背長身，上飾有鱗紋，背部有一根根豎起的短鰭，尾上卷，腹下有一爪狀足但不明顯（箭頭指示處），足後有延伸的線條，以雲雷紋補地。本龍紋形態與圖版 25-15 較為近似，亦足形不明顯；但目型與背部裝飾不同，且足形與身軀鱗紋的形狀也不同。

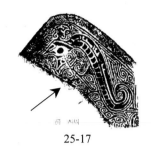

25-17

圖版 25-17：

器名：爵。部位：流部。時代：西周早期。

紋飾說明：圓形目，張口向下，雙唇外卷，瓶狀角，拱背長身，尾上卷，身軀上飾有鱗紋，尾部以線條裝飾，背部有成片背鰭裝飾，前段有線條將其斷開，腹下有一爪狀足但不明顯（箭頭指示處），以雲雷紋補地。龍紋形態與圖版 25-16 近似，足後皆有延伸的線條，但目型與身軀鱗紋不同，且尾部末端未飾鱗紋。

　　此外，西周早期的未爵〔註141〕流部與牛首飾四耳簋〔註142〕圈足紋飾亦屬本組紋飾。未爵紋飾型態與圖版 25-17 極似，皆有瓶狀角、身軀以鱗紋裝飾、腹下有一爪狀足、有背鰭裝飾、有雲雷紋補地的特點，其足與背鰭的形式皆與圖版 25-17 相同，但尾部卷曲程度較大且仍有鱗紋裝飾，然由於照片角度，其目型與雙唇形式則無法判斷。而牛首飾四耳簋紋飾特徵則爲：圓形目，雙唇外卷，瓶狀角，拱背長身，尾上卷，身以鱗紋裝飾，腹下有一爪狀足，有雲雷紋補地。

　　綜合以上資料，下曲 II B 紋飾的主要特徵爲以圓形目較多，方形目與臣字形目略少，全爲瓶狀角，唇部有雙唇外卷與雙唇上卷兩種形式，以雙唇外卷爲多，身軀則全爲鱗紋，足部以一足爲多，其中一足做爪形較一足做拳狀爲多，二足者僅見圖版 25-12 一例；背部以背鰭裝飾者最多，但亦見背部無裝飾者。整體而言，可見於殷墟中期與西周早期兩個階段，殷墟晚期目前未見本組龍紋，並以西周早期數量較多。圖版 25-13、25-14 爲殷墟中期之紋飾，皆做對稱構圖，紋飾整體屬狹長形，應用於圈足、腹部等部位；圖版 25-15 至 25-17 爲西周早期之紋飾，未爵與牛首飾四耳簋亦爲西周早期器，由圖版資料中可知多出現於爵之流部，爵上紋飾具有上下對稱的特點，僅牛首飾四耳簋紋飾位於圈足，此現象可能爲殷墟中期與西周早期時龍紋運用的不同特徵，值得注意。

　　依據段勇之分類，將圖版 25-14、25-15 分做兩式，認爲圖版 25-14 似乎僅見於殷墟中期〔註143〕。此處筆者所見資料有限，無法複檢段勇之研究成果，

〔註141〕中國青銅器全集委員會：《全集 6》，圖十九（頁 19）。北京琉璃河 253 號墓出土，現藏於首都博物館。

〔註142〕中國青銅器全集委員會：《全集 6》，圖一六四（頁 159）。陝西寶雞紙坊頭 1 號墓出土，現藏於寶雞市博物館。

〔註143〕段勇：《幻想》，頁 67。

故暫採保留之態度，然以目前可見資料而言，段勇之研究確有可供參考之價值，其成果提供另一個解讀之方向。綜合以上資料可知，下曲 II B 見於殷墟中期及西周早期，西周早期尤喜裝飾於爵之流部。

下視曲身型爬行龍紋共十七個圖版，輔以其他可見資料，共有十九器進行分析，其器類與年代資料如下。

表 2-14：下曲型爬行龍紋器類暨年代一覽表

	方彝	簋	卣	爵	觥	盂	觶	盤	罍	合計	時　　代
I			1			3		1		5	殷墟中期－春秋晚期
II A		2		1	2				2	7	殷墟時期－西周中期
II B	1	1		4			1			7	殷墟中期與西周早期
合計	1	3	1	5	2	3	1	1	2	19	

下曲 I 式常見於盂上，可見年代由殷墟中期延至春秋晚期，進入西周之後，額前多出 L 形倒勾裝飾，爪的後方增加延伸的線，尾部卷曲的程度誇張，紋飾風格顯得與殷墟時期極為不同，時代特徵明顯，有助於年代的判斷。下曲 II A 紋飾見於殷墟時期至西周中期，可見器類則有罍、簋、觥、爵等。其紋飾足多有利爪，背部裝飾形態則有細微的差異，然由於可見資料仍有限，故未進一步分組。下曲 II B 相對下曲 II A 足部較為簡易或不明顯，但足部仍具爪形，可見於殷墟中期及西周早期；殷墟中期與西周早期紋飾風格略有差異，主要顯示於應用器類與紋飾整體形狀上，殷墟中期器類較不一致，但皆出現於圈足、腹部等狹長部位，紋飾整體為左右對稱的帶狀，於西周時期主要出現於爵之流部上，紋飾則為上下對稱。

整體而言，下曲型龍紋數量並不多，然可見時代卻不短，由殷墟時期至春秋晚期皆有其蹤跡，但殷墟時期（十九例中共有十例，殷墟早期有三例，殷墟中期有四例，殷墟晚期有三例）與西周早期最為多見（十九例中有七例）。目型以臣字形目為主，方形目與圓形目偶見；角型以瓶狀角為主，少數為半環狀角或葉狀尖角，瓶狀角可見於西周中期之前，春秋時期則僅見半環狀角；唇部有雙唇外卷與雙唇上卷兩種形式，以雙唇外卷為多；身軀則有以雲雷紋、鱗紋、棱脊留白裝飾者，其中以雲雷紋與鱗紋裝飾者為多，棱脊留白者偶見；足部以一足為多，其中一足做爪形較一足做拳狀為多，二足者僅

見圖版 25-12 一例；背部以背鰭裝飾者最多，但亦見以長翼裝飾或無裝飾者；紋飾多有地紋裝飾，僅圖版 25-5 與春秋早期的獸面紋龍流盉無地紋裝飾；然上述各紋飾差異間多未見與時代絕對的關聯。若以器型論，殷墟時期以盉與觥為主要出現器類，西周時期則以爵為主要出現器類，春秋時則僅見於盉上；盉上紋飾以非瓶狀角之龍紋為主，爵與觥上則以瓶狀角之龍紋為主。上述特徵與時代關係可以表 2-15 簡示。

表 2-15：下曲型爬行龍紋各部件特徵與時代關係表

	時　　代　　特　　色
目	1. 目型以臣字形目為主，方形目與圓形目偶見。 2. 各式時代分界不明顯。
唇	1. 唇型有雙唇外卷與雙唇上卷兩種形式，以雙唇外卷為多。 2. 各式時代分界不明顯。
龍首裝飾	1. 角型以瓶狀角為主，少數為半環狀角或葉狀尖角。 2. 瓶狀角可見於西周中期之前，春秋時期則僅見半環狀角。
身	1. 身軀有雲雷紋、鱗紋、棱脊留白裝飾，以雲雷紋與鱗紋裝飾者為多，棱脊留白者偶見。 2. 各式時代分界不明顯。
足	1. 足部以一足為多，並以爪形較拳狀為多；二足者僅見一例。 2. 各式時代分界不明顯。

第六節　小　結

　　由前述各節的分析中，可發現前顧型爬行龍紋與下視型爬行龍紋之間身軀彎折的方式雖同，皆有直線（並多為卷尾，整體平直者少）、波曲的形態；但各型之下分式的特徵則前顧型爬行龍紋背部無裝飾，以身軀紋飾與爪形做分式，下視型爬行龍紋則以背部裝飾形態分式，次依身軀紋飾等其他特徵做分組，顯現兩類龍紋之間特色的差異。以下先略述各式之特色。

一、前直型

1. 前直 I 式：龍首朝前，方形目，尖角，雙唇外卷，身軀無紋飾，呈輪廓狀，腹下有二足，尾上卷，僅見於殷墟中期。

2. 前直 II 式：龍首朝前，以方形目為多，臣字形目與圓形目偶見，皆尖角，雙唇上卷，身軀直線沿棱脊留白裝飾，腹下多有二足，尾上卷，

見於殷墟早期至西周早期。

3. 前直 III 式：龍首朝前，身軀皆以雲雷紋裝飾，腹下皆有二足，依照龍紋唇部及尾部特色分成四組。

（1）III A：雙唇上卷，尾部平直末端略微下垂，以方形目、尖角爲主，圓形目與瓶狀角偶見，全見於殷墟中期。

（2）III B：雙唇外卷，尾部平直末端略微下垂，以方形目、尖角爲主，臣字形目與半環狀角偶見，見於殷墟晚期至西周早期。

（3）III C：雙唇上卷，尾上卷，以圓形目、方形目爲主，臣字形目偶見，全爲尖角，見於殷墟時期至西周早期，以殷墟中期最爲多見。

（4）III D：雙唇外卷，尾上卷，見於殷墟早期至殷墟晚期。

4. 前直 IV 式：龍紋呈由上俯瞰的片狀形式，尾部平直，身軀有雲雷紋裝飾，以圓形目爲多，臣字形目偶見，角型不一，尖角、半環狀角皆有，左右各有一足，足多爲拳狀，全見於殷墟中期。

以上前直型龍紋之共同特徵爲：龍首張口朝前，尾多上卷；以方形目略多，臣字形目最少；唇部則多雙唇上卷，其餘做雙唇外卷狀；角型以尖角數量最多；腹下則多有二足，並以彎勾線條表示。上述特徵中，以目型最具時代判別的作用，其中臣字形目僅見於殷墟時期，方形目與圓形目則可見於殷墟中期至西周早期。

二、前曲型

1. 前曲 I 式：龍首朝前，以方形目爲多，圓形目次之，少數爲臣字形目，多雙唇外卷，皆爲尖角，身軀多沿棱脊留白裝飾，少數以粗黑實線表示，臀部下方多有一足，以彎勾線條表示，尾上卷。爲前曲型龍紋中應用最廣泛者，見於殷墟早期至西周中期，以殷墟晚期最爲多見。

2. 前曲 II 式：龍首朝前，圓形目，雙唇外卷，半環狀角，龍角佔身軀比例大且身軀粗肥，以菱格紋或雲雷紋裝飾，腹下有一足或無足，以彎勾線條做足，尾上卷，僅見於殷墟中期。

3. 前曲 III 式：皆龍首朝前，身飾鱗紋，足部描繪較詳細，依地紋分爲兩組。

（1）III A：僅見方形目與臣字形目，兩者數量相當，皆雙唇上卷，尖角，腹下有二足，足做簡易的爪狀，尾上翹，無地紋，見於殷墟中期至

西周早期，以殷墟中期數量較多。

(2) III B：以圓形目爲多，方形目與臣字形目偶見，多雙唇外卷，尖角，腹下多有二足，足有利爪，尾上卷，有地紋，見於商代至西周早期，以殷墟中期至西周早期數量較多。

4. 前曲 IV 式：龍首朝前，臣字形目，多雙唇外卷，瓶狀角或尖角，身軀紋飾或地紋細膩，無足，尾上卷，見於殷墟中期至西周早期。

以上前曲型龍紋之共同特徵爲：龍首張口向前，尾部皆往上，未見平直或下垂者；目型與前直型龍紋相同，亦以方形目數量最多，圓形目次之，臣字形目最少；唇部則以雙唇外卷最多；角型亦以尖角爲多，其他角型則僅零星數例；腹下則多爲一足，足亦主要以彎勾線條表示。但上述紋飾特徵中，時代的分野不明顯，皆可見於商至西周中期。

三、下直型

1. 下直 I 式：龍首朝下，雙唇外卷，身軀多飾雲雷紋，背部有一短翼，尾多平直末端上翹，目型與角型則不固定，有圓形目、方形目、臣字形目與半環狀角、T 形角、葉狀尖角等，僅見於殷墟時期。

2. 下直 II 式：龍首朝下，背部有長翼，尾上卷，依身軀紋飾分做兩組。

(1) II A：圓形目或臣字形目，雙唇上卷，半環狀角或 T 形角，額前有鬣或長鼻裝飾，身軀以粗黑實線或棱脊留白裝飾，並具兩歧的視覺特色，足以彎勾或拳狀表示，見於西周早期至西周中期。

(2) II B：圓形目或臣字形目，多上唇上卷，下唇呈倒 T，半環狀角或 T 形角，額前有鬣或長鼻裝飾，身軀粗肥以雲雷紋裝飾，爪做翎羽狀，見於西周時期。

3. 下直 III 式：龍首朝下，背部有短羽組成的列旗，尾上卷，依身軀紋飾分做兩組。

(1) III A：圓形目或方形目，雙唇上卷，半環狀角，額前皆有長鼻狀裝飾，身軀以棱脊留白裝飾，有兩歧的視覺錯覺，腹部下多有多處彎勾線條，似其足部與腹鰭，見於殷墟晚期至西周中期。

(2) III B：以臣字形目爲多，多上唇上卷，下唇呈倒 T，以 T 形角爲多，身軀有雲雷紋裝飾，足有爪狀，額前有鬣裝飾，紋飾整體線條感濃厚，見於殷墟晚期至西周中期。

下直 II 式與下直 III 式間 A、B 組特徵多相似，兩式間組與組的關聯性強，同式之間的 A、B 兩組關聯性反而較弱。下直型龍紋之共同特徵爲：龍首張口向下，尾多上卷，僅少數爲平直且末端略微上翹，未見下垂者，與前直型龍紋不同；目型以臣字形目最多，方形目反而最少，與前述前直型龍紋特徵相反；唇部則增見下唇爲倒 T 形一類，並最爲多見，雙唇上卷者次之，雙唇外卷者數量最少；角型則以 T 形角最多；腹下多一足，然多爲爪形，非彎勾線條，亦增見多足者一類，數量僅次於腹下一足者；背部以列旗裝飾者最多。上述特徵中，以目型、唇型、角型、足部之特徵略具時代判別，臣字形目皆可見於殷墟中期至西周中期，但以西周時期數量多於殷墟時期，圓形目則以殷墟晚期較爲常見，方形目以西周早期數量較多；上唇上卷且下唇倒 T 形以西周時期最爲常見，殷墟時期僅見兩例，雙唇上卷者則以殷墟晚期較爲常見；角型方面，T 形角可見於殷墟中期至西周中期，然各時代可見數量相當，反而是半環狀角於殷墟晚期最常運用；一足者以西周時期數量較多，多足者以殷墟晚期數量較多。

四、下折型

1. 下折 I 式：龍首朝下，背部無裝飾，身軀飾有雲雷紋，尾上卷，依角型可分爲兩組。
   (1) I A：多臣字形目，嘴部多成鬚狀，爲此組紋飾特有之特色，具與身軀等大的角，以曲折角爲主，身軀彎折以雲雷紋裝飾，無足，見於殷墟早期至西周早期，以殷墟中期最爲多見。
   (2) I B：方形目，雙唇上卷，多半環狀角，腹下有一拳狀足，見於殷墟中期至西周早期，以殷墟晚期最爲多見。

2. 下折 II 式：龍首朝下，背部多有二短翼，尾上卷，依身軀紋飾可分兩組。
   (1) II A：方形目爲主，雙唇上卷，半環狀角，身軀無紋飾，以粗黑線表示，腹下皆有一足，爲拳狀或爪狀，見於殷墟中期至西周早期。
   (2) II B：臣字形目爲主，少數爲方形目，雙唇外卷與雙唇上卷各佔一半，多半環狀角，身軀飾雲雷紋，腹下多有一足，爲拳狀或爪狀，見於商至西周早期。

3. 下折 III 式：龍首朝下，背部有長翼，身軀飾雲雷紋，皆無足，尾上卷，依旁有無圓渦紋可分兩組。

(1) ⅢA：旁無圓渦紋，臣字形目，雙唇上卷與瓶狀角者略多，少數爲雙唇外卷與 T 形角，僅見於殷墟中期。

(2) ⅢB：旁有圓渦紋，多臣字形目，皆上唇上卷，下唇呈倒 T，多葉狀尖角，見於殷墟時期至西周早期。

4. 下折 Ⅳ 式：龍首朝下，背部有鰭，與列旗形態略有差異，較似魚之背鰭，尾上卷，無足。目型多元，有圓形目、方形目、臣字形目等，三者數量差異不多，雙唇外卷或上唇上卷，下唇倒 T，皆瓶狀角，身軀粗肥以雲雷紋裝飾，見於殷墟時期至西周早期。

下折型龍紋之共同特徵爲：龍首張口向下，尾部皆上卷；目型以臣字形目與方形目最多，圓形目僅偶見，與前述各型龍紋狀況皆不同；唇部以雙唇上卷者最多，上唇上卷且下唇倒 T 形者次之，雙唇外卷者數量依然最少，下折型龍紋較上述各型龍紋增加口部如鬚一類，數量介於上唇上卷且下唇倒 T 形與雙唇外卷兩者之間；角型以半環狀角數量最多，葉狀尖角次之，其他角型偶見；腹下以無足者最多，部分龍紋腹下有一足，其足尖有拳狀、爪狀之不同，未見有二足者；背部以長翼裝飾者最多。上述紋飾特徵中，其時代差異如下：臣字形目多見於殷墟中期，方形目多見於殷墟晚期；雙唇上卷者多見於殷墟晚期，口部如鬚者則以殷墟中期較爲常見，其餘形式時代差異不明顯；角型則以半環狀角多見於殷墟晚期，其他角型時代差異亦不明顯；足部略有無足至有足過渡的傾向，殷墟早期全爲無足，殷墟中期仍以無足者爲多，殷墟晚期則以一足並做拳狀者最多，西周早期則僅見無足與一足並做拳狀者，未見足尖爲爪形者。

五、下曲型

1. 下曲 Ⅰ 式：龍首朝下，圓形目或方形目，極少數爲臣字形目，皆雙唇外卷，多爲半環狀角，亦見葉狀尖角，身軀多有紋飾，或爲菱格紋、雲雷紋、鱗紋等，腹下有一足，足做拳狀或爪形，尾上卷，見於殷墟中期至春秋晚期。

2. 下曲 Ⅱ 式：龍首朝下，角型皆爲瓶狀角，尾上卷，又依身軀紋飾分做兩組。

(1) ⅡA：皆臣字形目，多雙唇外卷，少數雙唇上卷，身軀以雲雷紋簡單妝點或沿棱脊留白，腹下有一足，足爲拳狀或爪形，見於殷墟晚

期至西周中期。

(2) II B：圓形目或臣字形目，亦見少數方形目，多雙唇外卷，身軀皆
飾鱗紋，腹下多爲一足，足爲拳狀或爪狀，但多與地紋相似而不明
顯，見於殷墟中期至西周早期。

以上下曲型龍紋之共同特徵爲：龍首張口向下，尾部皆上卷；目型以臣
字形目最多，方形目與圓形目偶見；唇部以雙唇外卷多於雙唇上卷；角型以
瓶狀角爲主；腹下多有一足，並以足尖爪形多於足尖拳狀者；背部或無裝飾，
或以長翼、背鰭等形式裝飾，並以背鰭較爲常見。上述紋飾特徵中，時代差
異不明顯，紋飾差異與時代間未見絕對的關聯。

若將前顧型爬行龍紋與下視型爬行龍紋統而觀之，共計出現 215 次，其中
出現於商代有 2 次，出現於殷墟時期的有 140 次，出現於西周時期有 71 次，
出現於春秋時期有 2 次。由殷墟時期數量約爲西周時期的兩倍，可知前顧型
爬行龍紋與下視型爬行龍紋以殷墟時期運用最爲活躍，西周時期延續殷墟時
期，仍有相當的表現，春秋時期數量極少，僅爲偶見而已，而殷墟時期如此豐
富的運用，非一蹴可及，於殷墟之前即透露端倪，商代已有少數的發現。

若將龍紋各部件一一分析，可發現此二龍紋之角型十分多元，以尖角與
半環狀角數量最多，時代上於商周皆可見，時代分野並不明顯，尤其是半環
狀角於東周時期仍有所運用；外卷彎角僅見於殷墟時期，可能於殷墟時期獸
面紋的興盛與影響有關，多齒角僅見於西周時期，則與西周時鳥紋的大量運
用有關；其他 T 形角、曲折角、瓶狀角、葉狀尖角則亦通見於商周兩代間，T
形角可見於殷墟中期至西周中期，曲折角見於殷墟中期至西周早期，瓶狀角
見於殷墟早期至西周中期，葉狀尖角見於商代至西周早期。整體而言，殷墟
中期至西周早期各角型數量最豐。二龍紋之目型皆有方形目、圓形目、臣字
形目三種，皆可見於商周兩代，以殷墟中期至西周早期數量最多，其中圓形
目於東周時仍有所運用。下視型爬行龍紋唇型增加口部如鬚與上唇上卷且下
唇倒 T 形兩類，加以原有的雙唇上卷與雙唇外卷兩類，共計四類，各式唇型
皆可見於商周兩代。身軀裝飾以雲雷紋裝飾者數量最多，身軀以粗黑線表示、
以菱格紋或鱗紋裝飾等皆可見於前顧型與下視型爬行龍紋上，其中以菱格紋
裝飾僅見於殷代，具有時代的特性，其餘特色則通見於商周兩代。尾部整體
而言以上卷者最多，不論前顧型或下視型爬行龍紋，唯直身者尾部才有平直
或下垂的變化，除上卷者通見於商至春秋時期，下垂與上翹者皆主要見於殷

墟中期至西周早期，尾部分歧者僅見西周早期一例。足部整體而言以一足者多於二足，數量約其兩倍，無足者略少於二足者；下視型爬行龍紋增見多足與翎羽狀爪，其中翎羽狀爪僅見於周代，於西周時期始見，至春秋時期亦可見其運用，但各式足型於時代中多無明顯分界，通見於商周兩代。背部裝飾乃下視型爬行龍紋的一大特色，但並非所有下視型爬行龍紋皆有背部裝飾，整體而言，背部無裝飾的龍紋仍佔前顧型與下視型爬行龍紋整體數量的一半，以短翼裝飾者多見於殷墟時期，以長翼、列旗或背鰭裝飾者則通見於商周間。龍首上額外的裝飾，前顧型爬行龍紋僅見額前或上唇有蠶裝飾，下視型爬行龍紋則增見以長鼻裝飾者，時代亦通見於商周兩代。上述分析以表 2-16 簡述如下：

表 2-16：前顧型爬行龍紋與下視型爬型龍紋各部件特徵與時代關係表

	紋　飾　的　時　代　特　色
目	1. 二龍紋皆有方形目、圓形目、臣字形目三種。 2. 三種目型皆可見於商周兩代，以殷墟中期至西周早期數量最多，其中圓形目於東周時仍有所運用。
唇	1. 前顧型爬行龍紋僅見雙唇上卷與雙唇外卷兩類，下視型爬行龍紋唇型多出口部如鬚與上唇上卷且下唇倒 T 形兩類。 2. 各式唇型皆可見於商周兩代。
龍首裝飾	1. 角型多元，多於商周皆可見，並以殷墟中期至西周早期各角型數量最豐。整體而言，時代分野並不明顯。 2. 半環狀角由商周至東周時期皆有所運用，外卷彎角僅見於殷墟時期，多齒角僅見於西周時期，T 形角可見於殷墟中期至西周中期，曲折角見於殷墟中期至西周早期，瓶狀角見於殷墟早期至西周中期，葉狀尖角見於商代至西周早期。
身	1. 整體以雲雷紋裝飾者數量最多，其他尚有以粗黑線表示、以菱格紋或鱗紋裝飾等形式，亦皆可見於前顧型與下視型爬行龍紋上。 2. 菱格紋裝飾僅見於殷代，具有時代的特性，其餘特色則通見於商周兩代。 3. 尾部整體以上卷者最多，不論前顧型或下視型爬行龍紋，唯直身者尾部才有平直或下垂的變化。 4. 尾部上卷者通見於商至春秋時期，尾部下垂與上翹者皆主要見於殷墟中期至西周早期。 5. 背部裝飾為下視型爬行龍紋的一大特色，但整體仍以背部無裝飾者居多。 6. 背部有裝飾者，以短翼裝飾者多見於殷墟時期，以長翼、列旗或背鰭裝飾者則通見於商周間。
足	1. 整體以一足者多於二足，數量約其兩倍，無足者略少於二足者。 2. 下視型爬行龍紋增見多足與翎羽狀爪兩種足型。 3. 翎羽狀爪僅見於周代，於西周時期始見，至春秋時期亦可見其運用；但其他足型於時代中多無明顯分界，通見於商周兩代。

綜合以上資料，可知下視型爬行龍紋較前顧型爬行龍紋主要增加了背部與額前的長鼻裝飾，前顧型爬行龍紋背部皆無裝飾，額前雖可見裝飾，但僅見以鬣裝飾者，卻未見以長鼻裝飾者；唇型則增見口部如鬚與上唇上卷且下唇倒 T 形兩類，前顧型爬行龍紋主要為雙唇上卷與雙唇外卷；足部上則增見多足者，並出現翎羽狀的爪，前顧型爬行龍紋主要為腹下一足或二足，足尖若為爪形，亦未做翎羽狀者；其餘在目型、角型、身軀、尾部的形式上則多有所共通，如不論前顧型或下視型爬行龍紋，唯直身者尾部才有平直或下垂的變化，否則皆為尾部上卷的形態，顯見紋飾的共同性。

整體而言，上述紋飾間的特徵差異未必皆與時代有明顯的對應關係，多數紋飾於商周的各階段皆有其運用，絕少僅見於某一階段者，紋飾各部件特徵多具有時代的延續性。如臣字形目於前顧型爬行龍紋中僅見少數，但於下視型爬行龍紋中數量多居首位，於兩者的運用上差異頗大；但若將前顧型爬行龍紋與下視型爬行龍紋整體觀之，則臣字形目皆可見於殷墟時期至西周時期，殷墟早期三例，殷墟中期二十三例，殷墟晚期二十一例，西周早期十九例，西周中期七例，由上述數據中，殷墟中期、晚期與西周早期的數量差距並不大，僅可說臣字形目主要見於殷墟中期至西周早期，但無法說明臣字形目僅見於某一時期。其餘角型、唇型、身軀、足、尾等特徵亦多有時代延續的特點。整體觀之，可發現前顧型爬行龍紋與下視型爬行龍紋皆具有直身、折身、曲身等形式，或許是受到身軀的影響，兩龍紋間紋飾亦有許多共通的特色，各型式間的對應於上述各式分析中已有所提及，此不贅述；而各細部特徵多通見於殷墟中期至西周早期，並數量最豐。一方面顯示殷墟中期至西周早期青銅藝術的蓬勃發展，另一方面更是突顯該時期紋飾運用的相似性，顯示西周早期青銅藝術的發展，仍接承殷墟時期的影響，並加以延續、運用，而殷墟時期的特色，於殷墟中期時開始發展出不同於殷墟早期或更早時期的風格特色，由於其藝術表現的成熟發展，故受到當時的喜愛並得以廣泛的運用，表現於紋飾分析中，殷墟中期至西周早期往往呈現出相似的特色。

第三章　顧首型爬行龍紋研究

　　本章主要討論顧首型爬行龍紋，此紋飾的共同特徵爲龍首呈回顧狀，以前卷或後卷的方式使龍首朝向尾部，故命名爲「顧首型爬行龍紋」。以下依其身軀曲折方式及形態特徵不同而加以區分亞型，分別爲：一、顧首直線型爬行龍紋；二、顧首 L 型爬行龍紋；三、顧首 S 型爬行龍紋；四、顧首 W 型爬行龍紋；五、顧首己型爬行龍紋；六、顧首水草型爬行龍紋等六亞型，於以下各節中分別論述。

第一節　顧首直線型爬行龍紋

　　顧首直線型爬行龍紋包含直立、倒置等狀態，本文以龍紋身軀本身的形態著眼，凡龍首面向尾部，且尾部平直未做大幅度卷起、翹起等現象均列入此類龍紋的討論範圍，由於所蒐羅的資料有限，其中又未見明顯差異，故不再分式；並在於後的分析中，以「顧直型」簡稱本型龍紋。本型紋飾的另一特徵爲整體構圖形成三角形或盾形，過去有部分學者將其稱爲三角夔紋、仰葉夔紋〔註1〕、三角紋〔註2〕、垂葉紋〔註3〕者。所謂仰葉、三角、垂葉皆就紋飾整體輪廓著眼，若單就龍紋身軀本身形態著眼，仍以顧首直線型龍紋的命名較爲恰當。且以紋飾整體外觀分類，則忽略其中龍紋的個別差異；若將

〔註1〕　如容庚：《通考》，圖一○二（頁111）稱三角夔紋、圖一七○（頁128～129）稱仰葉夔紋。

〔註2〕　如朱鳳瀚：《古代中國青銅器》，頁447。

〔註3〕　如陳佩芬、馬承源即將此種整體外觀呈三角形之紋飾稱作垂葉紋。如陳佩芬：《夏商周》（夏商下）一書，頁346、馬承源：《精華》，圖486（頁141）之分析。

其歸之一類，則與下節分析中之顧ⅠA型相混。然於分析之時，三角紋等運用的年代與範圍，仍多有參考價值，值得注意。

在部分整體構圖成三角形之紋飾中，其主體紋飾嘴部成勾喙狀，學者對此類紋飾的分類有將其歸入鳳鳥紋，亦有將其歸入龍紋者〔註4〕。在筆者蒐集各形態的龍紋中，其嘴部多具有雙唇，若僅爲單唇者，亦未有勾喙形態者；又勾喙乃鳥類的一大特徵，實不應將其歸入龍紋，故若呈現勾喙形態之三角形或盾形紋飾，則不在此類紋飾分析討論範圍中，但仍可做爲參考的旁證。於下圖版爲了閱讀分析上的便利，一律龍首朝上，然圖版於器物上之原始狀態，將於紋飾說明中加以注解。

圖版31-1：

器名：戈罍。部位：腹部。時代：殷墟早期。

紋飾說明：倒置、兩龍紋相對，整體構成三角形。方形目，張口，雙唇上卷，尖角。龍首朝向尾部，尾部平直，腹前有一彎勾狀線條，爲其足部。身軀無花紋裝飾，以粗黑線表示。足與尾間有一三角形裝飾，以雲雷紋補地。此紋飾尖角頗粗，尤其是其根部，略有瓶狀角的特徵。

31-1

圖版31-2：

器名：司𡇛母大圓罍。部位：足部。時代：殷墟中期。出土地：河南安陽殷墟五號墓。中國社會科學院考古研究所藏。

紋飾說明：兩龍紋相對，整體構成狹長的盾形。紋飾特徵大體上與圖版31-1相似，但爲配合整體外觀，龍紋更加拉長。方形目，張口，雙唇上卷，尖角，身軀以粗黑線表示，腹前有一彎勾狀足，尾部平直，兩龍尾部間無夾雜其他紋飾，有雲雷紋補地。尖角角根亦頗粗，略有瓶狀角特徵。

32-2

〔註4〕

如上圖爲河南安陽殷墟五號墓出土之方彝腹部紋飾，其嘴部明顯可見爲勾喙之形態。此圖版在河南省文物考古研究所：《河南商周青銅器紋飾與藝術》（鄭州：河南美術出版社，1995年）一書中列爲夔紋一類（圖112，頁54）；在《幻想》一書中則將其列爲神鳥紋一類（圖三十三：1，頁140），足見學者們對此類紋飾分歧的看法。夔紋乃就其形體一足所言，仍屬龍紋的範疇。《河南商周青銅器紋飾與藝術》於後以《河南》簡稱。

31-3

圖版 31-3：

器名：或觚。部位：頸部。時代：殷墟中期。

紋飾說明：倒置、兩龍紋相對，整體構成狹長的盾形，紋飾整體外觀與圖版 31-2 近似，但其角型、目型、唇型、足部等略異，身軀為圓形目，下唇呈倒 T 形，瓶狀角，腹部有一 T 形的足，背部中段有一豎起的短翼，有雲雷紋補地。由拓本看來，兩龍中有棱脊間隔，足與尾間則飾以蟬紋，但為棱脊分成左右半邊。

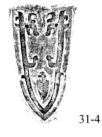

31-4

圖版 31-4：

器名：尊。部位：頸部。時代：殷墟晚期。〔註 5〕

紋飾說明：倒置、兩龍相對，整體構成盾形。圓形目，然右側龍紋目型又略有臣字形目的痕跡，雙唇上卷，尖角。身軀以細密的雲雷紋構成，腹前有一足，足尖做拳狀上有一彎勾的爪，尾部平直，背部有多處短翼裝飾。足與尾間飾以蟬紋，以雲雷紋補地。參酌其他尊器之全器照片〔註 6〕，加以比對拓本形狀，推測紋飾位於頸部。

　　圖版 31-1、31-2 皆出現於觶上，然由於出現部位不同，紋飾整體外觀也不同。圖版 31-1 出現於觶之腹部，又三角狀紋飾往往出現於紋飾群組的上下緣，若為上緣則為三角形，下緣則為倒三角形，故可知圖版 31-1 乃出現於觶之腹部接近口沿之處。圖版 31-2 出現於觶之足部，足部空間呈狹長狀，故因此影響到紋飾整體外觀，可明顯看出較圖版 31-1 瘦長許多。因觶器身高度有限，紋飾所能發展的空間亦受到限制，由圖例中可看出圖版 31-1 較圖版 31-2、31-3 長寬比略小〔註 7〕。圖版 31-3 出現於觚的頸部，商代晚期流行瘦高的細頸觚，頸部佔整器約一半的比例，由圖版 31-3 即可明顯見到此特徵。圖版 31-4 較為特殊之處在於身軀為一個個雲雷紋所組成，與圖版 31-1 至 31-3 身軀為線條不同。筆者以為此應是器物整體紋飾協調的因素所致，且尊器紋飾可發展的空間略大於觚、觶等器，故紋飾可做更加細緻的描繪。綜看其他三角狀紋飾（包含以鳳鳥紋、獸面紋等組成之三角狀紋飾），身軀以簡單的線條表示，或以雲雷紋點綴者為多；滿身以雲雷紋組成、裝飾者少，故可知圖

────────────────

〔註 5〕　此器見於林巳奈夫：《紋樣》，圖 5-175，依據林巳奈夫之研究成果，定作殷墟晚期。然此器亦見於《圖典》，頁 220，其年代作西周。根據筆者翻閱《圖典》之心得，其中多有錯誤，如同一拓本分見於不同器類；且《圖典》書中各圖版資料來源不詳，嚴謹度較低。故此處採林巳奈夫之說。

〔註 6〕　如佳父癸尊（馬承源：《精華》，圖 88（頁 25））；𡄈尊（中國青銅器全集編輯委員會：《全集 3》，圖 107（頁 108））頸部即飾以倒置的三角紋。

〔註 7〕　根據筆者的測量圖版 31-1 長寬比約 1.5：1，圖版 31-2 約 4：1，圖版 31-3 約 2：1。

版 31-4 屬本型龍紋少數的代表圖版。

由所列圖版中可看出，顧直型龍紋顯然是為了適應整體紋飾的三角狀框架所構圖，兩龍相對，頭部回顧的空間恰好落在三角形（或盾形）較寬的一端，尾部相交成為三角形（或盾形）的尖端，由上列圖版出現器類皆不相同，顯現本型紋飾應用的廣泛；而本型紋飾應用的空間與範圍，亦可與其他三角狀紋飾一併探討。其共同特徵除三角狀構圖外，足與尾間亦有三角狀或蟬紋裝飾，兩者的輪廓皆符合整體三角構圖的前提。龍首上之裝飾亦為了符合整體構圖的協調，皆為角形，而非冠狀，與多數顧首型爬行龍紋不同。〔註8〕

段勇將本型龍紋列為雙首形態之龍紋，以為兩龍紋尾部相連乃一個身軀，並以圖版 31-2 為例，得出此類紋飾可見於殷墟早期與中期，多飾於器足〔註9〕。但筆者以為此龍紋僅尾部相連，兩龍紋間各部件完整，並無共用的情況，與其他雙首龍紋的表現形式不同〔註10〕，故不應以雙首形態視之；又由上列資料中可知，本型紋飾於殷墟晚期亦可見其蹤跡，出現部位亦不以器足為多，於器物上各個位置皆有所見。故筆者懷疑段勇取材可能僅以斝、爵一類的器足為限，並未涵蓋其他器類。因此筆者此處所見與段勇不同，以為本型龍紋見於殷墟早期至殷墟晚期，可見器類則有斝、觚、尊等器，出現部位則視器類不同而出現於腹部、頸部、足部等處。

本型龍紋所知資料有限，圖版雖不甚豐富，但仍可就已知材料中進行分析。以下為顧直型龍紋器類與年代統計概況。

表 3-1：顧直型爬行龍紋器類暨年代一覽表

	觚	尊	斝	合計	時　　代
顧直型	1	2	1	4	殷墟早期－殷墟晚期

由上列資料可知顧直型爬行龍紋器類見於斝、觚、尊三者，年代則見於殷墟早期至殷墟晚期，侷限於殷墟時期，進入西周後未見。目型有方形目與圓形目兩種，數量相當；唇部皆雙唇上卷；角型以尖角居多，亦有做瓶狀角

〔註8〕　本文中顧首型爬行龍紋共計出現 193 次，扣除龍首裝飾不明者 8 次，無龍首裝飾者 8 次，顧首型爬行龍紋尚出現 177 次；其中各類角型合計出現 44 次，冠型合計出現 133 次。由此可知冠型佔顧首型爬行龍紋的比例高達 75%，為顧首型爬行龍紋主要之龍首裝飾形式。

〔註9〕　見段勇有關 Y b I 式分析資料，段勇：《幻想》，頁 82。

〔註10〕　本文中關於雙首型龍紋的形式分析，詳參顧 S 型 V 式、顧水草型 IV 式之研究。

者，本型龍紋之尖角角根頗粗，略具瓶狀角的特徵，與其他龍紋有所區別；身軀多以粗黑線表示，腹前多一足，部分龍紋背部有背翼裝飾，皆有地紋。由於本型龍紋流行的時間不長，僅見於殷墟時期，紋飾間的差異特徵並不明顯，造成差異的原因多與出現器物的器型、位置有關，與時代的關聯性小。

顧直型龍紋與下節中顧 LIA 龍紋有些相似，兩者皆呈三角形的外觀，待顧 LIA 龍紋分析後，再將兩者異同於下段分析中一併討論。

第二節　顧首 L 型爬行龍紋

本型紋飾龍首向尾部回顧，身軀前段豎起，後段平直未做曲折，身軀整體呈現英文字母「L」的形態，故以「顧首 L 型龍紋」命名，於後以「顧 L 型」簡稱之。又可依額前裝飾的差異分為兩式：（一）額前無裝飾或有短小裝飾；（二）額前有長鼻狀裝飾。其中第二式額前有長鼻狀裝飾者，皆無地紋，僅見於鐘之鼓部。

一、顧 LI 式：額前無裝飾或有短小裝飾

本式龍紋身軀呈 L 形外觀，額前無裝飾或有鬣、倒勾等短小裝飾，又可依足部的有無分做兩組，A 組紋飾有足，B 組紋飾無足。

（一）顧 LIA：有足

32-1

圖版 32-1：

器名：火龍紋罍。部位：腹部。時代：西周早期。出土地：湖北江陵萬城。湖北省博物館藏。

紋飾說明：兩龍紋相對，整體構成三角形。圓形目，張口，雙唇外卷，T 形角。龍首朝向尾部，尾部平直，身軀沿棱脊留白裝飾，腹前有一翎羽狀足，形成一三角形紋飾，無地紋。

32-2

圖版 32-2：

器名：罍〔註11〕。部位：腹部。時代：西周時期。

紋飾說明：紋飾整體特徵與圖版 32-1 近似，但以長冠做龍首裝飾，身軀為具有陰線滾邊的粗黑線條，非棱脊留白。圓形目，張口，雙唇外卷，長冠，額頂有一短鬣，龍首朝向尾部，尾部平直，腹前有一翎羽狀足，形成一三角形紋飾，無地紋。以罍之器型外觀，兼及拓本形狀推測，紋飾可能位於腹部。

〔註11〕此器拓本見於林巳奈夫：《紋樣》，圖 5-202（頁 192），其資料僅說明為罍器、地方型；亦見於顧望等：《圖典》，頁 209，僅說明罍、西周，兩書關於器名、詳細時代等皆從缺，此處綜合二者資料，僅知紋飾出現於西周時期的罍器。

　　與本組相似的圖版，尚可見於夔紋罍〔註12〕、對罍〔註13〕、淊御史罍〔註14〕腹部之紋飾，三器紋飾相近，其紋飾特徵爲方形目，雙唇上卷，半環狀角，身軀沿棱脊留白，尾部平直，腹下有四處彎勾線條，爲其足部，兩龍間另有如圖版 32-2 足部所構成的圖案，與一實心的三角形裝飾，有雲雷紋補地，淊御史罍由於照片角度與銅鏽的因素，足部與地紋的裝飾較爲模糊，足部形式應與其他兩器相同，但似無地紋；其中對罍額前有 L 形倒勾裝飾，夔紋罍、淊御史罍則無。時代上，夔紋罍屬西周早期至中期時器，其年代略有爭議；對罍與淊御史罍爲西周中期器。上列圖版資料，可確知時代者分屬西周早期至西周中期，因此夔紋罍年代的爭議，反爲此組紋飾斷代上的劃出明確的範圍；圖版 32-2 之罍器，其形式與夔龍紋罍、對罍極爲近似，又同出土於陝西一帶，皆屬周原的範圍〔註15〕，故器物年代應頗爲相近，以出現於西周早期至中期的可能性較大，其下限不出於西周晚期。綜合上述分析，可知本組紋飾以圓形目或方形目爲飾，雙唇外卷或雙唇上卷，龍首有半環狀角、尖角、長冠等形式，但皆適合於紋飾整體外觀爲三角形的前提，腹下皆有足，背部皆無裝飾，或有地紋，亦有無地紋者。可見於西周時期，集中於西周早期至西周中期，且僅見於罍之腹部。

　　比對本式其他圖版，唯圖版 32-1、32-2 腹前有足，其整體形態與前述直顧型龍紋較爲相似，外觀皆爲三角狀，兩龍尾部間亦有三角形紋飾，兩者特徵頗爲相像，乍看之下容易混淆。然兩者形態間仍存有絕對的差異，主要的分別在於身軀形態、額前裝飾、器類、可見年代上。身軀形態上，顧直

〔註12〕此器見於馬承源：《精華》，圖 477（頁 138），爲西周早期器。亦見於中國青銅器全集委員會：《全集 5》，圖 179（頁 171）稱火龍紋罍，定爲西周中期。出土於陝西扶風齊家村西周窖藏，現藏陝西省博物館。《全集》較《精華》後出，其資料的可信度略高：在無第三筆資料得以比對分析時，此處暫以西周早期至西周中期器處理。筆者以爲不論此器爲西周早期或西周中期，皆不出其他相似圖版年代範圍，仍可做爲此組紋飾斷代上的另一證據。

〔註13〕此器見於馬承源：《精華》一書，圖 486（頁 141）；中國青銅器全集編輯委員會：《全集 5》，圖 182（頁 174）。爲西周中期器，出土於陝西鳳翔勸讀村，現藏鳳翔縣博物館。

〔註14〕丁孟：《200》，圖 88（頁 133）。西周中期器，出土資料不詳，現藏北京故宮博物館。

〔註15〕據史念海先生考證，廣義的周原包括鳳翔、歧山、扶風、武功四縣的大部分，兼有寶雞、眉縣、乾縣、永壽四縣的小部分，東南延褢七十餘公里，順著渭河成爲西北東南走向。此處轉錄自曹瑋：《周原遺址與西周銅器研究》（北京：科學出版社，2004 年），頁 55。

型龍紋頸部無彎曲，龍首與身軀在同一線條上，並且身軀在龍首處略爲延伸，與龍角平行，如圖版31-3、31-4即明顯可見龍首處的延伸線條。顧ＬＩＡ龍紋則於頸部做彎曲狀，身軀於龍首處未做延伸。額前裝飾上，顧直型龍紋未見額前有裝飾者；顧ＬＩＡ龍紋除額前無裝飾者，亦可見額前有龘或Ｌ形倒勾裝飾。出現器類上，顧直型龍紋器類不一，有斝、觚、爵等，並視器型出現的部位亦不盡相同；顧ＬＩＡ則全出現於罍之腹部。年代上，顧ＬＩＡ紋飾可見時間爲西周時期，與前述顧直型龍紋可見殷墟時期，於時間上有所區別。筆者以爲兩者構圖上的近似，可能爲顧ＬＩＡ紋飾爲顧直型紋飾的變形應用，然隨著時代的差異，也造成兩者間各自具有其所屬時代不同的風格。

（二）顧ＬＩＢ：無足

32-3

圖版32-3：
器名：虎簋。部位：禁面。時代：西周晚期。
紋飾說明：兩龍相背對，圓形目旁有線條，張口，雙唇上卷，尖角，龍首朝向尾部，身軀沿棱脊留白，腹部下有一三角形裝飾，無足，無地紋。

32-4

圖版32-4：
器名：盨。部位：蓋紐。時代：西周晚期。
紋飾說明：兩龍相對，圓形目旁有線條，張口，雙唇上卷，Ｔ形角，龍首朝向尾部，身軀有雲雷紋點綴，無地紋。由拓本形狀及盨器型外觀判斷，紋飾位爲蓋鈕。

　　圖版32-3出現器類爲簋，簋的流行時間長、數量多，其器型外觀也隨時代有所改變。虎簋屬方座簋，由圖版的形狀可知紋飾出現於方座上方與簋相接的一面，馬承源稱其爲禁面。方座簋出現於西周早期，整個西周時期皆可見此器型〔註16〕。由圖版中可見紋飾裝飾簡單，身軀上無多餘的花紋裝飾，亦無舌、足、翼等其他部件，顯露出樸實單純的風格，與紋飾出現的位置關聯較大，若做爲年代先後的判斷則非絕對準則。

　　與圖版32-4相似的圖版尚見於師克盨〔註17〕、虢季盨〔註18〕與魯伯愈盨

〔註16〕王世民等：《分期》，頁72～83。
〔註17〕王世民等：《分期》，盨圖12（頁107）；丁孟：《200》，圖100（頁152）。此器年代爲西周晚期屬王前後，現藏於北京故宮博物院。

〔註 19〕之蓋鈕。師克盨為圓形目旁有線條，雙唇外卷，半環狀角，身軀有雲雷紋點綴，無足；虢季盨為圓形目旁有線條，雙唇上卷，T 形角，額前有短鬣，身軀沿棱脊留白裝飾，無足；魯伯愈盨為圓形目旁有線條，雙唇上卷，其上唇長似象鼻，翻卷至龍首頂部，有舌，T 形角，身軀沿棱脊留白，無足。此三器皆為西周晚期器，故可知如圖版 32-4 之形式的紋飾，多出現於西周晚期之盨。又盨這一器類可見於西周中晚期，出現於西周中期後段，流行於西周晚期〔註20〕，因此更增加如圖版 32-4 形式之紋飾，流行於西周晚期的說服力。由上述分析中可知，盨蓋鈕紋飾或身軀上有雲雷紋點綴裝飾，非全然的素面，或有舌、額前裝飾等其他部件之寫形，其龍紋較圖版 32-3 略為細緻，增添變化，此現象可能與蓋鈕的位置顯眼有關。

　　本組龍紋皆為圓形目，且旁有線條裝飾，若臣字形目的簡化，兼俱圓形目與臣字形目的特徵；角型有尖角與 T 形角二種；多雙唇上卷，唯師克盨做雙唇外卷；身軀有棱脊留白裝飾或以雲雷紋點綴二種；腹下皆無足、無地紋。部份龍紋額前有鬣裝飾（如虢季盨），或有舌（如魯伯愈盨），但皆為少數特例，屬本組龍紋的變形。本組龍紋以盨之蓋鈕最為多見，其紋飾特徵亦較為相仿，方座簋上之紋飾，則因紋飾所屬空間不同，其構圖、紋飾特徵亦有所差異。上述紋飾皆出現於西周晚期，顯示出上述特徵的差異與時代關聯性較小，與紋飾位置、器類等因素較有關聯。

　　由以上圖版的分析，可看出顧 LI 式龍紋形態有二：（一）顧 LIA：整體構圖呈三角狀，龍紋為方形目或圓形目，雙唇外卷或雙唇上卷，除以角裝飾龍首外，亦可見以冠裝飾者，並皆有足。除有足及三角狀構圖與顧直型龍紋相同外，在身軀形式、器類、年代上有明顯區別，其雙唇形態與龍首上之裝飾則已有細微改變，增加雙唇外卷、冠飾等不同形態。（二）顧 LIB：整體構圖多非三角狀，龍紋皆為圓形目，旁有線條裝飾，多雙唇上卷，僅見以角裝飾龍首者，未見以冠裝飾者，皆無足。其眼部兩旁具有兩條線條的特徵，似乎保有臣字形目的痕跡，雖無臣字形目的外框，但藉由線條的妝點，達到眼框的效果；然其形式畢竟與臣字形目不同，故仍暫以龍紋瞳仁的外觀稱之為

〔註18〕　王世民等：《分期》，盨圖 14（頁 108），此器年代為西周晚期偏晚，出土於河南三門峽虢國墓地 M2001 西周墓，現藏於河南省文物考古研究所。

〔註19〕　馬承源：《精華》，圖 433（頁 124），此器年代為西周晚期，出土於山東曲阜魯國故城，現藏於曲阜市文物管理委員會。

〔註20〕　參見馬承源：《中國青銅器》，頁 144～145。王世民等：《分期》，頁 102。

圓形目，但於文中特別說明其形態間的差異。由上述分析中可知顧ＬⅠＡ與顧ＬⅠＢ在目型、唇形、角型、足型等特徵上皆有明顯的區隔。而兩者於流行時間上，顧ＬⅠＡ見於整個西周時期，但以西周早期至中期爲多，與前述顧直型龍紋年較爲相近；顧ＬⅠＢ則見於西周晚期，顯示兩組龍紋不僅於型態上有明顯區隔外，在可見時間上亦無所重疊，提供斷代上良好的參考。

二、顧ＬⅡ式：額前有長鼻狀裝飾

32-5

圖版 32-5：
器名：克鐘〔註 21〕。部位：鼓部。時代：西周孝夷〔註 22〕（西周中期）。出土地：陝西扶風法門寺任村。上海博物館藏。
紋飾說明：龍首回顧至腰部，圓形目旁有線條，上唇上卷，無下唇，舌吐出下卷，額頂有長冠上卷至龍首頂部，冠中段有目狀裝飾，額前另有彎勾狀的長鬚，身軀兩歧但做並排狀，尾部下垂，腹下有二彎勾狀足，無地紋。

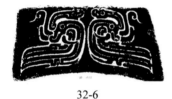

32-6

圖版 32-6：
器名：梁其鐘。部位：鼓部。時代：西周夷王（西周中期）。出土地：陝西扶風法門寺任村。上海博物館藏。
紋飾說明：龍首回顧至腰部，圓形目，上唇上卷，無下唇，舌吐出下卷，額頂有長冠上卷至龍首頂部，冠末端有目狀裝飾，額前另有彎勾狀的長鬚，身軀兩歧但做並排狀，尾部下垂，腹下有二彎勾狀足，略似刀狀，無地紋。龍紋型態與圖版 32-5 相近，但身軀較粗，且冠上的目狀裝飾較後，目型與足型略異。

32-7

圖版 32-7：
器名：刑人鐘〔註 23〕。部位：鼓部。時代：西周厲王（西周晚期）。出土地：陝西扶風齊鎮。上海博物館藏。
紋飾說明：龍紋形態與圖版 32-5 克鐘相似，目型、身軀、足部形式皆相同，但上唇更長，且冠之中段無目狀裝飾，改以兩並列的線條裝飾。

〔註21〕 在筆者翻檢資料的過程中，發現有兩器皆名爲克鐘，收錄於馬承源：《精華》，圖 575、圖 576（頁 165）。圖 575 與此拓本爲同一器；圖 576 則與中國青銅器全集編輯委員會：《全集 5》，圖 189 中彩照相同，但與此拓本不符，紐由透雕龍紋組成並有棱脊，與本器器形外觀大不相同。此處特將此現象提出，以免其他讀者閱讀他書時產生誤會。

〔註22〕 本器《商周》、《精華》二書定爲西周孝王，《斷代》一書定爲西周夷王。見上海博物館青銅器研究組：《商周》，圖 335（頁 120）；馬承源：《精華》，圖 575（頁 165）；陳夢家：《斷代》（下），頁 817～818。

〔註23〕 此器於《商周》中名爲刑人鐘，西周厲王器。於《斷代》中名爲井人鐘，爲西周夷王器。於《全集》名爲井人妄鐘，西周晚期器。經筆者比對後三者實

32-8

圖版 32-8：

器名：兮仲鐘。部位：鼓部。時代：西周晚期。

紋飾說明：此圖版龍紋型態與其他圖版差異較大。方形目旁有線條，雙唇上卷，無舌，龍首後有一上翹的裝飾，可能為其鬚，與額頂往後的長冠在同一弧線上，鬚的形態亦與其他紋飾不同，為分別向上與向下彎勾的線條，無足，無地紋。龍紋右側有一鳥紋。

32-9

圖版 32-9：

器名：龍紋鐘。部位：鼓部。時代：西周晚期。

紋飾說明：圓形目旁有線條，上唇上卷並延伸彎勾，其形狀相當於本組其他紋飾的鬚，舌吐出下卷，似有一上卷的下唇，但頗為短小而不明顯，額頂有長冠卷至龍首，長冠中段有目狀裝飾，身軀兩歧但做並排狀，身軀中段有目狀裝飾，尾部下垂並拖曳，末端分歧，腹下有二彎勾狀足，略似刀狀，無地紋。此紋飾特殊之處在於上唇、身軀、尾部的形式與其他龍紋不同，且無鬚，改由上唇取代。

32-10

圖版 32-10：

器名：南宮乎鐘。部位：鼓部。時代：西周晚期。出土地：陝西扶風豹子溝。伏風縣圖書博物館藏。

紋飾說明：龍首回顧至腰部，圓形目，雙唇上卷，無舌，花冠，額前另有彎勾狀的長鬚，身軀兩歧但做並排狀，尾部下垂並拖曳，腹下有二彎勾狀足，略似刀狀，無地紋。右側另有一顧首龍紋裝飾，其形態模糊，但整體外觀略似圖版32-11，或可參考。本龍紋形態在尾部與足的形式上與圖版32-9近似，皆尾部下垂並拖曳，末端分歧，腹下足做刀狀。但南宮乎鐘之龍首以花冠裝飾，未如其他紋飾額頂以長冠做一弧形的裝飾，且鬚與上唇中有斷開的痕跡，為較其他紋飾特殊之處。

其他如虘編鐘、逨編鐘、**妾**鐘、中義編鐘、柞編鐘、旅鐘（又稱虢叔旅鐘）等鼓部紋飾皆屬本式紋飾，除虘編鐘、逨編鐘為西周中期器外，其他皆為西周晚期器〔註24〕。至春秋早期仍偶見本式紋飾，如秦公編鐘〔註25〕鼓部紋飾，但春秋中期後鐘鼓部紋飾逐漸以蟠虺紋或其他紋飾取代，不再以本式

為同一器，特將此現象提出。年代方面，《商周》與《全集》皆為西周晚期，且較《斷代》後出，故採其說；而器名則參酌銅器上之銘文，當以《商周》一書為佳。見上海博物館青銅器研究組：《商周》，圖337（頁121）；陳夢家：《斷代》（下），圖203（頁845）；中國青銅器全集編輯委員會：《全集5》，圖186（頁178）。

〔註24〕關於以上諸器詳細資料請參馬承源：《精華》，圖578、580、581、583、584、585（頁166～167）。

〔註25〕見馬承源：《精華》，圖762（頁214）。

紋飾裝飾。麇編鐘、逨編鐘、安鐘、柞編鐘、秦公編鐘，皆以圓形目旁有線條爲飾，上唇上卷，舌下卷，長冠翻卷過首，除逨編鐘與秦公編鐘長冠末段爲目狀裝飾外，其餘皆以兩並列的線條於長冠中段裝飾，身軀兩歧並列尾下垂，皆未做拖曳狀，除麇編鐘無足外，秦公編鐘腹下兩足爲刀狀外，其餘腹下皆有二彎勾足，皆無地紋。旅鐘爲方形目旁有線條，雙唇上卷，另有舌下卷，花冠，身軀兩歧並列尾下垂，未做拖曳狀，無足，無地紋。中義編鐘則由於照片角度加以銅繡，紋飾細節無法辨別，但可看出其形態大致與其他紋飾相似。上述諸器中，龍紋皆兩兩相背成對，麇編鐘、逨編鐘、旅鐘旁有鳥紋，安鐘旁有顧首龍紋，其餘則旁無紋飾。

　　本式龍紋數量頗多，爲顧 L 型龍紋中數量最多者，於下茲舉筆者蒐錄資料中其他圖版加以輔佐例證，然不一一詳細分析，僅標明器類（或器名）與時代，部分龍紋若有出土地資料者，則列於器類、時代資料之後。

顧 L II 式紋飾補充：

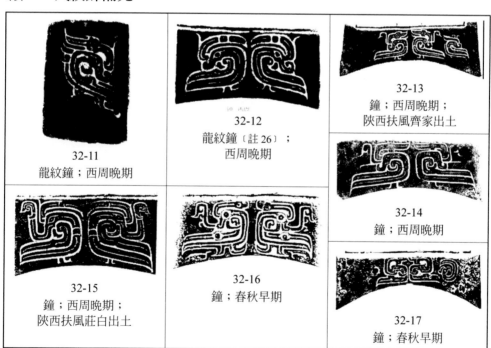

32-11
龍紋鐘；西周晚期

32-12
龍紋鐘〔註26〕；
西周晚期

32-13
鐘；西周晚期；
陝西扶風齊家出土

32-14
鐘；西周晚期

32-15
鐘；西周晚期；
陝西扶風莊白出土

32-16
鐘；春秋早期

32-17
鐘；春秋早期

〔註26〕此龍紋鐘與圖版 32-9、32-11 分屬不同器，僅器名相同。依圖版編號順序，分別見於上海博物館青銅器研究組：《商周》，圖 331（頁 122）、圖 341（頁 122）、圖 340（頁 122）。

　　圖版 32-11 由其構圖判斷，屬成對龍紋旁的單隻龍紋，其出現位置相當於圖版 32-10 右側小龍，因圖版 32-10 右側龍紋較小，將兩圖版相互比對，可更加了解其龍紋形態。以上補充圖版中，紋飾特徵大致與上述分析相似，唯圖版 32-17 冠之形態略異於其他龍紋，上無目狀裝飾，並且與尾端呈分岔狀，於上述圖版中所未見。

　　綜合以上列舉資料，本式共分析十三器，加以文字資料七器，總共分析二十器。本式龍紋間形態差異不大，其間的差異或爲冠上目狀裝飾位置的差距，或唇部、足部型態的些許差異等。大體上皆龍首回顧至腰部左右，多以圓形目旁有線條裝飾，僅見圖版 32-8、旅鐘爲方形目旁有線條，屬本式特例；唇部則有上唇外卷，有舌並向下卷，與上唇呈現出「八」字形，或雙唇上卷且無舌，或雙唇上卷且有舌下卷三種形式，以第一種爲多，其餘兩種皆偶見；額頂皆以冠裝飾，多爲長冠上有目狀裝飾，並翻卷過頂，少數爲花冠，未做翻卷；額前多另有彎勾的長鬚；身軀皆做兩歧但平行排列，部分龍紋尾部分歧並做拖曳狀；腹下多有二足，或做彎勾狀，或呈刀狀，少數無足。年代上，西周中期有三器，且由圖版 32-5、32-6 可確知王系，其年代屬中期偏晚，春秋早期有三器，其餘皆爲西周晚期，共計十四器。由此可知顧 L II 式龍紋流行於西周中期偏晚至春秋早期，以西周晚期居多，並且侷限出現於鐘之鼓部。鐘於西周時期才出現〔註27〕，又上有顧 L II 龍紋的鐘其年代範圍又不大，且出現器類與部位極爲一致，因此對於斷代、辨僞的分析上頗有助益。

　　顧 L 型龍紋，共收錄十七個圖版，加以他處資料補充，共分析三十器，其中顧 L I A 五器，顧 L I B 五器，顧 L II 式二十器，各式出現的器類與年代以簡表列於下：

表 3-2：顧 L 型爬行龍紋器類暨年代一覽表

	罍	盨	簋	鐘	合　計	時　　　代
顧 L I A	5				5	西周早期－西周中期
顧 L I B		4	1		5	西周晚期
顧 L II				20	20	西周中晚期－春秋早期
合　　計	5	4	1	20	30	

〔註27〕見〈西周編鐘的禮制意義〉一文。收於曹瑋：《周原遺址與西周銅器研究》，頁 152～157。

　　由上表的數據中，可明顯看出顧 L 型龍紋每式（組）出現的器類與時間皆有所區別，對於分期、辨偽提供良好的資訊。顧 L I A 主要出現於罍之腹部，兩龍相對整體外觀呈三角形，可見於西周早期至西周中期；顧 L I B 則主要出現於盨之蓋鈕，呈現兩龍相對的形式，可見於西周晚期；顧 L II 式全出現於鐘之鼓部，呈兩龍相背的狀態，額前有彎勾狀的長鬚裝飾，可見於西周中晚至春秋早期，然以西周晚期最為多見。其中，顧 L I A 紋飾整體外觀呈三角狀，與上節顧直型龍紋近似，但由前述分析可知兩者在身軀形態細節、器類、可見年代上均有所區別。

　　而由前列圖版中，可知顧 L 型龍紋每式、每組的紋飾特徵迥異，紋飾構圖亦大相逕庭，與上一章中前直型、前顧型等龍紋各型之下各式、各組有所相近的情形不同。但其中仍有些相似之處，整體而言，目型多為圓形目且旁有線條的形式（二十九器中有二十二器），並僅見於顧 L I B 與顧 L II 式，時間侷限於西周中期以後，其餘龍紋則以圓形目、方形目為飾，未見臣字形目者，由於圓形目加以兩旁的線條，整體外觀略似簡化的臣字形目，可能為臣字形目於西周中期以後的轉化。龍首裝飾以長冠數量最多，但也多侷限於顧 L II 式，其他龍紋則仍以半環狀角、T 形角、尖角為飾，故龍首裝飾的差異與時代並無絕對關聯，與龍紋的類型較有關聯，並不適合做為分期的判斷，但由於龍首裝飾的運用與龍紋類型關聯頗大，反對於辨偽有所幫助。唇型以雙唇上卷可見於每式（組），共有九例，上唇上卷且舌下卷則僅見於顧 L II 式，共有十七例，雙唇外卷與形態不明者，合計三例；顯示顧 L II 式紋飾的一致性，與雙唇上卷於顧 L 型龍紋所運用的普遍性。身軀多以粗黑線、棱脊留白等簡潔的形式表現，僅二例身軀上有雲雷紋裝飾，但亦點綴而已，非通身皆為雲雷紋，顯露出顧 L 型龍紋身軀偏好以簡潔的模式表現；其中顧 L II 式身軀皆做兩歧並列狀，其他龍紋則未見身軀兩歧者。足部則多做二足（二十九例有十六例），多數以彎勾線條表示，其中顧 L II 式中有少數龍紋為刀狀；無足者次多，佔九例，其他一足與四足者各佔二例。顧 L 型龍紋皆無背部裝飾，尾部則做平直或下垂狀，未見上卷者。多數皆無地紋，僅少數紋飾有地紋裝飾（佔二例）。

　　由上述分析可知，顧 L 型龍紋各部件紋飾特徵與年代的關聯性較小，與各型式的特徵關聯較大，故分析本型龍紋時，當先找出應對的型式，再行斷代、辨偽的分析，較有所收穫。下表為各部件特徵整理。

表 3-3：顧 L 型爬行龍紋各部件特徵與時代關係表

	紋　飾　的　時　代　特　色
目	1.顧 L I B 與顧 L II 式目型皆為圓形目旁有線條，且時間侷限於西周中期以後。 2.其餘顧 L 型龍紋則以圓形目、方形目為飾，通見於西周早期至春秋早期。
唇	1.雙唇上卷可見於各式（組），散見於西周中期與晚期。 2.上唇上卷且舌下卷則僅見於顧 L II 式，可見於西周中期之後。 3.雙唇外卷見於西周早期。
龍首裝飾	1.整體以長冠數量最多，亦多侷限於顧 L II 式。 2.其他顧 L 型龍紋則仍主要以半環狀角、T 形角、尖角為飾，散見於西周早期至春秋早期間。 3.龍首裝飾的差異與龍紋類型關聯較大，與時代關聯較小。
身	1.粗黑線見於西周早期。 2.棱脊留白見於西周中期至晚期。 3.兩歧並列狀，見於西周中期以後；顧 L II 式身軀皆做此式。 4.雲雷紋見於西周晚期。
足	1.足部多做二足，並多為彎勾狀，唯顧 L II 式中有少數龍紋為刀狀，整體見於西周中期至春秋早期。 2.無足者次多，見於西周晚期以後。 3.一足與四足者數量最少，分別見於西周早期與西周中期。

第三節　顧首 S 型爬行龍紋

　　本型紋飾龍首回顧，尾部卷起，身軀整體呈現英文字母「S」的形態，故以此命名，於後分析中以「顧 S 型」簡稱之。又可依其足與翼的形態分為四類，分別為：（一）有足無翼；（二）無足無翼；（三）無足有翼；（四）有足有翼。此外，本型龍紋中有部分紋飾為雙首的形式，與前述四類形式略異，故另分一類，為（五）雙顧首 S 型龍紋。以下分別論析之。

一、顧 S I 式：有足無翼

　　腹前有彎勾線條做足，背部無任何裝飾線條或部件，身軀為輪廓狀無裝飾，紋飾之外亦無地紋裝飾。

圖版 33-1：
器名：鬲。部位：不明。時代：商。
紋飾說明：圓形目，張口，雙唇外卷，瓶狀角，龍首朝尾部，尾部向後卷，腹前有一短勾，為其足。紋飾本身僅以線條勾勒出外觀，亦無地紋裝飾。

33-1

圖版 33-2：
器名：簋。部位：不明。時代：西周。
紋飾說明：兩龍紋相對，圓形目，唇部形態不明，口下有一線條，似
其舌，瓶狀角，龍首朝尾部，尾部向後卷，腹前有兩短勾，為其足。
紋飾本身僅以線條勾勒出外觀，亦無地紋裝飾。圖版右側龍紋尾部分
歧。

33-2

　　圖版 33-1 角的外觀極為特別，角型狀似廚師帽，於其他龍紋中少見，
整體外形仍具瓶狀的特色，故將其歸入瓶狀角。圖版 33-2 線條並非十分流
暢，身軀彎折處略帶稜角，但整體構圖仍符合 S 之型態，仍將其歸入此類龍
紋。

　　由以上的圖版可看出此類紋飾極為簡單，甚至可說是粗糙。紋飾僅以
陰線勾勒出龍紋輪廓，對於細部並無所描繪，如足部以彎勾的線條表示，
並不做爪形或拳狀等具體的表示；身軀上無線條或雲雷紋裝飾，龍首仍以
角做裝飾，非冠狀，身軀以外亦無翼、鬣、列旗等其他部件妝點，紋飾整
體顯得十分精練簡潔，無多餘分歧的線條；紋飾以外亦無地紋。又圖版
33-2 紋飾線條亦粗細不等，不甚規整。整體說來，此紋飾實難以給人精美的
觀感。

　　圖版 33-1《紋樣》所述的資料為族徽〔註28〕，因圖版 33-1 角型與 鼎
〔註29〕等族徽形式相同，此線索或許可說明本式紋飾如此簡陋之原因，但此
資料僅針對圖版 33-1，而《紋樣》中未見圖版 33-2 之拓本及相關資料，因此
是否可涵蓋解釋圖版 33-2 紋飾簡陋的原因，則有待商榷；且少見族徽成對出
現，故圖版 33-2 為族徽的可能性並不高。造成紋飾儉樸的另一可能原因，或
許與圖版出現的部位有關，如第二章第一節中圖版 21-1 亦屬無地紋、身軀無
裝飾僅見輪廓之紋飾，其紋飾如此簡單的因素乃紋飾出現部位極不顯眼。然
由於未知圖版所在部位，由拓本的形狀亦無法猜測出可能出現的位置，且由
圖版 33-1 左右兩側略似雲雷紋的外框推測，整器紋飾應不至太簡陋，據此推
測紋飾部位可能為造成紋飾極為簡樸之因素。

　　鬲於商代早期即已出現，直至春秋戰國仍可見其蹤跡；簋的應用年代亦

〔註28〕林巳奈夫：《紋樣》，圖 5-205（頁 193）。
〔註29〕見陳佩芬：《夏商周》（夏商上），頁 109。

廣，可見年代範圍頗長與鬲相似〔註30〕。因此在未知器型外觀的情況下，僅由紋飾與器類兩線索實難做年代上更進一步的分析。目前筆者蒐集到的資料中，並未見其他相似形態的紋飾，無法做更多的比較與分析。在資料有限的情形下，僅可知本式紋飾於商與西周兩代皆可見，但出現應用的次數並不頻繁。

二、顧 S II 式：無足無翼

33-3

圖版 33-3：
器名：壺。部位：不明。時代：西周中期。
紋飾說明：兩龍紋相背，圓形目，張口，雙唇外卷，長冠，龍首朝向尾部，尾內卷，身軀沿棱脊留白裝飾，無足，以雲雷紋做地紋。由拓本形狀推測可能位於頸部或圈足等環狀狹長部位，又依據拓本下緣留白空間，推測位於圈足的可能性略高於頸部。

33-4

圖版 33-4：
器名：夔龍紋鬲。部位：口沿。時代：西周晚期。
紋飾說明：兩龍紋相對，圓形目，張口，下唇外卷，上唇平直，僅末端略爲上卷，長冠，且冠與上唇爲同一水平，龍首朝向尾部，身軀沿棱脊留白裝飾，尾內卷，尾尖有三角形裝飾，並與尾尖相連，整體呈戟形，無足，無地紋。

　　本式龍紋的共同特徵爲：圓形目，雙唇外卷（雖圖版 33-4 僅末端略爲上卷，但仍符合雙唇外卷的形狀），長冠，身軀以棱脊留白裝飾，無足。圖版 33-3 爲本式圖版中可見最爲簡單的型態，身軀本身無分歧的裝飾，僅沿棱脊留白裝飾；冠爲長冠，非多有歧出線條裝飾之花冠；尾尖亦無裝飾。圖版 33-4 形態較爲特殊，上唇與長冠在同一水平上，如同一線條的延伸；尾尖有三角形裝飾，整體如戟形；身軀紋飾與圖版 33-3 同，以棱脊留白爲飾。兩圖版紋飾特徵的一致性極高，唯唇型、尾部細微的差異，及地紋有無的區別。

　　值得一提的是，圖版 33-4 尾部形式於其他顧首型龍紋亦可見（如顧 S III B、顧 W II、顧 W III 等），根據彭裕商之研究，認爲尾部與三角形相連者，乃尾部與三角形裝飾分離的演變。關於彭裕商之研究成果，此處暫持保留

〔註30〕關於鬲與簋的可見年代參自馬承源：《中國青銅器》，頁 112～119、126～144。

態度，於後顧 S III B、顧 W II、顧 W III 等龍紋分析後，再針對此論點進行分析。

　　由上述的分析中可知，本式圖版以長冠爲龍首裝飾，前述顧直型龍紋與顧 L 型龍紋除顧 L II 式外，仍主要以角做龍首上的裝飾。此紋飾特徵的轉變似乎是受到西周以後越加流行的鳳鳥紋影響。此推測所據有二。第一，根據前述分析，顧 L II 式最早見於西周中期偏晚，主要流行於西周晚期。換言之，著冠之龍紋於殷墟時期少見，進入西周中期後才逐漸蓬勃發展。第二，西周時所流行的鳥紋，除勾喙的特徵外，垂逶的花冠亦爲其主要特徵之一，故同時期其他紋飾受到鳳鳥紋特色的影響亦不無可能。又比對西周時期之鳳鳥紋與龍紋，多於形體特徵上有許多相通之處，龍紋的特徵於鳳鳥紋中可見，鳳鳥紋之特徵亦於龍紋中可見。由圖版資料中可知本式龍紋見於西周中期至晚期，恰與前述顧 L II 式龍紋流行時間相重疊，兩龍紋皆以長冠爲龍首裝飾，並與鳳鳥紋流行的時間相合。基於上述理由，筆者認爲龍紋著冠的轉變，受到鳳鳥紋影響的可能性極高。

三、顧 S III 式：無足有翼

　　本式紋飾身軀呈 S 形，背部有翼狀裝飾，無足。又可依身軀與尾部的形態分做兩組：A 組尾部與身軀斷開；B 組尾部與身軀相連。值得一提的是，顧 S III 式龍紋的長翼與第二章中下直 II 式與下折 III 式的長翼形態略有不同，顧 S III 式龍紋背翼多與身軀分離，與下直 II 式、下折 III 式多與身軀相連的形式不同。

（一）顧 S III A：尾部與身軀斷開

33-5

圖版 33-5：

器名：作寶尊彝尊。部位：頸部。時代：西周早中期。〔註31〕

紋飾說明：由拓本左側的殘影可知，紋飾排列方式與圖

〔註31〕　此圖版於容庚：《通考》中名爲「作寶尊彝尊」。林巳奈夫：《紋樣》則言此紋飾出於觶形尊中。兩書圖版出處同爲《歐米蒐儲支那古銅精華》一冊（於後引用以《歐米》稱之），圖二十七，然經檢索，此書台灣各大圖書館並無收藏，無法得知原始的命名、時代等相關資料。故此處命名採容庚之說；而時代方面，容庚作西周前期，依據筆者觀察，容庚西周僅分前後兩期；林巳奈夫則劃入西周 II A，相當於西周中期偏早。故筆者以爲容庚之西周前期，實與林巳奈夫之西周中期偏早有所重疊，故此處以西周早中期涵蓋兩者說法。

版 33-6 相同，龍紋以獸首爲中心，成對做相背狀。圓形目，張口，雙唇外卷，花冠。龍首朝向尾部，尾內卷，尾部與身軀分開，背上有長翼，與身軀分離，身軀沿棱脊留白，尾部附近有三角形裝飾，並與尾尖分離，無足，有雲雷紋補地。冠的形式，略似人字，屬短小輕巧的羽冠形式；翼的形式則略似爪形，有歧出的彎勾線條。

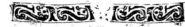

33-6

圖版 33-6：

器名：觶。部位：頸部。時代：西周中期。

紋飾說明：龍紋以獸首爲中心，成對做相背狀之對稱構圖。圓形目，張口，雙唇外卷，花冠。龍首朝向尾部，尾內卷，尾部與身軀分開，背有長翼，身軀沿棱脊留白，尾部附近有三角形裝飾，並與尾尖分離，無足，有雲雷紋補地。龍紋特徵與圖版 33-5 相似，但冠與翼的形式不同。冠雖亦略似人字，但上方有一片狀突起，與圖版 33-5 有所差異；而翼則未做爪狀，呈橫 T 字形。

33-7

圖版 33-7：

器名：效卣。部位：頸部。時代：穆恭之際（西周中期偏早）。出土地：傳河南洛陽。上海博物館藏。

紋飾說明：龍紋以獸首爲中心，成對做相背狀之對稱構圖。圓形目，張口，雙唇外卷，花冠。龍首朝向尾部，尾內卷，背上有橫 T 字形長翼，與身軀分離，身軀無花紋裝飾，沿棱脊留白，尾部與身軀分開，尾部附近有三角形裝飾，無足，有雲雷紋補地。

33-8

圖版 33-8：

器名：效尊（曾稱效觶）。部位：頸部。時代：穆恭之際（西周中期偏早）〔註 32〕。出土地：傳河南洛陽或陝西長安。日本白鶴美術館藏。

紋飾說明：本紋飾無拓本資料，改以照片的形式呈現〔註 33〕，紋飾整體構圖與形式皆與圖版 33-7 近似，皆爲圓形目，張口，雙唇外卷，花冠。龍首朝向尾部，尾內卷，尾部與身軀分開，背上有橫 T 字形長翼，與身軀分離，身軀無花紋裝飾，沿棱脊留白，尾部附近有三角形裝飾，無足，有雲雷紋補地。其細節可相互參酌。兩器紋飾的近似，可能與同爲效器有關。

〔註 32〕 效尊與效卣兩器紋飾、銘文相同，彭裕商以爲屬穆王時器；陳佩芬標題分類爲恭王器，然於內文中則說明由其銘文內容可定爲穆恭之際器；王世民等則認爲屬西周中期偏早；筆者以爲當採穆恭之際較爲合宜。彭裕商：《年代》，頁 539；陳佩芬：《夏商周》（西周下），頁 367；王世民等：《分期》，頁 128、119。

〔註 33〕 器物照片源自中國青銅器全集編輯委員會：《全集 5》，圖 161（頁 153）。筆者此處僅呈現紋飾特徵部份，全器外觀則與以省略。

其他相似紋飾尚可見於西周中期之奪卣〔註34〕頸部，紋飾特徵為圓形目，雙唇外卷，長冠，龍首朝向尾部，尾內卷，尾部與身軀分開，背部有長翼，略呈箭頭狀，尾部附近有三角形裝飾，無足。構圖方式亦為龍紋以獸首為中心，成對做相背狀之對稱構圖。綜上所述，可知顧 S III A 紋飾共同特徵為，圓形目，雙唇外卷，身軀短小，以冠做裝飾，且皆短小不做垂逸狀，身軀與尾部斷開，並於尾尖有三角形裝飾，無足；常多龍成群，以獸紋為界成對做相背排列；喜應用於器類頸部，由器型與紋飾構圖方式推測，整體應呈環狀。由上列圖版中，可清楚看出紋飾間風格幾乎完全相似，唯翼與冠的形式有些微的差異，但仍屬短小的冠與長翼的範疇，僅細節特徵有所落差。

由上述資料可知圖版 33-7 又曾被定為觶。根據林巳奈夫的研究可知，尊的形態多元，其中有觶形尊一類〔註35〕，在過去的命名上時常有所混淆。上述四器中，尊有兩器，觶有一器，卣有二器，可知顧 S III A 紋飾偏好出現的器類為尊、卣；並由「觶形尊」曾與「觶」混淆的現象可推見兩者的形態相近，僅大小的差異〔註36〕。而在林巳奈夫的研究圖錄中，亦可見觶形尊中多有顧 S III A 紋飾的出現；在其觶形尊分類圖版中，五十三個圖版中有六個為顧 S 型龍紋，其中有五個即屬顧 S III A 之紋飾〔註37〕，顯見觶形尊中顧 S 型龍紋運用的偏好，尤其是顧 S III A 紋飾。

年代上則集中於西周早中期至西周中期，並以西周中期偏早為多，可知顧 S III A 紋飾主要見於西周早期與中期交界處。

（二）顧 S III B：尾部與身軀相連

顧 S III B 紋飾為顧 S 型龍紋中最多見的形態，除尾部與身軀相連無斷開之共同特徵外，在翼的形態表現上略有差異。多數為與身軀幾近等粗，少數為細瘦的線條。然可見年代上並無明顯而絕對的劃分，於時代上有所重疊，為同時期間兩種不同藝術形態的表現。

〔註34〕見丁孟：《200》，圖 87（頁 132），現藏北京故宮博物院。

〔註35〕尊的形態依據林巳奈夫的研究分為有肩尊、觚形尊、觶形尊、鳥獸形尊等。
　　　　詳參林巳奈夫：《殷周時代青銅器の研究》圖版一冊之頁 215～248。

〔註36〕觶為飲酒器，器形不大；尊為容酒器，器形相對而言，較觶大。

〔註37〕參見林巳奈夫：《殷周時代青銅器の研究──殷周青銅器綜覽一圖版》（東京：吉川弘文館，1984 年），頁 239～244，於後引用書名簡稱《殷周》。其中屬顧 S 型龍紋之圖有：8、10、11、14、18、40，唯圖 8 為尾部與身軀相連之顧 S 型龍紋。

33-9

圖版 33-9：

器名：颰簋。部位：口沿。時代：西周穆王（西周中期）。〔註38〕

紋飾說明：龍紋以獸首爲中心，成對做相背狀之對稱構圖。圓形目，張口，雙唇外卷，花冠。龍首朝向尾部，尾內卷，尾尖有三角形裝飾，並與之相連，尾部整體呈戟形，無足。背上有細長翼，與身軀分離，身軀無花紋裝飾，沿棱脊留白，以細緻的雲雷紋做地紋。本圖版翼呈爪狀，龍紋短小，整體形式略似上述顧 S Ⅲ A 紋飾，唯尾尖三角形相連與否之差異。

33-10

圖版 33-10：

器名：致鼎。部位：口沿。時代：西周穆王（西周中期）。出土地：陝西扶風莊白村西周墓。扶風縣博物館藏。

紋飾說明：兩龍相背，以棱脊間隔。圓形目，張口，雙唇外卷，尖角，龍首朝向尾部，尾內卷，尾尖附近有三角狀線條裝飾，無足。背上有一豎起之短翼與身軀分離之細長翼，身軀無花紋裝飾，沿棱脊留白，以細緻的雲雷紋做地紋。此圖版角與翼之形態爲本組圖版中較爲特殊者。

33-11

圖版 33-11：

器名：致方鼎。部位：口沿。時代：西周穆王（西周中期）。出土地：陝西扶風莊白村西周墓。扶風縣博物館藏。

紋飾說明：兩龍相背，以棱脊間隔。圓形目旁有線條，雙唇外卷，下唇雖外卷但十分短小不明顯，花冠，然右側龍紋與圖版 33-10 尖角形狀略似，尾尖爲戟形，三角形上有圓形裝飾，無足。長翼與身軀等粗，並與身軀分離，身軀及翼上皆有花紋裝飾，爲本組龍紋中較爲特殊者。

33-12

圖版 33-12：

器名：師奎父鼎。部位：口沿。時代：西周恭王（西周中期）。上海博物館藏。

紋飾說明：兩龍相背，中有棱脊間隔。圓形目旁有線條，張口，雙唇外卷，花冠，龍首朝向尾部，尾內卷，尾尖爲戟形，無足。背上有與身軀等粗之長翼，與身軀分離，身軀無花紋裝飾，沿棱脊留白，以雲雷紋做地紋。本圖版爲本組龍紋最爲常見之形態，可視爲標準形態。

〔註38〕此器於《商周》中年代定爲西周早期。《年代》一書則定爲西周穆王，斷代上除紋飾外亦以器形輔佐，較具說服力，故此處以《年代》所標明時間爲主。在《商周》一書中，西周早期的下限至昭王，西周穆王屬西周中期前段。昭穆之際在紋飾、銘文、器形等多呈現過渡色彩，故於斷代上有所模糊亦無可厚非。詳見彭裕商：《年代》，圖15-4（頁546）；上海博物館青銅器研究組：《商周》，圖314（頁113）。

33-13

圖版 33-13：

器名：鄂侯馭方鼎。部位：口沿。時代：西周厲王（西周晚期）。上海博物館藏。

紋飾說明：兩龍相背，中有棱脊間隔，圓形目旁有線條，張口，雙唇外卷，花冠，龍首朝向尾部，尾內卷，尾尖為戟形，無足。背上有與身軀等粗之長翼，呈空心狀，與身軀分離，身軀無花紋裝飾，沿棱脊留白，以雲雷紋做地紋。本龍紋特徵與圖版 33-12 幾乎近似，但長翼呈中空非實心狀，冠之形態略異於圖版 33-12，然仍屬長冠。與圖版 33-12 皆可視為本組紋飾的標準形態。

33-14

圖版 33-14：

器名：龍紋鼎。部位：口沿。時代：春秋早期。上海博物館藏。

紋飾說明：兩龍相背，中有棱脊間隔，圓形目，張口，雙唇外卷，花冠，龍首朝向尾部，尾內卷，尾尖附近有三角形裝飾，無足。背上有與身軀等粗之長翼，與身軀分離，身軀無花紋裝飾，沿棱脊有留白的滾邊，以雲雷紋做地紋。

　　上列圖版中，多數圖版身軀細長，僅圖版 33-9 身軀短小，並與獸首搭配，與前述顧 S III A 之紋飾特點較相似；並且冠、翼為細線，與身軀粗細明顯可分，與其他多數龍紋不同。圖版 33-10 為本組圖版中較為特殊的一例，為唯一可見不以冠做裝飾之龍紋，其龍首上以尖角裝飾，但仔細觀察可發現其交角略有冠狀的特徵，尤其是與圖版 33-11 右邊的龍紋比較時，更能看出兩者相似與關聯之處。又尾尖與三角裝飾不相連，而是於腹尾之間以線條裝飾，背部有豎立的短翼及與身軀分離之長翼，與其他圖版常見的形態不同。圖版 33-11 乃此類龍紋唯一有身軀有紋飾者，其尾部三角形裝飾上有圓形裝飾，有學者認為其狀如鶴首〔註39〕，與其尾部特徵相似的龍紋尚有圖版 33-16（見下列顧 S III B 補充紋飾）。圖版 33-12 可視為本組紋飾的標準型，與身軀等粗的翼，尾尖與三角形裝飾相連，整體呈戟形，以長冠裝飾，雙唇外卷，皆為本組紋飾最為常見的形態，如下列的圖版 33-15、33-19、33-24、33-26、33-29 等皆是。圖版 33-13 紋飾形態與圖版 33-12 相似，亦屬本組紋飾的標準型，且為顧 S III B 紋飾年代明確中，唯一標明為西周晚期者，在判斷出現年代上，是一個重要的資料與線索。圖版 33-14 則身軀裝飾方式略異於其他龍紋，沿棱脊有兩條留白裝飾，如身軀內有留白的滾邊，又尾尖與三角裝飾分離，未呈戟形，

〔註39〕見段勇：《幻想》，頁 65。

紋飾整體呈現出不同的風貌，由於圖版 33-14 為上述圖版中唯一屬春秋時期者，故其特殊的樣式或與時代有關。

顧 S III B 紋飾於顧 S 型龍紋中數量最多、最為常見，於筆者蒐集的圖版中，以上列五器具有明確時間並分具不同的細部特色，故以其為代表進行分析。為求資料羅列的全面性，於下以簡表方式另列其他圖版，以供查檢、參考。依序提供器名（或器類）、部位〔註40〕、年代，若有出土或館藏等相關資料，則列於最末。

顧 S III B 紋飾補充：

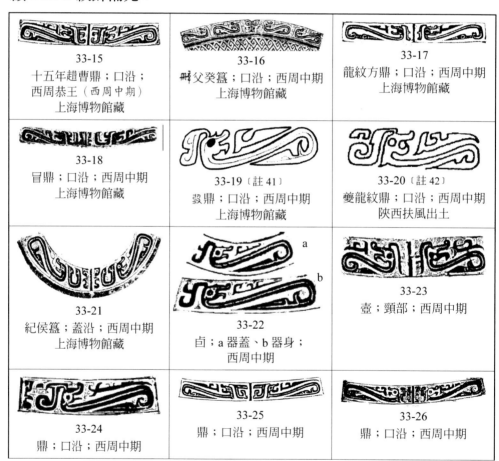

33-15 十五年趞曹鼎；口沿； 西周恭王（西周中期） 上海博物館藏	33-16 父癸簋；口沿；西周中期 上海博物館藏	33-17 龍紋方鼎；口沿；西周中期 上海博物館藏
33-18 冒鼎；口沿；西周中期 上海博物館藏	33-19〔註41〕 叔鼎；口沿；西周中期 上海博物館藏	33-20〔註42〕 夔龍紋鼎；口沿；西周中期 陝西扶風出土
33-21 紀侯簋；蓋沿；西周中期 上海博物館藏	33-22 卣；a 器蓋、b 器身； 西周中期	33-23 壺；頸部；西周中期
33-24 鼎；口沿；西周中期	33-25 鼎；口沿；西周中期	33-26 鼎；口沿；西周中期

〔註40〕由於本組紋飾補充多有部位資料，故一併列於表格中，較其他補充表格資料略多。

〔註41〕此圖版無拓本資料，又照片特徵較為模糊，此為筆者手繪摹本。

〔註42〕此圖版亦無拓本資料，此採段勇：《幻想》，圖十三：7（頁 101）之摹本資料。

33-27 匜；口沿；西周晚期	33-28 晉侯穌盨（二）； a 蓋沿、b 口沿；西周晚期 上海博物館藏	33-29 晉侯穌匜；口沿；西周晚期 上海博物館藏

　　其他與顧 S III B 相似之紋飾尚可見於伯雍父盤〔註43〕、孚公甗〔註44〕、仲伐父甗〔註45〕、夔紋有流鼎〔註46〕的口沿、公卣〔註47〕頸部、龍紋錼〔註48〕口沿及蓋沿、伯盂〔註49〕圈足等處。除伯盂爲西周早期器，龍紋錼爲春秋早期器之外，其餘龍紋皆爲西周中期器；以上龍紋皆身軀瘦長，圓形目或圓形目旁有線條，雙唇上卷或雙唇外卷，多花冠，身軀沿棱脊留白，背有長翼，尾尖多呈戟形，唯伯雍父盤、公卣與尾尖三角裝飾分離，與圖版 33-14 尾部形式相同，無足。而在上列補充紋飾中，尚有部分龍紋較爲特殊值得一提。圖版 33-26 以曲折角做龍首裝飾，與上述圖版 33-10 之夨鼎尖角形態又不相同；圖版 33-27 龍紋本身無冠，但與前龍尾部線條合看，則似有花冠裝飾，是可見圖版中特出的例子，顯現出當時藝術設計的巧思與變化。圖版 33-28、33-29 紋飾近似，與同爲晉侯穌器有關，而此現象與圖版 33-7、33-8 同爲夨器，故花紋相似的情形相同。圖版 33-17、33-20、33-21、33-25、33-28 等龍紋雙唇上卷，屬本組紋飾之少數〔註50〕。而在所羅列的圖版中，僅圖版 33-27、33-29

〔註43〕此器年代爲西周中期，陝西扶風莊白西周墓出土，現藏於扶風縣博物館。見王世民等：《分期》，盤圖 16（頁 159）、頁 158。

〔註44〕此器年代爲西周中期，現藏北京故宮博物院。見丁孟：《200》，圖 76（頁113）。

〔註45〕此器年代爲西周中期，陝西扶風齊家莊出土，現藏於陝西省博物館。見馬承源：《精華》，圖 342（頁 97）。

〔註46〕此器爲春秋早期器，現藏北京故宮博物院。見丁孟：《200》，圖 114（頁 175）。

〔註47〕此器年代爲西周中期，安徽屯溪弈棋三號墓出土，現藏於安徽省博物館。見中國青銅器全集編輯委員會：《全集 6》，圖 119、120（頁 116～117）、說解頁38。

〔註48〕此器年代爲春秋早期，現爲美國塞克勒美術館藏。見李建偉等：《圖錄》，頁304。

〔註49〕此器現藏於北京故宮博物院，年代有二說，《200》作西周早期，《精華》作西周中期，因《200》一書後出，又爲故宮藏品介紹之專書，故採其說。見丁孟：《200》，圖 73（頁 110）；馬承源：《精華》，圖 419（頁 121）。

〔註50〕顧 S III B 紋飾中，共有二十八器，三十一個圖版，其中雙唇外卷有二十一個

爲龍紋同向排列，其器類皆爲匜；此現象與匜之器形屬不對稱的設計，故裝飾於上的紋飾若以對稱構圖則較難以適應其器形，故以同向排列爲器類口沿的滾邊裝飾。綜觀以上圖版，可歸結此類龍紋的主要特徵爲：龍紋多相背對稱，身軀瘦長沿棱脊留白裝飾，以冠爲龍首裝飾，多雙唇外卷，尾尖多呈戟形，有與身軀等粗的三角狀長翼，常運用於器類口沿。

以上共有圖例二十器，加以文字補充，共分析二十八器；以上二十八器中，十四器屬鼎器，數量即佔半數，其餘分屬簋、卣、匜、甗、盨、盤、壺、鑒、盂、鬲等器，數量皆不超過二器；其中西周早期一器，西周中期有二十器，西周晚期有四器，春秋早期有二器。故可知顧 S Ⅲ B 紋飾主要見於西周中期，但於春秋早期仍可見少數的運用，且主要運用於鼎器。而於以上列舉之器中，僅圖版 33-9、33-16、33-23 屬身軀短小者，約佔顧 S Ⅲ B 紋飾十分之一，顯見其數量之少，故可知顧 S Ⅲ B 紋飾主要爲瘦長的龍紋。而短小的龍紋其出現之處爲簋之口沿、壺之頸部；器類與龍紋長度之間有無絕對關聯，則需進一步的探討。

由上述的分析與圖例中可得知顧 S Ⅲ 式紋飾尾部有兩種形態，一種爲尾尖與三角形裝飾相連，整體爲戟形，顧 S Ⅲ B 多數紋飾屬之，如圖版 33-9、33-11～33-13……等；一種爲尾尖前有三角形裝飾，但不相連，顧 S Ⅲ A 皆屬之，見圖版 33-5～33-8 皆是，顧 S Ⅲ B 中亦有三例紋飾屬之。彭裕商認爲兩者間以尾尖三角形不相連的形態，演進至尾尖與三角形相連；前者流行於穆王時期，後者則與前者並存，但可見年代延及春秋時期〔註51〕。但就筆者掌握的資料，顧 S Ⅲ A 與顧 S Ⅲ B 龍紋雖皆見於西周中期，但由資料中則無法看出顧 S Ⅲ A 流行於穆王時期〔註52〕；且爲尾尖三角形不相連者，於春秋時期亦可見，如圖版 33-14 即是。雖尾尖三角形由不相連演進至相連此論點頗合情理，但兩者間是否有絕對的先後順序，則是需要再斟酌的，故筆者認爲尾尖形態的差異在斷代上的判別有限，僅能以同時期兩種不同的藝術型態論之。此外，顧 S Ⅲ B 紋飾與顧 S Ⅲ A 紋飾相比，除身尾相連與否外，最大的

圖版，雙唇上卷有十個圖版。

〔註51〕 見《年代》，頁 539～540。

〔註52〕 如效尊、效卣兩器即屬尾尖與三角裝飾分開之紋飾，彭裕商以爲屬穆王時器，並因此得出尾尖與三角裝飾分開之顧 S 型紋飾流行於穆王時期。然效器年代學者亦見並不一致，故對彭裕商之說持保留態度，關於效器之年代詳參本章註32。

差異在於身軀的長度，顧 S III A 紋飾皆身軀短小，顧 S III B 紋飾多身軀細長，紋飾長寬比至少有三四倍以上，而顧 S III A 紋飾之長寬比例多爲二比一，故整體紋飾顯得短小。應用方面，顧 S III B 紋飾多以兩龍爲一組紋飾，並應用於較大型的器類（如鼎）；顧 S III A 則以數龍爲一組紋飾單位者。

四、顧 S IV 式：有足有翼

本式龍紋背部有翼，腹下有足裝飾。由上述顧 S III 式龍紋的分析中可知顧 S 型龍紋翼與足的差異在於足與身軀相連，翼則多與身軀分離；此特徵與第二章中下直 II 式、下折 III 式長翼形態不同。

33-30

圖版 33-30：

器名：外叔鼎。部位：口沿。時代：西周早期。出土地：陝西岐山丁童家。陝西歷史博物館藏。

紋飾說明：方形目，張口，雙唇外卷，花冠。龍首朝向尾部，尾向下卷，有二短足。背上有長翼，與身軀分離，身軀有雲雷紋裝飾，並以細密的雲雷紋爲地紋。較爲特別之處爲龍紋卷曲的方向與其他顧首龍紋不同，由龍紋足部多爲與身軀相連的彎勾線條，及顧 S 型龍紋長翼多與身相離的特徵判斷，此龍紋呈腹部朝上的卷曲方式，其足在紋飾上方，翼在紋飾下方。此現象應是遷就另一龍紋，顧慮整體紋飾協調感所致。由全器彩照可知此紋飾隔棱脊呈對稱構圖。〔註 53〕

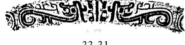

33-31

圖版 33-31：

器名：南羅墓盂形簋。部位：口沿。時代：西周穆王（西周中期）。出土地：陝西臨潼南羅墓。

紋飾說明：龍紋相背中隔棱脊，方形目，花冠，雙唇上卷，龍首朝向尾部，尾向下卷，身軀沿棱脊留白，腹下有二足，背上有長翼，有雲雷紋爲地紋。龍紋整體特徵與圖版 33-29 近似，其足與翼的形式相同，但上下顚倒，爲一般龍紋常見之形態；但身軀裝飾較簡，無花紋裝飾，且雙唇皆朝上卷。

33-32

圖版 33-32：

器名：卣。部位：口沿。時代：西周中期。

紋飾說明：龍紋隔獸首相背，圓形目，長冠，唇部形態不明，腹下有爪狀足與身軀相連，背部有與身軀相離的長翼；身軀爲粗黑實線，尾尖呈戟形。本圖版左側具一獸面，獸面一般不裝飾於蓋沿或圈足等部位，多飾於器類中段。而卣之器蓋於西周時期多呈覆蓋式，故推斷紋飾位於器身之口沿。

〔註 53〕見中國青銅器全集編輯委員會：《全集 5》，圖 22-24（頁 20～21）。

33-33

圖版33-33：
器名：龍紋大鐘。部位：篆部。時代：西周晚期。
紋飾說明：圓形目旁有線條，張口雙唇外卷，花冠。腹下有足，爲長爪狀，與圖版33-32爪之形態略爲相似，但較長；背上有長翼，與身軀相連，形狀與爪相同。身軀無花紋裝飾，僅沿身軀粗線邊緣滾一細線留白。此圖版翼與身軀相連，屬本式紋飾中較爲特殊的一例，應是配合紋飾空間做對稱構圖所致。

　　本式紋飾數量極少，在筆者蒐集的資料中，僅見此四例。由上列圖版中可知龍紋形態不甚一致，但皆具有冠、足、翼等三個主要部件，其形態則受到紋飾空間與構圖排列影響，如圖版33-30卷曲方向特別與圖版33-33足與翼形態一致且對稱，即屬鮮明的例子。由以上四個圖例中，可發現龍紋足部逐漸由彎勾線條，轉爲爪狀，甚至演變成與長翼相當的長爪狀。圖版33-30、33-31其足與翼的形式其實極爲相似，唯位置上下顛倒；圖版33-31與圖版33-32則背翼形態相似，但足部形態轉變；圖版33-32與圖版33-33爪的型態相似，但圖版33-33爪形略長，而背翼則爲求紋飾的對稱平衡，做與爪相同的形態。其間紋飾一層一層的推演與轉變，隨著時間與圖版的順序昭然可見。由目前所見資料可知，本式龍紋時代上可見的範圍頗長，西周早期至西周晚期皆可見，可見器類亦多元，鼎、簋、卣、鐘皆有。

五、顧 S V 式：雙顧首 S 型龍紋

　　本式龍紋皆具有雙首，兩龍首皆做回顧狀，多呈兩龍首相對的形態。又可依照龍紋背翼的形式分做三組：（一）無背翼；（二）背翼與龍首相連；（三）背翼與龍首分離。

（一）顧 S V A：無背翼

33-34

圖版33-34：
器名：兩頭龍紋瓿。部位：下腹部。時代：春秋早期。
紋飾說明：兩龍首相背，各自朝身軀做大幅度卷起，龍首分別面對兩側，圓形目，上唇上卷，無下唇，舌吐出下垂，兩龍首花冠相連成S形，身軀沿棱脊留白，腹部上下各有一足，似有地紋。

33-35

圖版33-35：
器名：罍。部位：肩部。時代：春秋時期。
紋飾說明：兩龍首相對，朝身軀卷起，圓形目，上唇平直延伸與身軀相連，下唇上卷，身軀沿棱脊留白，身軀中段左右各有一彎勾線條，爲其足，無地紋。由拓本外觀與器類考量，紋飾可能位於肩部。

　　上述兩圖版皆爲圓形目，身軀沿棱脊留白，無背翼，但有足，唇部形式不一，龍首上或有裝飾或無裝飾，視構圖協調與否；最早見於春秋早期，可見於整個春秋時期，屬於商周紋飾中頗爲後期出現的紋飾。

（二）顧SVB：背翼與龍首相連

33-36

圖版33-36：

器名：鐘。部位：篆部。時代：西周晚期。

紋飾說明：兩龍首相對，朝身軀卷起，圓形目旁有線條，上唇上卷至額前且與背翼相連，無下唇，舌吐出外卷並與龍首分離，身軀沿棱脊留白，兩龍胸前似各有一足，無地紋。

33-37

圖版33-37：

器名：鐘。部位：篆部。時代：春秋早期。

紋飾說明：兩龍首相對，朝身軀卷起，圓形目旁有線條，上唇上卷至額前且與背翼相連，下唇外卷，身軀沿棱脊留白，兩龍胸前各有二足，足略歧出於身軀，左上角之足更爲明顯，無地紋。

33-38

圖版33-38：

器名：魯邊鐘。部位：篆部。時代：春秋早期。

紋飾說明：兩龍首相對，朝身軀卷起，圓形目旁有線條，上唇上卷至額前且與背翼相連，無下唇，舌吐出外卷並與龍首分離，身軀沿棱脊留白，兩龍胸前似各有一足，無地紋。本圖版與圖版33-35特徵大致相似，唯拓本線條略顯模糊，足部形態略顯不明。

33-39

圖版33-39：

器名：壺。部位：不明。時代：春秋時期。

紋飾說明：兩龍首相背，各自朝身軀做大幅度卷起，龍首分別面對兩側，圓形目，上唇上卷，無下唇，舌吐出外卷，身軀沿棱脊留白，身軀上下各有一三角狀長翼，與龍首相連，無足，無地紋。

　　西周晚期的刖刑方鼎〔註54〕口沿紋飾亦屬本組紋飾，其紋飾特徵爲兩龍首相對，朝身軀卷起，圓形目旁有線條，上唇上卷與背翼相連，無下唇，長冠，身軀沿棱脊留白，身軀中段左右各有一歧出的線條，應爲其足部，似有地紋。綜合以上資料，可知本組紋飾皆爲圓形目，且目旁多有延伸的裝

〔註54〕見李建偉等：《圖錄》，頁109。內蒙古寧城小黑石溝出土，內蒙古自治區寧城縣博物館藏。

飾線條，多無龍首裝飾，身軀皆沿棱脊留白裝飾，且身軀上多有歧出的線條做足，與顧ＳＶＡ紋飾足部特徵相似，但本組紋飾身軀上下兩側皆有三角狀的背翼裝飾；最早可見於西周晚期，於春秋時期仍可見，紋飾運用跨越兩周。

（三）顧ＳＶＣ：背翼與龍首分離

33-40

圖版 33-40：

器名：匜。部位：不明。時代：商。

紋飾說明：兩龍首相對，各自朝身軀卷起，圓形目，花冠，雙唇外卷，身軀以粗黑實線表示，身軀上下各有翎羽狀的長翼，無足，有雲雷紋爲地紋。

33-41

圖版 33-41：

器名：龍紋禁。部位：禁面。時代：西周早期。

紋飾說明：兩龍首相對，各自朝身軀卷起，圓形目，花冠，龍首末端有短鬣豎起，雙唇外卷，身軀以粗黑實線表示，身軀上下各有翎羽狀的長翼，無足，有雲雷紋爲地紋。

33-42

圖版 33-42：

器名：兩頭龍紋尊。部位：腹部。時代：西周早期。

紋飾說明：兩龍首相對，各自朝身軀卷起，圓形目，長冠，龍首末端有短鬣豎起，雙唇外卷，身軀以粗黑實線表示，身軀上下各有翎羽狀的長翼，無足，有雲雷紋爲地紋。

33-43

圖版 33-43：

器名：毀古方尊。部位：肩部。時代：西周早期。上海博物館藏。

紋飾說明：兩龍首相對，各自朝身軀卷起，方形目，花冠，龍首末端有短鬣豎起，雙唇外卷，身軀以粗黑實線表示，身軀上下各有翎羽狀的長翼，無足，有雲雷紋爲地紋。

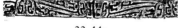

33-44a

33-44b

圖版 33-44a、33-44b：

器名：保卣。部位：a 提梁、b 圈足。時代：西周成王（西周早期）。出土地：傳河南洛陽。上海博物館藏。

紋飾說明：a 兩龍首相對，各自朝身軀卷起，圓形目，曲折角，龍首末端有短鬣豎起，雙唇外卷，身軀以粗黑實線表示，身軀上下各有翎羽狀的長翼，無足，有雲雷紋爲地紋。b 兩龍首相對，各自朝身軀卷起，圓形目，曲折角，龍首末端有短鬣豎起，雙唇外卷，身軀以粗黑實線表示，腹下有二彎勾足，有雲雷紋爲地紋。兩龍紋相疊，以其足部製造棱羽狀長翼的錯覺。兩圖版細節略

有不同，其放大圖見註文〔註 55〕。本器蓋面、頸部爲顧水草 IV 式紋飾（圖版 36-18a、36-18b）。

33-45

圖版 33-45：

器名：梁其鐘。部位：篆部。時代：西周晚期。出土地：陝西扶風法門寺任村。上海博物館藏。

紋飾說明：兩龍首相對，各自朝身軀卷起，圓形目旁有線條，雙唇上卷，似有舌吐出下垂，身軀以粗黑實線表示，身軀上下各有三角狀的長翼，胸前有一歧出線條，爲其足，有雲雷紋爲地紋。

33-46

圖版 33-46：

器名：刑人鐘。部位：篆部。時代：西周厲王（西周晚期）。出土地：陝西扶風齊鎮。上海博物館藏。

紋飾說明：兩龍首相背，各自朝身軀做大幅度卷起，兩龍首分別面對兩側，圓形目旁有線條，上唇上卷，無下唇，舌吐出外卷，身軀沿棱脊留白，身軀上下各有一三角形裝飾，爲其長翼，無足，無地紋。

33-47

圖版 33-47：

器名：卷龍紋鐘。部位：篆部。時代：春秋中期。上海博物館藏。

紋飾說明：兩龍首相背，各自朝身軀做大幅度卷起，兩龍首分別面對兩側，圓形目，雙唇上卷，下唇較爲短小不明顯，舌吐出下垂，長冠，身軀沿棱脊留白，身軀上下各有一由雲雷紋構成的三角形裝飾，爲其長翼，無地紋。

　　本組龍紋屬雙顧首龍紋中較爲常見、數量較多的一組，以上羅列圖例爲器名、部位、時代等資料完整，舉其爲分析之代表，其餘尚有部分紋飾相關資料不如上列圖例齊全，又紋飾特徵大同小異，則以表格的方式補充於後，以供參考。

顧ＳＶＣ紋飾補充：

 33-48 卣；西周早期	 33-49 卣；西周早期； 日本出光美術館藏	 33-50 卣；西周早期

〔註 55〕（頸部）　（圈足）

		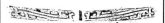
33-51 鐘；西周晚期； 陝西扶風強家村出土	33-52 卣；西周時期	33-53 卣；西周時期

　　綜合以上圖版可看出紋飾間細微差異不大，如圖版 33-40 至 33-44，33-48 至 33-50、33-52、33-53 等除冠的形式、紋飾線條粗細等略有差異外，其特徵皆相仿；圖版 33-45 至 33-47、33-51 則又紋飾特徵較為相近，但紋飾特徵差異略大於圖版 33-40 等紋飾，各紋飾間唇部、背翼的形式差異較大，但大致仍可歸於一類。從中可歸納出本組紋飾特徵與器類有明顯關聯，若出現於卣、禁、尊等非鐘上之紋飾，其特徵皆為圓形目，雙唇外卷，以冠做龍首裝飾，以粗黑實線表示身軀；若出現於鐘上紋飾則多為圓形目旁有線條，雙唇上卷或僅有上唇，並皆有舌，龍首多無冠裝飾，身軀沿棱脊留白裝飾，與卣器等紋飾特徵區隔明顯，其共同特徵為雙顧首的形式，皆有背翼裝飾，多無足，其餘細部特徵則因器類呈現出極大的差異，對於辨偽判斷頗有助益。時代上則運用年限頗長，於商已可見，直至春秋時期仍有所運用，但主見於西周時期，尤其是西周早期數量最多。

　　顧 S V 式龍紋皆呈雙顧首的型態，並多有背翼，其中顧 S V C 為顧 S V 式中數量最多者，可視為顧 S V 式的代表。綜觀上述顧 S V 式紋飾，可發現出現於鐘上之紋飾多為圓形目旁有線條、無龍首裝飾、唇部形式較特別或有舌，不僅是顧 S V C 如此；而不同於顧 S V A、顧 S V B 紋飾中以有足者居多，顧 S V C 多無足，紋飾於構圖對稱、線條細膩等方面亦優於顧 S V A、顧 S V B 紋飾；其他細部特徵方面則顧 S V 式整體大致相同，但於構圖中仍可見各組的特色分明。

　　顧 S 型龍紋共五十三的圖版，輔以其他可見資料，共有六十二器進行分析。其中以顧 S III B 龍紋數量最多，有二十八器，其次為顧 S V C，有十四器，其餘各類皆不超過十器，從中可知顧 S 型龍紋最為常見的型態為顧 S III B、顧 S V C 等，可說為顧 S 型龍紋的主要形態。

　　顧 S I 式紋飾極為簡單，龍紋呈輪廓狀且無地紋裝飾，可能為族徽之圖騰或出現於器物不顯眼之處；可知資料有限，僅知可見於商至西周年間，細緻的分期則待更多資料加以分析。顧 S II 式數量不多，紋飾比顧 S I 式裝飾略

多，身軀以棱脊留白的方式呈現立體感，並有地紋裝飾，見於西周中期至晚期。顧 S III A 紋飾短小，身軀與尾部斷開，見於西周早中期至西周中期。顧 S III B 紋飾則較顧 S III A 明顯瘦長許多，並身尾相連，爲顧 S 型龍紋中數量最多者，見於西周中期至春秋早期，並以西周中期爲多。顧 S IV 式紋飾可見年代頗長，由西周早期至晚期，其紋飾之細節特色亦隨時代而有所改變。顧 S V A 無背翼，見於春秋時期；顧 S V B 有背翼且與龍首相連，見於西周晚期至春秋時期；顧 S V C 則雖有背翼但與龍首分離，於商已可見，直至春秋時期仍有所運用，但主要見於西周時期，尤其是西周早期數量最豐，以上三組以顧 S V C 數量最多。由表 3-4 數據中明顯可見，以上諸式中僅顧 S III B、顧 S V C 兩組於器類運用上有所集中，前者多以鼎器爲見，後者主要見於卣與鐘上，其餘各式（組）在器類上並無偏好的情形，數據呈現零散分布的個數。其餘器類與年代資料如下：

表 3-4：顧 S 型爬行龍紋器類暨年代一覽表

	匜	卣	盂	鬲	壺	尊	禁	鼎	瓶	盤	簋	觶	鐘	甗	罍	盨	鑑	合計	時　　代
顧 S I				1							1							2	商－西周
顧 S II			1	1														2	西周中期－西周晚期
顧 S III A		2				2					1							5	西周早中期－西周中期
顧 S III B	2	2	1	1	1			13		1	3		2		1	1		28	西周早期－春秋早期，西周中期爲多
顧 S IV		1						1			1			1				4	西周早期－西周晚期
顧 S V A							1							1				2	春秋時期
顧 S V B			1					1					3					5	西周晚期－春秋時期
顧 S V C	1	6				2	1						4					14	商－春秋中期，以西周時期爲多，尤其是西周早期
合　計	3	11	3	3	1	4	2	15		1	6		9	2	1	1		62	

整體而言，顧 S 型龍紋各部特徵主要以圓形目爲主，圓形目旁有線條者次之，方形目者偶見，於所有圖例中僅見二例。唇型則主要爲雙唇外卷，約佔半數，其次爲雙唇上卷，再次之爲上唇上卷而無下唇者。龍首裝飾有花冠、長冠、各式角型、無裝飾等形式，其中龍首無裝飾者僅見於顧 S V 式的雙顧首龍紋中，與花冠各約佔顧 S V 式半數，龍首無裝飾者應是考量構圖協調所至，其餘龍紋以花冠最多，長冠次之，以角爲裝飾者於所有圖例中僅佔四例，

可視爲偶見；整體觀之，顧 S 型龍紋以花冠與長冠裝飾者高達 80%，無裝飾者約佔 13%，以角爲裝飾者佔約 6%〔註56〕，其中角、冠裝飾的落差明顯可見。身軀裝飾主要爲棱脊留白，其次爲粗黑線表示，其餘則爲輪廓狀、粗黑線中有留白滾邊等形式，所有圖例中僅圖版 33-30 身軀上有雲雷紋妝點。背部則多有長翼裝飾，足部以無足者爲多，若有足則多以彎勾線條表示。綜合上述特點，搭配上列圖例，可看出顧 S 型龍紋屬簡潔而不繁複的紋飾風格，下表爲各部件特徵與時代關係簡表。

表 3-5：顧 S 型爬行龍紋各部件特徵與時代關係表

	紋　飾　的　時　代　特　色
目	1. 以圓形目最多，通見於商至春秋中期。 2. 圓形目旁有線條者次之，見於西周中期至春秋中期。 3. 方形目者偶見，西周早期與中期各見一例。
唇	1. 主要爲雙唇外卷，通見於商至春秋早期。 2. 其次爲雙唇上卷，見於西周中期至春秋中期。 3. 再次之爲上唇上卷而無下唇者，見於西周晚期至春秋早期。
龍首裝飾	1. 花冠與長冠見於商至西周中期。 2. 各式角型見於西周中期穆王之前。 3. 無裝飾者爲雙首形式特有，侷限於西周晚期至春秋早期。
身	1. 棱脊留白數量最多，主要見於西周中期之後。 2. 其次爲粗黑線，主要見於西周中期。 3. 輪廓狀、粗黑線中有留白滾邊等形式，分別偶見於商至西周早期，及西周晚期兩階段。
足	1. 無論足部數量，皆可見於商至春秋中期的各階段，時代分界不明顯。

顧 S 型龍紋爲顧首型龍紋中數量最多者〔註57〕，以兩龍相背構圖的形態最爲常見，可見時間頗長，於殷墟時期至春秋時期皆可見，但主要見於西周時期，並以西周中期數量最豐，爲其主要流行年代。身軀多做棱脊留白狀，主要以冠爲龍首裝飾，且多無足無爪，亦少見以彎勾線條做足者；由角至冠

〔註56〕顧 S 型龍紋共計 62 例，其中以花冠裝飾者有 43 例，長冠裝飾者有 7 例，無裝飾者有 8 例，瓶狀角 2 例，尖角與曲折角各 1 例；其數量換算之百分比，經四捨五入至整數後則如上述。

〔註57〕筆者收錄之顧首型爬行龍紋共計 193 個，其中顧直型有 4 例；顧 L 型有 29 例；顧 S 型 66 例；顧 W 型 35 例；顧己型 35 例；顧水草型 24 例。可見以顧 S 型數量最多，約佔整體顧首型龍紋的 34%。

做裝飾的現象推測與西周以後鳳鳥紋的流行有關。其中顧 S Ⅲ B、顧 S V C 爲顧 S 型龍的代表，其主要可見時間恰好有所區格，顧 S Ⅲ B 主要見於西周中期，顧 S V C 則於西周中期未見一例，可見於西周早期、西周晚期、春秋時期等階段，以西周早期最多；兩者器類的運用亦有所差異，顧 S Ⅲ B 活躍應用於鼎上，不僅出現於口沿、圈足等爲陪襯紋飾，亦多做爲此器物上唯一的主要紋飾，顧 S V C 則主要運用於卣器的提梁、口沿、圈足及鐘器的篆部上，於卣器上之龍紋亦往往爲器上唯一的紋飾，未與其他紋飾搭配，或雖與其他紋飾搭配，但仍佔所有紋飾的主體，顯示龍紋於該時期裝飾地位的改變。

第四節　顧首 W 型爬行龍紋

本型龍紋龍首回顧，臀部翹起，尾上翹後內卷，身軀整體呈現英文字母「W」的形態，故以此命名，於後以「顧 W 型」簡稱。又可依其足部形態分爲三式：（一）足有爪形；（二）足爲拳狀；（三）足尖爲戟形。以下分別論析之。

一、顧 W I 式：足有爪形

34-1

圖版 34-1：

器名：伯各卣〔註 58〕。部位：頸部。時代：西周早期〔註 59〕。出土地：寶雞竹園溝 M7 西周墓。寶雞博物館藏。

紋飾說明：方形目，張口，雙唇上卷，曲折角，龍首朝向尾部，尾向上卷，身軀無花紋裝飾，沿棱脊留白，背部前段與後段分別有一豎起的彎勾線條，爲其短翼，臀部下方另有一彎曲的線條，爲其腹鰭，腹部下方有一足，足有利爪，似有地紋。由《分期》一書之全器照片〔註 60〕，可知此爲兩龍相背之對稱構圖，中有一獸首。拓本左側亦可見獸首殘留的痕跡。

〔註58〕此器見於《年代》、《分期》、《精華》等書，唯《精華》器名作伯格卣，此處採多數之說。彭裕商：《年代》，圖十四：2（頁 536）；王世民等：《分期》，卣7（頁 123）；馬承源：《精華》，圖 499（頁 144）。

〔註59〕關於伯各卣的年代，有學者認爲當屬康昭之際，不早於武成時期（盧連成等：《強國》，頁 265）；彭裕商由器形的角度分析，認爲器形與成王器相同，年代不應晚於康王（彭裕商：《年代》，頁 535～537）。王世民等則直接以西周早期器論之（王世民等：《分期》，頁 124）然不論成王或康昭之際，皆屬西周早期的範圍，並早於圖版 34-2，故置於圖版 34-2 之前。

〔註60〕王世民：《分期》，卣圖 7（頁 123）。

34-2

圖版34-2：

器名：父辛觥。部位：口沿。時代：西周昭王（西周早期）。

紋飾說明：圓形目，張口，雙唇上卷，半環狀角上有花冠狀裝飾，龍首朝向尾部，尾向上卷，身軀無花紋裝飾，沿棱脊留白，背部有長翼裝飾並與身軀分離，臀部下方有倒V的線條，與尾部平行後分歧，使得龍紋尾部狀似分歧的模樣，腹部下方有一足，足有利爪，似有地紋。龍紋特徵大致與圖版34-1近似，身軀花紋與形態相同，並同有利爪；但龍首與背部裝飾略異。由拓本左側殘留棱脊的痕跡，應為兩龍相背之對稱構圖。

34-3

圖版34-3：

器名：御正衛簋。部位：口沿。時代：西周早中期。〔註61〕台北故宮博物館藏。

紋飾說明：龍紋特徵與上兩圖版差異略大。圓形目，雙唇外卷，花冠，龍首朝向尾部，尾向上卷，身軀為實心粗黑線，上無裝飾，背部前段與後段分別有與身軀分離的細長翎羽狀裝飾，又似有所相連，為其長翼，臀部下方有二彎勾線條做腹鰭，腹部下方有一足，足有利爪，有細緻的雲雷紋為補地。

34-4

圖版34-4：

器名：簋。部位：不明。時代：西周中期偏早。

紋飾說明：圓形目，雙唇外卷，花冠，龍首朝向尾部，尾向上卷，身軀沿棱脊留白，背部有與身軀分離的細長翎羽狀裝飾，為其長翼，腹部下方有一足，足有利爪，有雲雷紋為補地。由拓本外觀推測，紋飾可能位於圈足或口沿等狹長部位。

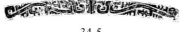

34-5

圖版34-5：

器名：伯盂。部位：頸部。時代：西周中期。

紋飾說明：兩龍紋相背，中有棱脊間隔。圓形目，雙唇外卷，長冠，龍首朝向尾部，尾向上卷，身軀沿棱脊留白，背部前段與後段分別有與身軀分離的細長翎羽狀裝飾，又似有所相連，為其長翼，腹部下方有一足，足有利爪，足的前後各有一翎羽狀裝飾，有雲雷紋為補地。龍紋特徵與圖版34-3相近，唯冠、身軀的形態略異。本圖版屬長冠，並身軀沿棱脊留白，足部前後有翎羽狀裝飾；龍紋線條亦略粗於圖版34-3。

　　由以上資料中可見圖版34-1屬圖例中年代最早者，其可能年限為成王至康昭之際，年代上雖具爭議，但仍較圖版34-2年代略早；其龍紋仍以角為龍

────────────

〔註61〕此器彭裕商作穆王器，王世民等作康王前後器。故此處採寬泛之說，以西周早中期論之。彭裕商：《年代》，頁537；王世民等：《分期》，頁62。

首之裝飾，似乎仍延續商代龍紋裝飾的習慣，尚未受到西周中期流行鳳鳥紋長冠的影響。由圖例中可看出圖版 34-1、34-2 紋飾線條較粗，並且身軀略短，紋飾間仍帶有些許樸質的特色，與圖版 34-3 至 34-5 瘦長、細緻流暢的風格不同；以精美程度論，圖版 34-3 至 34-5 略勝一籌。而圖版 34-1 與其他圖版背翼的裝飾方式不同，爲豎立的短翼。圖版 34-2 背翼形態與圖 34-3 至 34-5 相同，皆爲翎羽狀長翼，但紋飾線條特色仍與圖 34-1 相近，且其龍首裝飾爲半環狀角上有花冠裝飾，呈現出過渡的色彩。由圖版 34-3 開始，龍紋皆以冠爲裝飾，但裝飾有異，其中圖版 34-4 裝飾較多，與圖版 34-3、34-5 裝飾較簡的形態不同；此兩類型於顧 W 型龍紋皆可見，而以後者裝飾較簡者較爲常見。

　　其他相似紋飾於回首龍紋簋〔註62〕、柳鼎〔註63〕口沿、伯各尊〔註64〕頸部、㵢伯卣〔註65〕蓋沿及頸部、作登尊簋〔註66〕頸部亦可見，以上諸器除作登尊簋爲西周中期前段器，柳鼎爲西周晚期器外，其餘皆屬西周早期器。其中伯各尊的紋飾特徵與圖版 34-1 的伯各卣相當，除紋飾左側的獸面紋改以棱脊間隔外，其餘細部特徵則皆相仿，可相互參酌；回首龍紋簋則隔獸首相背排列，圓形目，雙唇外卷，花冠，身軀沿棱脊留白，臀下有一爪，爪的前後各有數處彎勾線條做腹鰭；柳鼎爲圓形目，雙唇外卷，花冠，身軀沿棱脊留白，臀下有一爪，爪後延伸成翎羽狀；㵢伯卣則爲圓形目，雙唇外卷，花冠，身軀以粗黑實線表示，背有長翼與身相連，腹下有一爪，尾部有倒 V 線條，其足部、尾部特徵與圖版 34-2 近似；作登尊簋兩龍首相背中有獸首間隔，圓形目，雙唇外卷，花冠，身軀沿棱脊留白，身軀前段有三角形的長翼，形態與圖版 34-3 御正衛簋有些許相似，但沿身軀棱脊留白裝飾，非全身爲粗黑線。

　　綜合以上資料，顧 W I 式共十器，其中西周早期五器，西周早中期一器，西周中期三器，且其中有二器屬中期偏早，西周晚期一器，故可知顧 W I 式龍紋見於西周早期至西周晚期，以西周早期至中期前段爲多。器類方面，

〔註62〕中國青銅器全集編輯委員會：《全集 6》，圖 40（頁 40）、說解頁 13。

〔註63〕馬承源：《精華》，圖 320（頁 91）。陝西寶雞虢鎮出土，現藏中國歷史博物館。

〔註64〕中國青銅器全集編輯委員會：《全集 6》，圖 169（頁 164）、說解頁 51～52。

〔註65〕中國青銅器全集編輯委員會：《全集 6》，圖 192（頁 187）、說解頁 58。

〔註66〕王世民等：《分期》，簋 64（頁 82）。

有四器爲簋，二器爲卣，其餘分屬鼎、盂、尊、觥；出現部位皆爲口沿、圈足、頸部等狹長圈狀部位。整體而論，顧 W I 式龍紋的共同特色爲：多爲圓形目、雙唇外卷，亦見少數爲方形目、雙唇上卷者，除圖版 34-1、34-2 年代較早，仍以角爲飾外，其餘皆以冠爲飾，身軀皆以棱脊留白爲飾，背上具有長翼，足爲爪狀，紋飾整體瘦長流暢，但早期較中期線條略爲粗肥呆拙。可見年代集中於西周早中期；主要出現於簋器，卣器次之。

二、顧 W II 式：足爲拳狀

34-6

圖版 34-6：

器名：彧簋〔註67〕。部位：口沿。時代：西周穆王（西周中期）。

紋飾說明：兩龍紋相背對，圓形目，上唇上卷，無下唇，長冠，龍首朝向尾部，尾向上卷，尾尖與三角形裝飾相連，整體爲戟形，身軀沿棱脊留白，背部前段有一細長的翎羽狀裝飾，腹部前段有一細小的拳狀，臀部下方另有一彎勾線條，爲其腹鰭〔註68〕，後方有一三角形裝飾，有雲雷紋爲補地。

34-7

圖版 34-7：

器名：同自簋。部位：口沿。時代：西周孝、夷前後（西周中期）。

紋飾說明：圓形目，上唇上卷，有彎勾的細線做下唇，長冠，龍首朝向尾部，尾向上卷，尾尖與三角形裝飾相連，整體爲戟形，身軀沿棱脊留白，背部前段有一細長的翎羽狀裝飾，腹部前段有一爪狀足，臀部下方另有一

〔註67〕 本圖版拓本來自上海博物館青銅器研究組：《商周》，圖 315（頁 113）與陳佩芬：《夏商周》（西周上），頁 272，前者器名爲彧簋，後者爲彧作祖庚尊簋，雖器名不同，但透過銅器照片、紋飾特徵、銘文內容等可看出爲同一器，其器名的差異乃取銘文字數的差異所致。而與本圖版同名爲彧簋之銅器圖片尚見於中國青銅器編輯委員會：《全集 5》，圖 59（頁 56）與王世民等：《分期》簋 13（頁 62），並亦爲穆王時器。透過銅器圖片可知《全集 5》與《分期》同爲一器，但與《商周》、《夏商周》等書爲不同一器：《全集 5》之彧簋飾以鳳鳥紋，並全器皆有裝飾，與《商周》等書僅口沿飾一周龍紋的情況不同。此處特將此現象提出，以免讀者複檢閱讀時有所誤會。

〔註68〕 雖前述龍紋中常見以彎勾線條做足者，但未見拳狀足與彎勾狀足同時並存者；又參酌顧 W I 式、顧 W III 式足的形式，其腹下的彎勾線條皆爲腹鰭；且顧 W II 式的圖版 34-7、34-8 彎勾線條前的線條明顯爲爪狀，實爲龍紋之足部而無疑義，故此處雖圖版 34-6 中彎勾線條或較拳狀足更加明顯，但仍將其視爲腹鰭，不視爲足。

彎勾線條，爲其腹鰭，後方有一三角形裝飾，有雲雷紋爲補地。本圖版龍紋特徵與圖版 34-6 頗爲相似，唯唇部、翼、足有細微的差異；圖版 34-6 龍紋無下唇，圖版34-7 則有細線做下唇，且背部長翼的位置略偏前，與下唇相連，腹下足則爲爪狀，並成中空狀，與圖版 34-6 腹下拳狀足呈實心狀細線不同。其餘冠、身軀形態等則皆與圖版 34-6 相同。

34-8

圖版 34-8：

器名：簋。部位：不明。時代：西周時期。

紋飾說明：龍紋特徵與圖版 34-7 極爲相似，除拓本弧度不同外，幾乎爲同一圖；由拓本左側殘留的棱脊痕跡，應爲兩龍相背之對稱構圖。

　　由上列圖版可看出顧 W II 式紋飾整體相似度頗高，細部特徵的差異亦不大，與多數型式間各圖版中仍可看出較大的差異不同。與其他顧 W 型龍紋最大的辨別之處在於腹部下同時有明顯的彎勾線條爲腹鰭與較爲細小拳（爪）狀足，其腹鰭較足部更爲明顯，此點於其他龍紋中亦從未見，屬顧 W II 式極爲特殊之處。圖版 34-7 與 34-8 紋飾細部特徵皆相同，又器類同屬「簋」，兩圖版唯一的差異在於拓本弧度不盡相同，圖版 34-7 爲彎曲的弧線，圖版 34-8爲直線。推測可能爲同一器不同部位的紋飾，或爲同一組器〔註 69〕，否則兩紋飾不至如此相似。然目前無更多資料可茲佐證，故暫以二器論之；可見年代上兩器則應屬同一時期。

　　與顧 W II 式相似的紋飾尚可見於𪔖田父盉〔註 70〕、免盤〔註 71〕口沿、靜簋〔註 72〕頸部，其分屬西周中期器、西周懿王器、西周穆王前後器，皆屬西周中期之範疇。此外，𧽼作祖庚簋、休簋、中𣁥父簋、趞簋、南宮柳鼎上亦飾有顧 W II 式紋飾，其中𧽼作祖庚簋不早於恭王，南宮柳鼎爲屬王器，其餘皆屬孝夷前後器〔註 73〕。由於上述紋飾僅休簋、中𣁥父簋可見其紋飾繪本

〔註 69〕因《年代》一書未註明圖版出處，無從複查；又檢閱其他收錄青銅器之書籍，亦未見此器，無法有更多資料來證明同𣁥簋是否一器上有兩組相似紋飾。

〔註 70〕西周中期器，足邊無三角形，拳較粗。見《全集 5》，圖 113（頁 108）。

〔註 71〕西周中期懿王時器，現藏於德國柏林民族學博物館。見《分期》，盤圖 13（頁158），頁 156；《斷代》下冊，頁 729。

〔註 72〕西周中期穆王前後器，《分期》，簋 14（頁 62），頁 60～61。

〔註 73〕關於各器時代參自彭裕商：《年代》，頁 537～538，但書中僅提及紋飾相似，對於紋飾細部特徵並無說解，且無圖版可供參考。

〔註74〕，其餘皆為文字資料，無法確知紋飾細部特徵，文中僅就休簋、中自父簋加以說明。休簋紋飾位於頸部，圓形目，長冠，上唇上卷，下唇細小，身軀沿棱脊留白，背有長翼，並與下唇相連（如圖版 34-7、34-8），腹下有一爪狀足，後有一彎勾的腹鰭，腹鰭與尾間有空心的三角形裝飾，似有地紋。中自父簋則有兩器，其紋飾分別位於頸部與口沿，紋飾特徵與休簋相似，雖細節有些許差異，如紋飾位於口沿，一器目型為臣字形目，兩器皆地紋明確等，但紋飾整體形式相當，且特徵相仿，故不再贅述。

以上圖版、文字資料共有十二器，其中有十器為西周中期器，一器屬西周晚期，一器（圖版 34-8）僅知屬西周時期，但推測屬西周中期；器類方面則有九器為簋，其他分屬盤、盉、鼎。綜上所述，顧 W II 式紋飾之共同特徵為：兩龍相背構圖，身軀沿棱脊留白，整體細長；長冠，上唇上卷，下唇不明顯或無下唇，腹部下方有細小的拳（爪）狀足，臀下有與身軀等粗的彎勾線條做腹鰭，腹鰭與尾部間多有一三角形裝飾（極少數無三角裝飾）；背部有細細的長翼，且多與下唇相連，尾尖為戟形。主要見於西周中期，西周晚期仍有少量運用，較顧 W I 式主要以西周早期為見略晚；器類則以簋最為常見。

三、顧 W III 式：足尖為戟形

本式紋飾與顧 W II 式差別在於顧 W II 式臀部彎勾線條前方為拳（爪）狀足，然顧 W III 式臀部彎勾前則為三角形裝飾，並且彎勾線條與三角裝飾相連，整體似戟形；其形態又似在顧 S III B 的基礎上加入上卷的長尾，尾尖亦為戟形。

34-9

圖版 34-9：

器名：龍紋簋。部位：口沿。時代：西周中期。

紋飾說明：圓形目，張口，雙唇外卷，長冠，龍首朝向尾部，臀部翹起，尾向上卷，尾尖為戟形。身軀沿棱脊留白，臀部下方以彎曲的線條做足，足尖成戟形，後方有一個空心三角形裝飾，背部前段有與身軀分離的長翼，有雲雷紋補地。

〔註74〕分別見於嚴一萍：《金文總集3》（台北：藝文印書館，1983 年），圖 2243（頁1172）、圖 2351（頁 1229）、圖 2204（頁 1151），中自父簋有兩器同名，分見於圖 2351、2204。該書命名略有出入，休簋名為「休乍父丁寶簋」，中自父簋則名為「仲自父乍好旅簋」。由紋飾、時代的吻合，且器名首字相同，推測為定名取捨的不同，但應為同一器。

34-10

圖版 34-10：

器名：龍紋簋。部位：口沿。時代：西周中期。

紋飾說明：雖與圖版 34-9 同名，但由冠與翼的形狀不同、足後方為實心三角形裝飾等細部差異，可知非同一器。其它特色則與圖版 34-9 近似，並龍紋為相背對稱排列。

34-11

圖版 34-11：

器名：紀侯簋。部位：口沿。時代：西周中期。

紋飾說明：兩龍紋相背中隔棱脊。圓形目，張口，雙唇上卷，長冠，龍首朝向尾部，臀部翹起，尾向上卷，尾尖為戟形，身軀沿棱脊留白，臀部下方以彎曲的線條做足，足尖成戟形，後方有一個空心三角形裝飾，背部前段有與身軀分離的細長翎羽狀長翼，非與身等粗的翼，有雲雷紋補地。此器器蓋著顧 S 型龍紋，見圖版 33-20。〔註 75〕

34-12

圖版 34-12：

器名：屝簋。部位：蓋沿。時代：西周中期。出土地：河北順義縣。

紋飾說明：兩龍紋相背對。與圖版 34-11 紋飾特徵相似，差異在於足後有一如爪形之線條，非三角形裝飾；背部長翼略粗，冠形略異。

34-13

圖版 34-13：

器名：劉家村盂。部位：圈足。時代：西周晚期。出土地：陝西扶風劉家村。

紋飾說明：龍紋同向排列。圓形目，張口，雙唇外卷，長冠，龍首朝向尾部，臀部翹起，尾向上卷，尾尖為戟形，身軀沿棱脊留白，臀部下方以彎曲的線條做足，足尖成戟形，後方有一個實心三角形裝飾，背部前段有與身軀分離的長翼，無地紋。

34-14

圖版 34-14：

器名：簋。部位：不明。時代：西周。

紋飾說明：紋飾形態、特徵與圖版 34-13 相近，足部後方皆為實心三角裝飾；然龍首較小，冠與翼的形狀略有所不同，但仍為長冠，且有雲雷紋為地紋。

其他與顧 W Ⅲ 式相似之紋飾，可見於呂服余盤、己侯簋、師毛父簋、㿟簋、夔紋簋等。上述紋飾僅㿟簋可見其紋飾繪本，其餘皆為文字資料，無法

〔註 75〕見陳佩芬：《夏商周》（西周下），頁 317；中國青銅器全集編輯委員會：《全集 6》，圖 86（頁 84）。

確知紋飾細部特徵，故僅就覭簋加以說明。覭簋同名者有二器〔註76〕，其特徵爲圓形目（或圓形目旁有線條），長冠，雙唇外卷，身軀棱脊留白，腹下有一足，足尖爲戟形，足尾之間有一中空的三角形裝飾（或爪後有線條延伸，而無三角形裝飾），背翼呈三角形，有雲雷紋補地。時代方面，呂服余盤屬西周中期末段至晚期前段器，夔紋簋屬夷王器，師毛父簋爲夷廥時器，覭簋、己侯簋則爲西周晚期器；其可見時間多爲西周中期末年至西周晚期的階段〔註77〕。加以前述六個圖例，顧 W III 式龍紋共分析十二器，其中西周中期有五器，西周中晚期有二器，西周晚期有四器，圖版 34-14 則僅知爲西周器，然由紋飾特徵推測，其範圍應不出西周中期至西周晚期間；器類方面，簋器有十，其餘分屬盤與盂。故可得知顧 W III 式可見時間集中西周中期偏晚至西周晚期此一階段，並以簋器最爲多見。其紋飾主要共同特徵爲：圓形目，長冠，多雙唇外卷，身軀沿棱脊留白，龍首朝向尾部，臀部翹起，尾向上卷，尾尖爲戟形，背有長翼，腹下有一足且足尖爲戟形，足尾間多有三角形裝飾，多有地紋。

由圖例中明顯看見顧 W III 式紋飾身軀特色與顧 S III B 頗爲相似，皆以冠爲飾、身軀沿棱脊留白，腹下有一足，足尾尖端皆呈戟形，兩者的主要差異在於身軀構成「S」與「W」外觀的差異，甚至可說是在「S」的基礎上加入上卷的尾部而成爲「W」。在可確知年代的圖例中，可知顧 W III 式可見年代爲西周中期偏晚至晚期，前述顧 S III B 可見年代爲西周早期至春秋中期，主要流行於西周中期；兩者流行時間有所重疊，顧 S III B 又略早於顧 W III 式。又顧 W II 式流行時間略早於顧 W III 式，由顧 W II 式演變爲顧 W III 式之原由，極可能是與顧 S III B 之間相互影響所致。綜上所述，以龍紋形態與可見年代論之，顧 W III 式乃於顧 S III B 的基礎上演變之推論更具可能性。

顧 W 型龍紋，共收錄十四個圖版，加以文字資料補充，共分析三十四器，其中顧 W I 式十器，顧 W II 式十二器，顧 W III 式十二器，各式出現的器類與年代以簡表列於下：

〔註76〕分別見於嚴一萍：《金文總集 3》，圖 2320（頁 1210）、圖 2321（頁 1211）。該書分別命名爲「覭乍障簋」一、二。雖器名略有差異，但由紋飾、時代的吻合，且器名首字相同，推測爲定名取捨的不同，但應爲同一器。

〔註77〕各器年代參自彭裕商：《年代》，頁 538，本文之 W III 式約等同於彭裕商之 D IV 式，然書中僅提及上述紋飾皆屬相似的一類，對於紋飾細部特徵並無說解，且無圖版可供參考。

表 3-6：顧 W 型爬行龍紋器類暨年代一覽表

	卣	盂	盉	尊	鼎	觥	盤	簋	合 計	時　　代
顧 W I	2	1		1	1	1		4	10	西周早期－西周晚期，以西周早期至中期前段爲多
顧 W II			1		1		1	9	12	西周中期偏晚－西周晚期，以西周中期偏晚爲多
顧 W III		1					1	10	12	西周中期－西周晚期
合　計	2	2	1	1	2	1	2	23	34	

　　而由表 3-6 的數據中可明顯看出顧 W 型龍紋不論何式，出現於簋之數量皆有一定比例，顧 W II 式、顧 W III 式比例更佔有三分之二，可知其主要出現器類爲簋，其他於鼎、卣、尊、觥、盉、盂、盤等則有少量的運用；並且三式數量差距不大，顯示顧首 W 型龍紋並不以某一式爲主，雖以顧 W II 式、顧 W III 式略多，但與顧 S III B 佔顧首 S 型龍紋全體數量近半數的情形不同。顧 W 型龍紋三式的差異主要在於足部特徵，其足部的演變過程爲：足爲爪形－足爲拳狀－足爲戟形；而可見年代則分別爲，顧 W I 式流行西周早至中期偏早；由確知王系之器可判斷，顧 W II 式流行於西周中期偏晚；顧 W III 式則流行西周中期至晚期，且西周晚期數量皆較顧 W I 式、顧 W II 式爲多，可明顯看出三式龍紋間有年代先後上的關聯。由上列各式圖版中，可看出其足部特徵有越來越簡化的趨勢，此現象反應出紋飾發展至一定程度後，必然又走向簡化的進程。另一方面，可能亦與顧 S III B 龍紋間相互影響有關；顧 W III 可見年代與顧 S III B 時間有所重疊且略晚，就兩者形態與年代的關係推論，顧 W II 至顧 W III 形態上的轉變，極可能受到顧 S III B 的影響所致。

　　整體而言，顧 W 型龍紋其共同特徵爲：圓形目，以長冠或花冠爲主，多雙唇外卷，其中顧 W II 式雖雙唇外卷，但下唇多半細小不明顯，身軀皆以棱脊留白或粗黑線表示，未見以雲雷紋裝飾者，背部皆以長翼裝飾，腹下皆有一足，其足部型態則依型式不同而略有差異，呈現爪形、拳狀、戟形三種模式，尾部皆上卷，其中顧 W II 式、顧 W III 式尾尖多爲戟形，身軀整體呈「W」形外觀，多有地紋。上述特徵除爪形、尾尖形式較具時代分野外，其餘特徵皆可見於顧 W 型各式中，可見整個西周時期。其各式特徵與時代的關聯如下述簡表：

表 3-7：顧 W 型爬行龍紋各部件特徵與時代關係表

	時　　　　代　　　　特　　　　色
目	1.目型以圓形目較多，可見於西周時期各階段。 2.方形目與圓形目旁有線條偶見，分別於西周早期、西周中期與西周晚期各見一例。
唇	1.唇型以雙唇外卷居多，可見於西周各階段，其中下唇細小者侷限於西周中期。 2.雙唇上卷者可見於西周早期至西周中期。
龍首裝飾	1.花冠與長冠可見於西周各階段。 2.半環狀角、曲折角等角型則侷限於西周早期。
身	1.棱脊留白者數量較多，通見於西周各階段。 2.以粗黑線表示者，見於西周早期及西周早中期。 3.西周早期尾尖多不爲戟形；西周中期至西周晚期，尾尖則多做戟形。
足	1.足爲爪形流行西周早期至中期偏早。 2.足爲拳狀流行於西周中期偏晚。 3.足爲戟形流行西周中期至晚期，且以西周晚期數量較多。

　　比對顧 S 型與顧 W 型龍紋，主要差異爲身軀彎曲形態不同，呈現 S 與 W 的分別；然兩者細部特徵相似處頗多，如尾尖呈戟形、多以冠裝飾、背上具有長翼等。整體而言，顧 S 型龍紋可見時間略早於顧 W 型龍紋；又顧 W II 式至顧 W III 式紋飾的轉變，則受到顧 S III B 特徵的影響，故可見顧 S 型龍紋對顧 W 型龍紋間的影響，從中亦顯露出西周中期至西周晚期紋飾慣用的風格。而在應用器類上，顧 S 型龍紋以鼎最爲常見，與顧 W 型龍紋則以簋爲最常見器類，兩者於器類上有明顯的區隔。

第五節　顧首己型爬行龍紋

　　此型龍紋的特徵爲身軀中段呈方折狀，其身軀轉折處不若顧 S 型或顧 W 型龍紋爲圓滑的弧線，爲近九十度角的方形轉折，龍紋整體呈現「己」字形，故以此命，於後以「顧己型」簡稱。又依翼的有無分爲兩式：（一）無翼；（二）有翼。

一、顧己 I 式：無翼

　　本式龍紋背部無短翼或長翼裝飾，紋飾有直立與橫置兩類，然以橫置爲多。又可依地紋與身軀裝飾的形態分爲三組：A 組無地紋並身軀無裝飾，B 組有地紋並身軀粗肥有裝飾，C 組有地紋並身軀以寬粗線條表示。

（一）顧己 I A：無地紋，身軀無紋飾

本組紋飾僅見於鼎立耳之側面，皆爲直立狀並皆無地紋，與適應紋飾出現部位有關，與其他顧己型龍紋區別頗大。

35-1

圖版 35-1：
器名：方鼎。部位：耳。時代：殷墟晚期。
紋飾說明：圓形目，張口，似雙唇上卷，葉狀尖角。龍首朝尾部，尾部向後卷，身軀爲輪廓狀，腹前有短小的彎勾線條做足，無地紋。

35-2

圖版 35-2：
器名：曑父丁鼎。部位：耳。時代：西周早期。
紋飾說明：圓形目，張口，雙唇外卷，葉狀尖角。龍首朝尾部，尾部向後卷，身軀以線條表示，腹前有一短小的爪狀足，無地紋。

35-3

圖版 35-3：
器名：方鼎。部位：耳。時代：西周早期。
紋飾說明：紋飾特徵與圖版 35-2 相似，圓形目，葉狀尖角，龍首朝尾部，尾部向後卷，身軀以線條表示，無地紋；但腹前無足，且唇部形態不同，似雙唇內卷。

35-4

圖版 35-4：
器名：方鼎。部位：耳。時代：西周早期。
紋飾說明：紋飾特徵與圖版 35-1 較爲相似，方形目，張口，似雙唇上卷，葉狀尖角。龍首朝尾部，尾部向後卷，身軀爲輪廓狀，腹前有一短線條，可能爲足或舌，無地紋。

殷墟中期至殷墟晚期的 **𠂤**父乙方鼎〔註 78〕立耳側面紋飾亦屬本組紋飾，其紋飾特徵爲圓形目，張口，雙唇上卷，葉狀尖角。龍首朝尾部，尾部向後

〔註78〕見商承祚：《十二家吉金圖錄》（金文文獻集成本，第二十冊，香港：明石文化，2004 年）式二，於後以《十二家》簡稱本書。其年代推斷詳參本文第四章第一節。

卷，身軀爲輪廓狀，腹前有一爪狀足，無地紋。綜合上述資料可歸結出本組紋飾皆見於鼎之立耳，然由銅器照片往往因角度的緣故而無法得知該銅器立耳側面之紋飾，故筆者蒐集之資料中僅見此四例圖版，加以一文字資料，數量上並不算豐碩。但由僅知的資料中，仍明顯可見其間紋飾風格一致，各細部特徵並無顯著變化，多爲圓形目，皆以葉狀尖角爲龍首裝飾，而由於紋飾出現部位屬鼎器較不顯眼的位置且可發展空間有限，故紋飾頗爲簡單，身軀以輪廓或單一線條表示，足部亦以線條簡單勾勒，呈彎勾狀或爪狀，且無地紋裝飾，紋飾整體頗爲樸拙。

由圖版資料中可知顧己ⅠA龍紋由殷墟晚期至西周早期皆可見，而四個圖例的風格一致，並皆以角裝飾龍首，一方面顯示出殷墟晚期至西周早期風格的延續，一方面亦呼應前述分析中，西周中期之後多以冠取代角做爲龍首裝飾之現象。上述圖版中，除圖版 35-2 之外〔註 79〕，其於圖版皆可見於《紋樣》，根據其圖版資料，本組紋飾皆見於方鼎；由方鼎比例之高，可推見本組紋飾與方鼎的關係密切，雖由紋飾拓本無法得知方鼎之外觀型式，然分析方鼎之流行時間仍可做爲本組紋飾可見時間的另一參考。西周早期的方鼎多承接商制，至中期才有變化，然以後亦甚少見〔註 80〕，顯示方鼎多見於西周中期之前，則器形與圖版年代資料亦相合。綜合以上圖版資料，可知顧己ⅠA紋飾可見於殷墟晚期至西周早期，並由器類、龍首裝飾等特徵可推知本組紋飾流行年代下限僅至西周早期。

（二）顧己ⅠB：有地紋，身軀粗肥有紋飾

35-5

圖版 35-5：
器名：尊。部位：不明。時代：殷墟中期。
紋飾說明：方形目，張口，雙唇上卷，但下唇較爲短小且卷曲程度較不明顯，尖角，龍首朝尾部，尾部向下卷，以多條與身軀平行之線條裝飾，無足，以雲雷紋補地。

35-6

圖版 35-6：
器名：有肩尊。部位：不明。時代：殷墟中期。日本根津美術館藏。
紋飾說明：臣字形目，雙唇似做合口狀，曲折角，龍首朝尾部，尾部向下卷，以多條與身軀平行之線條裝飾，背部有兩處豎起的短鰭，無足，以雲雷紋補地。

〔註 79〕 見於陳佩芬：《夏商周》（西周上），頁 51。由銅器照片可知爲父丁鼎爲圓鼎。
〔註 80〕 見馬承源：《中國青銅器》，頁 90。

35-7

圖版 35-7：

器名：瓿。部位：圈足。時代：殷墟晚期。

紋飾說明：圓形目，張口，雙唇上卷，尖角，龍首朝尾部，上方有延伸的線條，可能為其鬣，龍首下方有一雲紋，似為其耳，尾部向下卷，身軀以雲雷紋點綴裝飾，腹部有二細足，以雲雷紋補地。由《紋樣》中銅器照片可知本圖版位於圈足部位。〔註81〕

35-8

圖版 35-8：

器名：卣。部位：不明。時代：殷墟晚期。

紋飾說明：方形目，張口，雙唇上卷，瓶狀角，龍首朝尾部，尾部向下卷，身軀以雲雷紋點綴裝飾，腹下與龍首下方各有一彎勾線條做足，尾部亦有歧出之彎勾線條，似為鰭，以雲雷紋補地。

　　本組紋飾共有四個圖例，根據圖版資料可知顧己ⅠB可見年代為殷墟中期至殷墟晚期，在應用的器類上則無明顯的偏好，於尊、瓿、卣中皆可見。其紋飾主要特徵為：以角為龍首裝飾，龍首回顧，有地紋。目型則較多元，有圓形目、方形目、臣字形目等，除圖版 35-6 之外，唇型多上卷，身軀上有線條或雲雷紋裝飾，足部形式則有足、無足者各半，身軀以線條裝飾者則無足，以雲雷紋裝飾則有足。

　　相較於顧己ⅠA以線條或輪廓代表身軀，顧己ⅠB紋飾身軀顯得具體並有存在感，身軀皆呈實心狀態並以線條或雲雷紋裝飾，身軀之外並有細密的雲雷紋為補地，以突顯出紋飾主體，整體精緻許多。此現象可能與龍紋出現部位有關，由拓本形狀可判斷顧己ⅠB紋飾皆出現於器物表面上，顧己ⅠA紋飾則應用於立耳側面，較顧己ⅠB而言屬於不明顯的位置，因此在紋飾的裝飾程度上亦有明顯的區別。上列圖版除身軀有紋飾，並有地紋裝飾之外，皆具有以角做龍首裝飾，雙唇朝同一方向的特徵，但紋飾之間裝飾程度仍可見明顯的區別。圖版 35-5、35-6 身軀紋飾裝飾較簡單，以多條與身軀彎折方式相同的平行線條裝飾且無足，圖版 35-7、35-8 則以雲雷紋裝飾並有足，年代上以圖版 35-5、35-6 略早於圖版 35-7、35-8；整體而言呈現越加繁複的現象。

　　顧己ⅠB組紋飾隨年代越加繁複的現象，恰與前述顧W型龍紋三式紋飾間隨著年代越晚越加簡化的現象大不相同，顯示出紋飾發展的不同規律；由

〔註81〕林巳奈夫：《紋樣》，圖 5-213（頁 194）。

前述分析中可知顧 W 型龍紋可見於西周早期至西周晚期，兩者之間的差異顯示出商代紋飾仍屬發展的階段，故紋飾朝越加繁複、精緻的方向發展，西周紋飾則已發展至一定程度，反逐漸簡化、抽象的方向發展。

（三）顧己 IC：身軀以寬粗線條表示

本組龍紋身軀細瘦，以寬粗線條爲身軀，其形態或呈粗黑實心狀，或棱脊留白呈中空的粗黑線條兩類。

35-9

圖版 35-9：

器名：婦好爵。部位：流部。時代：殷墟中期。出土地：河南安陽殷墟五號墓。

紋飾說明：方形目，張口，雙唇上卷，半環狀尖角。龍首朝尾部，尾部略向後卷起，身軀爲粗黑線，身軀中段有歧出的彎勾線條，似其足部。以雲雷紋補地。

35-10

圖版 35-10：

器名：不明。部位：不明〔註82〕。時代：殷墟晚期。

紋飾說明：方形目，雙唇上卷，曲折角，額頂有一短鬣，龍首側面有一凹字形耳，身軀沿棱脊留白，身軀上有多處歧出的彎勾線條，腹下有二足，尾部有鰭，有雲雷紋補地。其紋飾整體特徵與圖版 35-13、35-14 相似，推測位於某器之台。

35-11

圖版 35-11：

器名：獸面紋簋。部位：圈足。時代：殷墟晚期至西周早期〔註83〕。上海博物館藏。

〔註82〕 本圖版《圖典》資料爲觚器、商代，《紋樣》作匜的台、殷墟晚期，《圖典》一書年代僅分商、西周、春秋、戰國等區塊，故兩書時間資料相合，然於器類上則頗爲分歧。根據馬承源之研究，匜最早出現於西周中期後段，流行於西周晚期和春秋時期，則與《紋樣》資料不合。雖觚器常見於殷墟晚期，然由拓本形狀亦無法判斷爲觚器，因筆者檢閱觚器之經驗，其拓本多呈圓弧狀之型態（如第二章第四節中下折 IA、下折 IB 之觚器紋飾），少有長方形圖版者，即便爲長方形圖版，於拓本中亦可見棱脊之痕跡（如第二章第一節中前直 III B 中之觚器紋飾）。由本圖版左側可見寬粗之素面外框，其形態應與圖版 35-13 近似，屬某器之台，但未知何器。故此處器類資料暫從缺，年代資料上兩書一致則採林巳奈夫之說。見顧望等：《圖典》，頁 228；林巳奈夫：《紋樣》，圖 5-222（頁 195）；馬承源：《中國青銅器》，頁 268。

〔註83〕 本器段勇作殷墟四期，相當於筆者分類中殷墟晚期，其資料參考自《商周》；而陳佩芬則作西周早期。本處採寬泛之說，以殷墟晚期至西周早期涵蓋本器之年代。見段勇：《幻想》，圖十三：1（頁 101），頁 63；上海博物館青銅器

紋飾說明：龍紋兩兩成相背排列，方形目，張口，雙唇
上卷，瓶狀角，龍首朝尾部，旁有身軀延伸而出的平行
線條，尾部向下卷，身軀沿棱脊留白裝飾，腹下與龍首
下方各有一彎勾線條做足，尾部亦有歧出之彎勾線條，
似為鰭，並似有雲雷紋補地。龍紋整體與顧已ⅠB的圖
版 35-8 極為近似，但身軀裝飾方式不同，且於龍首旁有
身軀延伸而出的平行線條。

圖版 35-12：

器名：龍爵。部位：腹部。時代：西周早期。

紋飾說明：方形目，雙唇上卷，尖角，龍首旁有由身軀延伸而出的
平行線條，紋飾整體較長，腹前有一爪狀足，身軀上歧出之彎勾線
條頗多，有雲雷紋補地。此紋飾於器物上即做斜向放置，頗為特殊。
整體而言，紋飾特徵與圖版 35-9 相近，但龍首裝飾不同，腹前足部
爪狀明顯，身軀形式略有差異。

35-12

圖版 35-13：

器名：龍紋禁。部位：禁壁。時代：西周早期。

紋飾說明：方形目，雙唇上卷，曲折角，額頂與龍首側面各有一短
鬣，紋飾整體較長，身軀沿棱脊留白，腹前有一爪狀足，身軀上歧
出之彎勾線條頗多，有雲雷紋補地。整體而言與圖版 35-10 略似，
但身軀粗線留白處較少，顯得較為粗壯。

35-13

圖版 35-14：

器名：簋。部位：方座。時代：西周早期。

紋飾說明：方形目，雙唇上卷，尖角，龍首旁有由身軀延伸而出的
平行線條，身軀上歧出之彎勾線條頗多，腹下有一足，尾部有鰭，
有雲雷紋補地。整體特徵與圖 35-12 較相近，角型一致並亦以實心
的粗黑線為身軀主體，角旁亦有身軀延伸之線條；但身軀歧出線條
較少，且紋飾整體較為短小。

35-14

　　本組龍紋尚可見於北京故宮博物院藏之矢壺圈足，為殷墟中期器〔註84〕；
以及中國歷史博物館藏之召卣腹部，為西周早期後段器〔註85〕。矢壺紋飾特

　　　研究組：《商周》，圖 296（頁 107）；陳佩芬：《夏商周》（西周上），頁 99。
〔註84〕 見丁孟：《200》，圖 43（頁 71）。本器為商代晚期器，傳河南安陽出土，由全
　　　器滿佈紋飾及其精緻程度，推測為殷墟中期器。
〔註85〕 見馬承源：《中國青銅器》，卣圖 24（頁 230）。其卣圖 20（頁 229）亦同名為
　　　召卣，然由圖中器物的描繪可知非同一器，卣圖 20 之召卣為上海博物館藏
　　　品。

徵爲臣字形目，瓶狀角，雙唇上卷，龍首回顧，龍首旁有由身軀延伸而出的線條，身軀沿棱脊留白，腹下有兩足，尾部下卷，有雲雷紋補地；召卣紋飾特徵與圖版 35-12 頗爲近似，皆爲方形目，尖角，雙唇上卷，龍首回顧，龍首旁有由身軀延伸而出的平行線條，以粗黑線爲身軀，腹前有一彎勾足，尾部有鰭，並於器物上亦爲斜向構圖。加以上述六例，顧己 I C 龍紋共有八器。由上列圖版資料中，可歸結出顧己 I C 紋飾可見時間由殷墟中期至西周早期，可見年限頗長；可見於爵、簋、禁、卣、壺，以爵與簋上略爲多見（各佔兩器）；其紋飾共同特徵爲：方形目爲多，圓形目與臣字形目偶見，雙唇上卷，皆以角做龍首裝飾，有尖角、曲折角、瓶狀角等形式，身軀以粗黑線條表示或以棱脊留白裝飾，身軀上有多處歧出線條，腹前多有足，以彎勾狀爲主，少數做爪形，皆有雲雷紋做地紋。

如前所述，顧己 I C 紋飾皆以角做龍首裝飾，有瓶狀角、曲折角、尖角等形式；其中飾以尖角、瓶狀角的龍紋，其身軀皆延伸至龍首，於紋飾中呈現出一段與尖角平行的線條。並且進入西周時期後，顧己 I C 紋飾於腹前多出現一裝飾線條（如圖版 35-12、35-13），由龍紋整體的形式與構圖判斷，爲其爪足；但亦有保留殷墟時期紋飾形態者（圖版 35-14），顯示顧己 I C 紋飾於西周時呈現出變動的狀態，於既有的紋飾中找尋增加裝飾程度的空間，但亦保留前期文式特色。此外，由圖版中龍紋方向性的多變，亦可看出顧己 I C 紋飾於應用時的彈性，不論直向、橫向、斜向皆有所運用，與多數紋飾單一的方向性略有不同。

整體而言，顧己 I B 與顧己 I C 紋飾型態較爲近似，皆有雙唇上卷、以角爲龍首裝飾、腹前多有彎勾足、以雲雷紋補地的特徵，並且兩組紋飾之尖角裝飾旁皆有身軀延伸之線條；然顧己 I C 以粗黑線或棱脊留白的粗黑線爲身軀主體，故相較於顧己 I B 組具紋飾裝飾之身軀顯得細瘦。兩者可見年代有所重疊，顧己 I B 見於殷墟中期至殷墟晚期，顧己 I C 則見於殷墟中期至西周早期，但主要見於殷墟晚期至西周早期，流行時間略晚於顧己 I B，可見時間亦較長。

綜合以上顧己 I 式龍紋的分析，紋飾出現於殷墟中期至西周早期；A 組見於殷墟晚期至西周早期，B 組見於殷墟中期至殷墟晚期，C 組見於殷墟中期至西周早期。其紋飾特徵以圓形目與方形目爲主，多雙唇上卷，皆以角爲龍首裝飾。其中 B 組與 C 組紋飾特徵較爲接近，腹前多有足，皆有地紋，主要差

別在於身軀主體的形式，前者有紋飾裝飾，後者則無；A 組紋飾特徵則與 B、C 組差異頗大，紋飾較爲簡略，無地紋。而在應用器類方面，僅 A 組紋飾具有特定出現的器類——鼎，B、C 組紋飾則無此傾向，運用範圍廣泛而不一致，其中 C 組紋飾在運用上更顯出多元的方向性，不單爲直向或橫向的運用。而顧己 I 式龍紋皆以角爲龍首裝飾，其流行下限又僅至西周早期，再次顯示出西周中期後龍紋才逐漸以冠爲主要龍首裝飾的現象。

二、顧己 II 式：有翼

本式龍紋背部皆有翼狀裝飾，或呈豎立之短翼，或爲長翼，其中長翼型態多樣，有見與身軀分離或相連者，亦有隨身軀彎曲者。以下有可依身軀相連與否分做兩組，A 組身軀相連無斷開，B 組身軀前後斷開。

（一）顧己 II A：身軀相連無斷開

35-15

圖版 35-15：

器名：鄂叔簋。部位：口沿。時代：西周早期。上海博物館藏。

紋飾說明：圓形目，張口，雙唇上卷，花冠。身軀以粗黑線表示，背部有一豎起的短翼，腹部下方有四彎勾做足，尾部亦有歧出的彎勾線條，有雲雷紋補地。本圖版屬龍紋與圓渦紋的配合使用，爲此類紋飾中較爲特殊的一例。與本圖版相似之紋飾亦見於殷墟晚期之 𤔲 鼎口沿〔註 86〕，其紋飾各細部特徵皆非常相近，除拓本弧度略有差異外，幾乎看不出兩拓本不同之處。故推測本圖版乃殷墟晚期風格之延續。

35-16

圖版 35-16：

器名：方彞。部位：頸部。時代：西周早期。

紋飾說明：圓形目，上唇上卷，下唇形態不清晰，似略爲外卷，爲此類圖版中唯一下唇外卷者，半環狀角，外有花冠狀裝飾，身軀棱脊留白，腹部有四彎勾做足，其中一足翹起，背有與身軀相同彎折方式之長翼，形態頗特殊。拓本右下可見以雲雷紋補地，由左側棱脊的殘留痕跡可推測此紋飾爲兩龍相背之對稱構圖。並由紋飾中未見圈足之凹型推測，紋飾應位於頸部。

〔註 86〕　

見上海博物館青銅器研究組：《商周》，圖 686（頁 242）。

35-17

圖版 35-17：

器名：作冊嗌卣。部位：頸部。時代：西周早期。上海博物館藏。

紋飾說明：兩龍相背，中有獸首。圓形目，雙唇上卷，T 形角，但略有長冠之傾向，身軀沿棱脊留白，腹部有一明顯的爪狀足，背部有一翎羽狀的翼，身軀上有歧出的彎勾裝飾，尾部內側有彎曲線條裝飾，以雲雷紋補地。另，作冊鄅卣一器頸部紋飾與圖版 35-17 紋飾紋飾幾近相同，如似長冠的 T 形角、爪狀足、背部翎羽狀翼等特徵皆相似。作冊鄅卣為昭王時期之標準樣式〔註 87〕，可做為判斷本圖版年代上的參考。

35-18

圖版 35-18：

器名：守宮盤。部位：口沿。時代：西周中期偏早。出土地：河南洛陽廟坡。英國不列顛博物館藏。

紋飾說明：由右側棱脊的殘留痕跡可推測此紋飾為兩龍相背之對稱構圖。方形目，雙唇上卷，花冠，身軀沿棱脊留白，但留白部分較少，故視覺上略較其他圖版粗壯。背部有一彎勾的短翼，且方向朝龍首，較為特別。腹部有二彎勾做足，尾部內側有彎曲線條裝飾，以雲雷紋補地。整體紋飾略似圖版 35-17，但足、翼等部位裝飾方式略異。

35-19

圖版 35-19：

器名：格伯作晉姬簋。部位：口沿。時代：西周晚期。

紋飾說明：龍紋呈相背排列，圓形目，雙唇上卷，長冠，身軀後段棱脊留白，前段有雲雷紋點綴裝飾，腹部有一與身軀等粗爪狀足，背部有長翼，有雲雷紋補地。此紋飾線條較其他圖版略顯粗糙，可能是拓本製作過程所致。

35-20

圖版 35-20：

器名：簋。部位：口沿。時代：西周晚期。

紋飾說明：龍紋以棱脊為中心相背排列。方形目，雙唇上卷，花冠，身軀後段棱脊留白，前段有雲雷紋點綴裝飾，背部有一豎起的彎勾狀短翼，腹下有一爪狀足，以雲雷紋補地。紋飾整體特色與圖版 35-19 最為近似，但紋飾線條較為精緻，背部為豎起彎勾狀之短翼，非長翼。而腹部的爪狀足前粗後細，皆與其他圖版不同，頗為特殊。

〔註87〕見馬承源：《精華》，頁 145。此器與作冊嗌卣外觀極為相似，但比對過兩器資料（長寬高、重量、銘文）可確知非同一器。傳出土於河南洛陽馬坡，現為上海博物館藏。

　　與顧己 II A 相似的紋飾還見於旂方彝〔註88〕器身口沿及圈足、蓋面上緣，伯盂〔註89〕口沿，免尊〔註90〕頸部等處。旂方彝爲西周昭王器，圓形目，雙唇上卷，花冠，身軀滿佈雲雷紋裝飾，背有豎起的短翼及與身軀相同彎折方式之長翼，腹下有二彎勾足，有雲雷紋補地；其形態與圖版 35-16 近似，背部長翼裝飾形態頗爲近似，但旂方彝之紋飾身軀略粗並有雲雷紋裝飾，且冠的形式不同，屬尾端有繁複裝飾的花冠。伯盂爲西周早期器，隔獸首相背排列，方形目，雙唇上卷，長冠，額頂有短鬣，尾部棱脊留白，身軀上有雲雷紋點綴裝飾，腹部有一與身軀等粗爪狀足，腹下有多處彎勾線條，背部有豎起的短翼及與尾部平形的長翼，有雲雷紋補地。免尊爲西周中期器，圓形目，雙唇上卷，長冠，身軀沿棱脊留白，腹下有一爪狀足，背部有翎羽狀長翼，有雲雷紋補地。

　　綜合以上圖版及文字資料，顧己 II A 組紋飾共有十一器，其年代可見於殷墟晚期至西周晚期，然以西周早期至中期較爲常見，西周早期有六器，西周中期有二器，其餘殷墟晚期、西周晚期各僅見一例；器類方面，則以簋器略多，佔有三器，方彝、卣分佔二器，盤、鼎、盂、尊各佔一器。紋飾風格上，其共同特徵以圓形目爲主，少數爲方形目，多雙唇上卷，僅圖版 35-16 一例爲雙唇外卷，多以花冠或長冠爲龍首裝飾，即便爲 T 形角或半環狀角裝飾，其形式仍略具冠的特徵（如圖版 35-16、35-17 等），身軀多沿棱脊留白，部分身軀有雲雷紋點綴，皆有足，或做爪狀或做彎勾狀，背部有短翼或長翼裝飾，極少數紋飾兩者皆有，均有地紋。

　　如前所述，顧己 II A 主要以冠爲龍首裝飾。值得注意的是，圖版 35-15 及 🜊 鼎屬殷墟晚期及西周早期器。顯示出殷墟晚期時龍紋已可見以冠裝飾者。然此與前述分析中，西周中期以後逐漸以冠爲龍首主要裝飾之結論並不相衝突，只顯示出殷墟晚期至西周早期已可見以冠爲龍首裝飾的例子，但仍非多數。如圖版 35-16 則以半環狀角爲飾，但半環狀角外圍有花冠狀的裝飾；圖版 35-17 以 T 形角爲龍首裝飾，但其角形中又帶有冠之特點，皆呈現出角、冠之間過渡的色彩。旂方彝爲西周昭王器，恰爲鳳鳥紋最爲蓬勃之時，因此龍紋冠飾中也呈現出濃厚的裝飾性質，顯示出鳳鳥紋紋飾特徵對龍紋的影

〔註88〕見中國青銅器全集編輯委員會：《全集 5》，圖 130（頁 123）、說解頁 40，此器爲西周昭王器，陝西扶風莊白村西周窖藏出土，現爲周原博物館藏。
〔註89〕見丁孟：《200》，圖 73（頁 110）。現藏於北京故宮博物院。
〔註90〕見丁孟：《200》，圖 86（頁 130）。現藏於北京故宮博物院。

響；圖版35-18至35-20可見於西周中期偏早至西周晚期，其龍首上之冠則不見過渡色彩，爲一般常見的冠型。由上述分析中，不難看出西周昭穆之後龍紋受到鳳鳥紋特徵影響的現象。整體而言，由圖例中可明顯看出隨著時代的推演，西周昭王以後之紋飾裝飾漸多、紋飾整體更細緻；相對而言，前期紋飾則不論在紋飾線條風格、龍紋細部裝飾等皆較爲樸拙。

（二）顧己 II B：身軀前後斷開

35-21

圖版35-21：

器名：井姬鼎。部位：口沿。時代：西周昭穆之際（西周早中期）〔註91〕。出土地：陝西寶雞茹家莊。寶雞市博物館藏。

紋飾說明：此器紋飾風格極爲特別，圓形目，上唇上卷，下唇微微上卷，舌由上唇延伸後向下卷曲，整體又似長鼻，花冠，身軀爲實心的粗黑線條，身軀後半爲其有歧出的彎勾線條裝飾，線條彎曲的方式亦與下列其他圖版不同，似有二足，尾上卷。此外亦有彊伯鼎〔註92〕與此器紋飾相同。

35-22

圖版35-22：

器名：裘衛簋。部位：口沿。時代：西周恭王（西周中期）。

紋飾說明：龍紋以棱脊爲中心相背排列，圓形目，張口，雙唇上卷，花冠。龍首朝尾部，身軀前段與後段斷開，後半呈下卷雲紋狀，爲其足部與尾下卷的形態，身軀棱脊留白，背部有細長翎羽狀長翼，以雲雷紋補地。

35-23

圖版35-23：

器名：衛盉。部位：蓋沿。時代：西周恭王（西周中期）。出土地：陝西歧山董家村青銅窖藏。周原博物館藏。

紋飾說明：龍紋以棱脊爲中心相背排列，圓形目，張口，雙唇外卷，花冠。龍首朝尾部，身軀前段與後段斷開，後半呈下卷雲紋狀，爲其足部與尾下卷的形態，下有一處歧出的彎勾線條，可能爲腹鰭，身軀沿棱脊留白，背部前段有一豎起的短翼，頗爲細小，後段有細長翎羽狀長翼，以雲雷紋補地。此器器身口沿紋飾與蓋沿相同。

〔註91〕 關於此器的年代，參考自寶雞茹家莊西周墓發掘隊：〈陝西省寶雞市茹家莊西周墓發掘簡報〉，寶雞茹家莊西周墓發掘隊：〈陝西省寶雞市茹家莊西周墓發掘簡報〉，《文物》，1976年第四期，頁44。

〔註92〕 此器於《精華》，圖0314（頁90）中名爲彊伯鼎，與井姬鼎同墓出土，兩器器形、紋飾皆極爲相彷，但井姬鼎器形略小，經由《全集6》（圖一五七（頁153）、說解頁49）與《精華》二書器物資料比對後可知。

35-24

圖版 35-24：

器名：段簋。部位：口沿。時代：西周懿王（西周中期）〔註93〕。上海博物館藏。

紋飾說明：臣字形目，雙唇上卷，花冠，身軀沿棱脊留白，身軀後段下有兩處歧出的彎勾線條，應為其腹鰭，且下另有一弧線裝飾，身軀前段明顯可見一豎起的短翼，背部長翼則垂延至尾部，頗為特殊，為其他圖版所無，有雲雷紋補地。整體形態與圖版 35-23 接近，但目型、唇型、身軀形式略有差異，並更為拉長。

　　顧己 II B 紋飾與顧己 II A 紋飾最大差異在於身軀後段與前段不相連，其餘紋飾特徵大致相似；目型有圓形目與臣字形目，唇型亦以雙唇上卷為主，皆以花冠為龍首裝飾，身軀以粗黑線表示或沿棱脊留白，背部皆有背翼，僅以長翼裝飾或短翼、長翼並存，腹下皆有足，多與尾部構成一卷雲狀，皆有地紋。以上圖版及文字資料共五器，由資料可知本組紋飾見於西周昭穆之際至西周懿王，相當於西周早中期至西周中期前段，時間跨度不算太長；器類方面，則見於鼎、簋、盂。

　　由上述的圖例中，可明顯看到圖版 35-21 與圖版 35-22～35-24 紋飾風格上頗有差距。圖版 35-21 為上述圖版中風格最為特殊者，井姬鼎為西周時器，又其出土地仍屬周原之範圍〔註94〕，應屬周原風格。故其風格之特殊性當以時間的角度切入思考，正如〈陝西省寶雞市茹家莊西周墓發掘簡報〉之說：「此器風格既不同於西周早期的鳳鳥紋和夔紋，也不同於西周中期恭王時流行的回首夔紋，而是介於兩者之間，為早期夔龍紋向中期顧龍紋過渡的狀態。」器形上亦保留了早期深腹鼎的特點〔註95〕。可知圖版 35-21 正為西周早期過渡至中期變動的代表；而圖版 35-22～35-24 即為西周中期紋飾的典型代表，可說是顧己 II B 組紋飾的標準風格。其間的差異正好提供一個風格過渡軌跡的

〔註93〕本圖版可見於《夏商周》、《商周》與《分期》三書，其中《夏商周》、《商周》年代作西周懿王；《分期》則作西周中期前段。《夏商周》與《商周》具有明確王系又為多數，故此處採其說。上海博物館青銅器研究組：《商周》，圖 319（頁 113）；陳佩芬：《夏商周》（西周上），頁 289；王世民等：《分期》，簋 14（頁 62）。

〔註94〕據史念海先生考證，廣義的周原包括鳳翔、歧山、扶風、武功四縣的大部分，兼有寶雞、眉縣、乾縣、永壽四縣的小部分，東南延袤七十餘公里，順著渭河成為西北東南走向。此處轉錄自曹瑋：《周原遺址與西周銅器研究》，頁 55。

〔註95〕寶雞茹家莊西周墓發掘對：〈陝西省寶雞市茹家莊西周墓發掘簡報〉，《文物》，1976 年第四期，頁 44。

資料，對於紋飾風格的演進的了解頗有助益。而比對圖版 35-22 至 35-24 之間，有身軀逐漸拉長的趨勢，或許與年代的推進有所關聯。然於目前有限的資料中，此論點僅爲一個推測。

顧己 II B 尾部之形態頗似鳳鳥紋中的分尾形式。根據《分期》的研究，鳥紋分爲三類：小鳥紋、大鳥紋、長尾鳥紋。其中長尾鳥紋 III 5 式、III 6 式即爲分尾的形式，並且下股尾羽成卷雲紋或竊曲紋的樣式，其年代可見於昭穆之際直至厲王時期〔註96〕。與顧己 II B 可見於西周早中期至中期前段，時間上有所重疊，故推估顧己 II B 組龍紋與鳳鳥紋的相互影響頗深。

整體而言，顧己 II B 組紋飾可見於西周早中期至中期前段，由圖版 35-21 濃厚的過渡風格可知，早中期時的紋飾尚充滿變動與嘗試的色彩；典型的風格則集中於西周中期，並與西周中期長尾鳥紋處理尾部特徵的手法一致。

顧己型龍紋共二十四個圖版加上文字補充的資料，總計有三十三器，其中顧己 I 式十七器，顧己 II 式十六器，各式出現的器類與年代以簡表列於下：

表 3-8：顧己型爬行龍紋器類暨年代一覽表

	方彝	卣	盂	盉	壺	尊	禁	鼎	瓿	盤	爵	簋	合計	時　　　代
顧己 I A								5					5	殷墟晚期－西周早期
顧己 I B		1				2			1				4	殷墟中期－殷墟晚期
顧己 I C		1			1		1				2	2	8	殷墟中期－西周早期 備註：其中一器器類不明
顧己 II A	2	2	1			1		1		1		3	11	殷墟晚期－西周晚期
顧己 II B				1				2				2	5	西周早中期－西周中期前段
合　計	2	4	1	1	1	3	1	8	1	1	2	7	33	

〔註96〕

關於鳳鳥紋分類研究，參自陳公柔、張長壽：〈殷周青銅容器上鳥紋的斷代研究〉一文，收錄於王世民等：《分期》，頁 194～215。此茲舉一鳳鳥紋分尾形式之圖例，由上圖中可見尾部形態與顧己 II B 組龍紋身軀後半段特徵極爲相似。

　　整體而言，顧己型龍紋以圓形目與方形目爲主，多雙唇上卷，有以角爲龍首裝飾，亦有以冠爲龍首裝飾，殷墟時期以角爲主要裝飾，西周時期以冠爲多，身軀多以粗黑線表示或沿棱脊留白裝飾，少數有線條或雲雷紋裝飾，腹下多有足，其形式多以彎勾狀爲多，尾多朝龍首相反方向卷起，依紋飾方向呈現後卷與下卷的差異，多有地紋。其背翼則依各式而有所不同，顧己 I 式背上無翼，顧己 II 式背上有短翼或長翼。各部件特徵與時代關聯整理如下：

表 3-9：顧己型爬行龍紋各部件特徵與時代關係表

	時　　代　　特　　色
目	1.以圓形目與方形目爲主，散見於殷墟至西周時期各階段，時代分界不明顯。
唇	1.幾乎全爲雙唇上卷，可見於殷墟至西周各階段。 2.雙唇外卷於殷墟晚期、西周早期、西周中期各見一例；雙唇內卷則於西周早期出現一例。
龍首裝飾	1.龍首裝飾有角與冠兩種形式，兩者數量相當。 2.殷墟時期以角爲主要裝飾，西周時期以冠爲多。
身	1.身軀多以粗黑線表示或沿棱脊留白裝飾，少數有線條或雲雷紋裝飾。 2.棱脊留白與粗黑線可見於殷墟時期至西周中期，線條可見於殷墟中期，雲雷紋可見於殷墟晚期至西周早期、西周晚期。
足	1.一足者數量最多，可見於殷墟中期至西周晚期各階段。 2.二足者見於殷墟晚期至西周中期。 3.四足者見於殷墟晚期至西周早期。 4.無足者見於殷墟中期至西周早期。

　　顧己 I A 全出現於鼎耳側面，無地紋，以線條勾勒身軀，紋飾極爲簡單，與出現部位有關，可見於殷墟晚期至西周早期。顧己 I B 出現器類則不固定，身軀有線條或雲雷紋裝飾，並有地紋，較顧己 I A 繁複許多，可見於殷墟中期至殷墟晚期。顧己 I C 器類亦不一致，且其中一器器類不明，但由上表數據中可見以簋、爵略多；紋飾身軀以寬粗線條表示，或呈實心或呈棱脊留白的形式，較爲特殊的是紋飾於器類上，除以直向、橫向放置外，亦見斜向放置者，爲其他型式龍紋所未見，可見於殷墟中期至西周早期。顧己 II A 龍紋身軀未斷開，可見於殷墟晚期至西周晚期；其紋飾中透露出角與冠變動中的過渡風格，西周中期以後之紋飾則趨於固定，顯示殷墟晚期至西周早期以

角爲龍首主要裝飾的習慣已逐漸發生改變，直至西周中期之後冠才取代角成爲龍首主要的裝飾。顧己 II B 紋飾身軀前後斷開，僅侷限於西周早中期至西周中期偏早，其紋飾全以冠爲龍首裝飾，且尾部型態與長尾鳥紋的分尾形式頗爲相像，兩者流行時間亦有所重疊，顯示出西周中期時龍紋與鳳鳥紋間的相互影響。

　　顧己 II 式中部份龍紋亦可見於林巳奈夫《紋樣》一書中（如圖版 35-18 至 35-21、35-23），在林巳奈夫之分類稱其爲鳥身龍首神、鳥身顧首龍首神〔註97〕；其中圖版 35-21 朱鳳瀚將其視爲龍首鳥身紋〔註98〕；又《分期》中指出長尾鳥紋中的 III 4 式至 III 6 式和龍紋尾部有密切的關係，其中 III 5 式、III 6 式爲分尾之長尾鳥紋〔註99〕，與顧己 II B 尾部特徵相似。由筆者上述的分析，及其他學者的研究中皆可見顧己 II 式與鳳鳥紋之間的相似性與關聯性，此現象提供分期研究時一個思考、觀察的面向。由上表中可見顧己 I 式龍紋下限至西周早期，顧己 II 式見於殷墟晚期至西周晚期；由上述分析中可知顧己 I 式龍紋皆以角飾龍首，顧己 II 式龍紋多以冠飾龍首，但於西周中期前呈現出過渡的風格，無論在身軀形態或龍首裝飾上。鳳鳥紋於商末周初至西周中期昭穆之時大量出現於青銅器上，甚至西周早期至穆、恭之時，有人稱之爲鳳紋時代〔註100〕，足見西周早期至西周早中期時鳳鳥紋的流行與大量應用。而鳳鳥紋特色之一即爲其華麗的花冠，花冠鳳紋盛行於西周時期〔註101〕。此時間恰與龍首裝飾角、冠過渡現象的時間相合，因此龍首裝飾形態的改變，極可能是受到鳳鳥紋的影響所致；甚至連身軀形態的特色亦與鳳鳥紋間密不可分。

　　要言之，顧己型龍紋顯示出與鳳鳥紋之間相互影響的現象，尤其是顧己 II 式。而顧己 I 式與顧己 II 式時間的分界，正有助於了解顧己型龍紋受到鳳鳥紋影響的時間點，整體而言，於西周早期呈現出過渡風格，西周中期後顧己型龍紋的形態則漸趨固定。

〔註97〕見林巳奈夫：《紋樣》第二編第六章中頁 127～128 的分類説解。
〔註98〕見朱鳳瀚：《古代》，圖五・十七：2（頁 432）。
〔註99〕見王世民等：《分期》，頁 194～215。
〔註100〕馬承源：《中國青銅器》，頁 327。
〔註101〕馬承源：《中國青銅器》，頁 328。

第六節　顧首水草型爬行龍紋

「水草型」一詞源自彭裕商《年代》一書，因紋飾特點爲細長而曲折的線條構成，線條上多有歧出的鉤狀紋飾，與水草的形態相似，因此命名爲「水草型」龍紋〔註102〕。筆者此處採用彭裕商之命名，然範圍與其略有不同，如下列部份分析圖版彭裕商則歸入他類；筆者此處採取較爲寬泛的定義，凡身軀上具有多處歧出鉤狀紋飾者皆納入此範圍，於後以「顧水草型」簡稱。下依其身軀形態分爲三式：（一）L形；（二）U形；（三）橫E形。又本型龍紋中有部分紋飾爲雙首的形式，與前述形式略異，故另分一類，爲（四）雙顧首水草型龍紋。

一、顧水草I式：L形

本式紋飾龍首上方有一豎起的長翼，整體身軀呈L形，故以此稱呼。與前述顧L型龍紋的差異在於身軀上多有歧出的彎勾線條。然本式龍紋並不多見，目前在筆者收集的資料中僅見一例身軀全素面者，另一例則身軀上有雲雷紋裝飾，並非最典型的水草型龍紋，但因其紋飾整體仍具有水草型歧出的彎勾線條，故仍將其納入此類紋飾中。

36-1

圖版36-1：

器名：觚形尊。部位：腹部。時代：西周早期。

紋飾說明：方形目，張口，雙唇上卷，瓶狀角。龍首朝向尾部，尾向下卷。身軀無紋飾，爲粗黑實線。頂上有一粗黑線條，似豎起之長翼，腹下有兩足，胸前有彎勾裝飾，可能爲鰭。以細密的雲雷紋爲地紋。由器形外觀及龍紋旁有獸面紋推測，本圖版位於腹部的可能性高。

36-2

圖版36-2：

器名：祖己觚。部位：腹部。時代：西周早期。

紋飾說明：臣字形目，張口，雙唇內卷，其唇部形態爲其他龍紋少見，頗爲特殊，尖角。身軀形態則與圖版36-1極爲相似，但身軀有雲雷紋點綴，且無地紋。

〔註102〕見彭裕商：《年代》，頁532。

36-3

圖版 36-3：

器名：獸面飾象頭銅罍。部位：肩部。時代：西周早期。出土地：四川彭縣竹瓦街。

紋飾說明：龍紋位於圖版兩側，中為 O 卷 I A 龍紋（參見本文第四章第二節）。方形目，雙唇上卷，尖角。龍首朝向尾部，尾向下卷。身軀無紋飾，為粗黑實線。頂上有一粗黑線條，似豎起之長翼，腹下有二足，胸前有一彎勾裝飾，可能為鰭，似有雲雷紋為地紋。紋飾特徵與圖版 36-1 較為接近，但角型略異，且身軀為線條更細，整體紋飾較為簡單。

　　綜合上述資料可知顧水草 I 式紋飾僅見於西周早期；其紋飾共同特徵為龍首旁有長翼豎起，與身軀構成 L 形，方形目為主，雙唇多上卷，皆以角為龍首裝飾，腹下皆有二彎勾狀足，身軀若有裝飾則無地紋，身軀若以粗黑線表示，則有地紋，龍紋旁多搭配其他紋飾，如獸面紋或卷龍紋等，屬次要紋飾；器類則見於觚形尊、觚、罍等。其中圖版 36-1 出現於觚形尊中，由器類的命名可知此器外觀與觚器近似；圖版 36-2 則見於觚器。此現象或可視為顧水草 I 式偏好出現的器類為觚器的線索。

　　由上列圖版中，很容易得到一種印象，圖版 36-1、36-3 與圖版 36-2 可分做兩組，而兩組間紋飾裝飾程度有所差異，但身軀形式是相同的。再細觀則發現，兩組紋飾在目型、唇型與地紋的形態不甚相同。圖版 36-1、36-3 眼睛為方形目，雙唇上卷，身軀無裝飾，有地紋搭配；圖版 36-2 為臣字形目，雙唇內卷，身軀有裝飾，無地紋。雖有上述之差異，但圖版 36-1 與 36-2 龍紋旁皆搭配獸面紋，顯示在紋飾運用的習慣上仍有相通的地方。兩組龍紋裝飾的差異，或許可由地紋的有無做解釋，圖版 36-1、36-3 有細緻的地紋裝飾，故紋飾本身即不再著花紋，而圖版 36-2 則正好相反，無地紋裝飾，因此紋飾上有雲雷紋點綴。此點或與西周時期已很少見到殷墟時期流行的三層花紋有關；在筆者收錄的資料中，西周時期的紋飾不論何種形式，多帶有留白的風格，以一繁一簡做搭配。

二、顧水草 II 式：U 形

　　本式龍紋尾部呈豎立狀，龍首回顧，身軀整體呈英文字母「U」，故以此稱呼之。

36-4

圖版 36-4：

器名：卣。部位：蓋沿。時代：西周早期。

紋飾說明：龍紋同向排列，圓形目，雙唇外卷，花冠。龍首朝向尾部，尾向上豎起。身軀無花紋裝飾，以粗黑線表示，尾部有多處歧出的彎勾線條，腹部下方有二彎勾狀足，有雲雷紋爲地紋。由圖版左側棱脊的痕跡，可推測整體構圖呈相背對稱排列。並由拓本的形狀、弧度及下緣一圈素面留白，推測紋飾位於器蓋邊緣。西周早期的小夫卣〔註103〕與本圖版紋飾特徵皆相同，亦爲卣器，出現部位、時代亦相合，極可能爲同一器；但由可知資料中無法確知，仍暫視爲二器。

36-5

圖版 36-5：

器名：觶。部位：頸部。時代：西周早期。

紋飾說明：圓形目，雙唇外卷，花冠。龍首朝向尾部，尾向上豎起。身軀無花紋裝飾，以粗黑線表示，尾部有多處歧出的彎勾線條，腹部下方有二彎勾狀足，有雲雷紋爲地紋。紋飾特色與圖版 36-3 相似，但紋飾以獸面紋爲分界相背排列；並由獸面紋的運用搭配可推測，紋飾應位於頸部顯眼的部位，而非圈足。

36-6

圖版 36-6：

器名：卣。部位：蓋沿。時代：西周早期。

紋飾說明：圓形目，雙唇外卷，花冠，龍首朝向尾部，額頂有一豎起的短鬣，尾向上豎起。身軀爲輪廓狀，尾部有多處歧出的彎勾線條，腹部下方有二彎勾狀足，有雲雷紋爲地紋，上下有聯珠紋做邊界。此紋飾形態與顧水草 II 式其他紋飾差別於身軀爲空心的輪廓線，非實心粗黑線。由拓本的形狀推測，紋飾亦位於蓋沿。又，西周早期微師耳尊〔註104〕腹部的上下緣與本圖版紋飾近似，身軀呈輪廓狀，上下亦有聯珠紋爲邊界。

36-7

圖版 36-7：

器名：榮子方尊。部位：圈足。時代：西周穆王（西周中期）。

紋飾說明：圓形目，雙唇外卷，半環狀角外有花冠裝飾，龍首朝向尾部，額頂有一豎起的短鬣，尾向上豎起，身軀沿棱脊留白，背部有與身軀彎折方式相同的長翼，尾部有多處歧出的彎勾線條，腹部下方有四彎勾狀足，有雲雷紋爲地紋。此圖版屬顧水草 II 式中較爲特殊者，在彭裕商《年代》的分類中並未列入水草型龍紋中，因其冠的形式較爲特別，身軀裝飾方式亦與其它水草型龍紋不同；該紋飾細部風格多帶有前述顧己型龍紋的特色，如冠、長翼的形式等，但其身軀形狀及多處歧出的彎勾線條與顧己型龍紋仍有絕對的區隔，故仍歸入顧水草型龍紋之中。

〔註103〕見丁孟：《200》，圖 70（頁 106）。
〔註104〕見丁孟：《200》，圖 68（頁 102）。

36-8

圖版 36-8：

器名：觶形尊。部位：頸部。時代：西周中期。

紋飾說明：本圖版最右側有一獸面紋，獸面紋左邊有二顧水草 II 式龍紋，顧水草 II 式龍紋左側又有一倒立龍紋；換言之，本圖版以兩顧水草 II 式龍紋，搭配一倒立龍紋，以獸面紋爲間隔呈相背排列。其紋飾特徵爲圓形目，雙唇上卷，花冠，龍首朝向尾部，尾向上豎起，身軀無花紋裝飾，以粗黑線表示，尾部有多處歧出的彎勾線條，腹部下方有二彎勾狀足，有雲雷紋爲地紋。依紋飾拓本中有獸面紋搭配，可推測紋飾位於頸部。

本式紋飾尚見於龍紋卣〔註105〕的頸部、蓋沿等處，紋飾特徵圖版 36-8 相似，頸部紋飾有獸面紋，蓋沿則無獸面紋裝飾，兩者皆無倒立龍紋搭配，爲西周早期器。加以上列圖版資料，顧水草 II 式龍紋共計分析八器，其中卣器佔四器，尊器有三器，一器見於觶器。可見年代則爲西周早期至西周中期，並以西周早期爲多，佔 75%。

由圖版中可見顧水草 II 式雙唇形態則以兩唇外卷爲主，除圖版 36-7 以半環狀角外圍加以花冠裝飾，較爲特殊之外，其餘皆以冠爲龍首裝飾，身軀上有多數歧出的彎勾線條，腹部下爲其足，尾部形態則略似「干」字。冠的形態介於長冠與花冠之間，可能與歧出的彎勾特色有關。此特殊之龍首裝飾，亦見於圖版 34-2、35-16，以上二者皆屬西周早期之紋飾；而圖版 36-7 爲穆王時器，屬西周中期偏前，此現象說明此種半環狀角加以花冠裝飾的特殊形式出現於西周早中期，並顯示出該時期龍首裝飾的過渡性，與前述各節中所顯示龍首角與冠裝飾過渡的現象相合。

三、顧水草 III 式：橫 E 形

本式龍紋較顧水草 II 式身軀拉長，並於身軀中段有豎起的彎勾裝飾，爲其翼，與尾部形態近似，多呈「干」之形狀。龍紋身軀整體如英文字母「E」橫置之形態，故以橫 E 形稱呼之。

36-9

圖版 36-9：

器名：小子省壺。部位：頸部。時代：殷墟晚期。

紋飾說明：兩龍相背，圓形目，雙唇外卷，花冠。龍首朝向尾部，額頂有豎起的短鬣，尾向上豎起，上有歧出的彎勾線條。身軀無花紋裝飾，身軀中段有一豎起並多處歧出彎勾的翼，腹部下方有四彎勾狀足，無地紋。此紋飾身軀線條較細，並且龍首處僅以輪廓線表示，爲此類紋飾中較特別者。

〔註105〕中國青銅器全集編輯委員會：《全集 6》，圖 56（頁 55）。出土於山西沃曲村 6069 號墓，現爲山西省考古研究所藏。

36-10

圖版 36-10：

器名：入父乙尊。部位：腹部。時代：殷墟晚期。

紋飾說明：方形目，雙唇外卷，花冠，龍首朝向尾部，尾向上豎起，上有歧出的彎勾線條，身軀以粗黑線表示，身軀中段有一豎起並多處歧出彎勾的翼，呈干字形，腹部下方有四彎勾狀足，有雲雷紋補地，尾部有一倒立的小龍。本圖版身軀線條較圖版 36-9 粗實許多，爲顧水草 III 式最常見的形式，可視爲本式標準形紋飾。

36-11

圖版 36-11：

器名：咏父壬卣。部位：頸部。時代：殷墟晚期至西周早期〔註 106〕。上海博物館藏。

紋飾說明：龍紋以獸首爲間隔相背對稱。圓形目，雙唇外卷，花冠，龍首朝向尾部，額頂有豎起的短鬣，尾向上豎起，上有歧出的彎勾線條，身軀以粗黑線表示，身軀中段有一豎起的翼，呈 T 字形，腹部下方有四彎勾狀足，有雲雷紋補地，上下以聯珠紋爲邊界。由全器照片中可知，此器蓋沿紋飾亦同，但無獸首。〔註 107〕

36-12

圖版 36-12：

器名：龍紋尊。部位：腹部。時代：西周早期。

紋飾說明：龍紋以棱脊爲中心做相背排列，圓形目，雙唇上卷，花冠，龍首朝向尾部，額頂有豎起的短鬣，尾向上豎起，上有歧出的彎勾線條，身軀以粗黑線表示，身軀中段有一豎起的翼，呈干字形，腹部下方有四彎勾狀足，有雲雷紋補地。

36-13

圖版 36-13：

器名：鼎。部位：口沿。時代：西周早期。

紋飾說明：龍紋以棱脊爲中心兩兩成對相背排列。方形目，雙唇外卷，花冠，龍首朝向尾部，額頂有豎起的短鬣，尾向上豎起，上有歧出的彎勾線條，身軀以粗黑線表示，身軀中段有一豎起的翼，呈干字形，腹部下方有四彎勾狀足，有雲雷紋補地。由拓本呈帶狀推測，紋飾位於口沿。

36-14

圖版 36-14：

器名：尊。部位：頸部。時代：西周早期。

紋飾說明：龍紋以獸首爲中心兩兩成對相背排列。方形目，雙唇外卷，花冠，龍首朝向尾部，額頂有豎起的短鬣，尾向

〔註 106〕此圖版可見於《商周》與《夏商周》二書。《商周》器名爲天父壬卣，其年代定爲殷墟晚期；《夏商周》則名爲咏父壬卣，年代爲西周早期。其命名之差異乃因陳佩芬保留銅器上原始之模樣，此處命名亦採其說；年代上則採以殷墟晚期至西周早期來涵蓋兩者說法。上海博物館青銅器研究組：《商周》，圖 309（頁 111）；陳佩芬：《夏商周》（西周上），頁 177。

〔註 107〕陳佩芬：《夏商周》（西周上），頁 177。

上豎起，上有歧出的彎勾線條，身軀以粗黑線表示，身軀中段有一豎起的翼，呈干字形，腹部下方有四彎勾狀足，有雲雷紋補地。由拓本呈圓弧狀，且有獸面裝飾，推測紋飾位於頸部。

36-15

圖版 36-15：

器名：卣。部位：頸部。時代：西周中期至晚期。出土地：安徽屯溪。

紋飾說明：龍紋以獸首為中心相背排列。圓形目，雙唇外卷，花冠，冠與首分離（冠位於獸面紋兩側），龍首朝向尾部，尾向上豎起，上有歧出的彎勾線條，身軀以粗黑線表示，身軀中段有一豎起的翼，呈干字形，腹部下方有二彎勾狀足，有雲雷紋補地，上下有聯珠紋做邊界。本圖版身軀線條略呈弧線狀，非直線；冠的形態也較為特別，整體較寬而非瘦長狀，並與龍首分離；目與龍首的比例也不同於其他圖版，因此龍的神態亦有所差異。本器出土於周原以外的地區，故紋飾中透露出不同於其他紋飾的風格，應與地方風格有關。

　　顧水草 III 式龍紋在筆者蒐集的資料中共有七器，其圖版皆列於上，由上列資料中可歸結出本式龍紋始見於殷墟晚期，其年代下限可至西周晚期，但以西周早期較為常見（四器）；出現器類則有尊（三器）、卣（二器）、鼎、壺。雖圖版 36-15 為本式圖版可見下限，但根據發掘報告的研究，其紋飾與成王、懿王、孝王時器上的龍紋作風相同〔註 108〕。換言之，單以紋飾風格討論，則圖版 36-15 與西周早期至中期的紋飾相近。因此，於某種程度而言，本式龍紋流行的時間實乃殷墟晚期至西周中期。而兩者時間的差異，或許需將地區與周原之間風格傳遞的時間差考量其中，然此論點需要更多其他資料參考，此處筆者僅將此想法提出，日後若有機會再行深入的探討。

　　由圖版中可見，顧水草 III 式主要較顧水草 II 式身軀中段多了一豎起線條，即為龍紋的翼，其形態有見干字形、T 字形者，主要差異在歧出彎勾的多寡與位置；但此細節差異與時代先後則無關聯，其他如額頂的短鬣，腹下足的數量亦受到歧出彎勾的多寡與位置影響。目型以圓形目居多，亦可見方形目者；唇型則以雙唇外卷居多，少數為雙唇上卷；皆以花冠裝飾；身軀皆以粗黑線表示；多有地紋搭配。整體而言，殷墟晚期至西周晚期間，並未見明

────────────────

〔註 108〕見安徽省文化局文物工作隊：〈安徽屯溪西周墓葬發掘報告〉（《考古學報》，1959 年第四期，頁 59～90），頁 85。其研究成果認為綜合銘文、花紋、冶鑄、器形、器類等方面分析，此批出土青銅器之年代相當於中原地區的西周中期至晚期這一階段。

顯的差異與區隔，亦未見過渡的痕跡，其紋飾的細部差異與彎勾的數量、位置關聯較大，顯示顧水草 III 式龍紋於時代中的變動性不大。

四、顧水草 IV 式：雙顧首水草型龍紋

本式龍紋具有兩個龍首，身軀上亦有多處歧出的彎勾線條，呈現兩龍首相向，或兩龍首朝同一方向的形式，由於紋飾數量不多，故不再依龍首方向差異分組。

36-16

圖版 36-16：

器名：子父丁卣。部位：頸部。時代：殷墟晚期。

紋飾說明：兩龍首相對，各自朝身軀卷起，額頂有豎起的短鬣，圓形目，張口，雙唇外卷，花冠，腹下各有一呈「八」字形的彎勾足，無地紋。

36-17

圖版 36-17：

器名：母乙簋。部位：口沿。時代：殷墟晚期。

紋飾說明：兩龍首朝同一方向，方形目，張口，雙唇外卷，花冠，額頂有豎起的短鬣，身軀中段有一爪狀足，腹下有多數彎勾線條，為其腹鰭，有雲雷紋補地。

36-18a

36-18b

圖版 36-18a、36-18b：

器名：保卣。部位：a 蓋面、b 頸部。時代：西周成王（西周早期）。出土地：傳河南洛陽。上海博物館藏。

紋飾說明：a 兩龍首朝同一方向，圓形目，張口，雙唇外卷，曲折角，額頂有豎起的短鬣，腹下有二彎勾狀足，有雲雷紋補地，上下有聯珠紋為邊界。b 龍紋中有獸面紋間隔，兩龍首朝同一方向，圓形目，張口，雙唇外卷，曲折角，額頂有豎起的短鬣，背部有一豎起的短翼，呈「卜」字形，腹下有二彎勾狀足，有雲雷紋補地，上下有聯珠紋為邊界。

在筆者蒐集的資料中，顧水草 IV 式共有三器，年代可見於殷墟晚期至西周早期，由圖版 36-18a、36-18b 確知為成王時器，可知其年代下限屬西周早期偏早，顯示其可見年代頗為侷限。出現的器類有簋及卣兩類，以卣器略多。其最大的紋飾特色在於雙龍首與水草狀的身軀，以圓形目為主，亦可見方形目者；皆雙唇外卷，額頂有短鬣；龍首裝飾有花冠與曲折角兩種；身軀皆以粗黑線表示；主要以彎勾線條做足，唯圖版 36-17 較為特別，身軀中段另有一爪狀足；多有地紋。整體而言，紋飾特色差異不大，可見時代亦頗為短暫，於可見時代中亦未見明顯的紋飾變化。

顧水草型龍紋共十八個圖版，加上文字補充的資料，共計分析二十一器。

其中顧水草 I 式三器，顧水草 II 式八器，顧水草 III 式七器，顧水草 IV 式三器，各式出現的器類與年代以簡表列於下：

表 3-10：顧水草型爬行龍紋器類暨年代一覽表

	卣	壺	尊	觚	鼎	簋	觶	罍	合計	時　　代
顧水草 I			1	1				1	3	西周早期
顧水草 II	4		3				1		8	西周早期－西周中期
顧水草 III	2	1	3		1				7	殷墟中期－西周晚期
顧水草 IV	2					1			3	殷墟晚期－西周早期偏早
合　計	8	1	7	1	1	1	1	1	21	

　　顧水草 I 式身軀呈 L 形，以角為龍首裝飾，並皆與獸面紋搭配，於顧水草型龍紋中所佔數量頗少，僅見於西周早期。顧水草 II 式身軀呈 U 形，多以冠為龍首裝飾，主要見於西周早期。顧水草 III 式身軀呈橫 E 形，皆以冠裝飾龍首，主要較顧水草 II 式多豎立的翼，時間亦以西周早期數量最多；除周原地區之外，其他地區亦可見顧水草 III 式紋飾的應用，提供了解周原與地區風格間傳遞的線索。顧水草 IV 式有雙龍首，有以角與冠為龍首裝飾兩類，紋飾數量亦不多，可見時間則侷限於殷墟晚期至西周早期偏早。由上表可見，顧水草型龍紋以顧水草 II 式、III 式數量最多、最為常見，顧水草 II 式主要見於西周早期，顧水草 III 式可見時間雖跨度頗長，但仍以西周早期數量較多，兩者主要可見時間相當；換言之，顧水草型龍紋以西周早期最為流行。

　　整體而論，器類以尊、卣為多，其餘器類僅見個例，明顯可見顧水草型龍紋器類應用的偏好，紋飾則主要運用於頸部、口沿、蓋沿等狹長處。並由圖版中可知卣器之紋飾皆多與聯珠紋搭配，如圖版 36-6、36-11、36-15 等，為顧水草型龍紋的一大特點；其中圖版 36-15 屬周原以外的出土物，由其例可知此現象並不受出土地點的影響，為紋飾慣用的搭配方式。在紋飾特徵方面，以圓形目為多；多雙唇外卷，雙唇上卷者，僅見圖版 36-1、36-3、36-11；主要以冠為為龍首裝飾，以角為龍首裝飾者僅佔少數；龍紋身軀多為粗黑線條，僅圖版 36-2 一例身軀上有雲雷紋；多有地紋。整體而言，各部件特徵於時代中的差異不大，雖部分特徵僅見於某一階段，但由於數量較少，且同一階段亦可見其他特徵，若做為時代的判斷標準則略顯薄弱。下表為各部特徵與時

代關係整理：

表 3-11：顧水草型爬行龍紋各部件特徵與時代關係表

	時　　　代　　　特　　　色
目	1. 以圓形目爲主，散見於殷墟晚期至西周中晚期各階段，時代分界不明顯。
唇	1. 幾乎全爲雙唇外卷，可見於殷墟晚期至西周中晚期各階段。 2. 雙唇上卷於殷墟晚期、西周早期各見一例。 3. 雙唇內卷於西周早期出現一例。
龍首裝飾	1. 幾乎全以花冠爲飾，可見於殷墟晚期至西周中晚期各階段。 2. 其他角型則僅出現於西周早期。
身	1. 以粗黑線爲主，可見於殷墟晚期至西周中晚期。 2. 以線條、雲雷紋、輪廓狀等表示身軀者於西周早期可見一二例。
足	1. 以二足居多，見於殷墟晚期至西周中晚期。 2. 四足者數量次之，見於殷墟晚期至西周早期。 3. 一足者僅見殷墟晚期一例。

第七節　小　結

　　由前述各節的分析中，可發現顧首型爬行龍紋多見於西周時期，少數可見於殷墟時期、春秋時期；並多以冠爲龍首裝飾。由顧首型爬行龍紋各型式流行時間及其中細節的差異，可見西周早期龍紋多呈現過渡的現象。顧首型爬行龍紋依身軀整體形態特徵加以分式，以下略述各式之特色。

一、顧直型

　　數量不多，僅見四例，故不再分式。皆以角爲龍首裝飾，紋飾整體外觀呈三角狀，尾間多以蟬紋或三角形紋飾裝飾，符合整體三角構圖的協調。但本文以龍紋本身形態著手，故將其分爲顧直型龍紋，見於殷墟早期至殷墟晚期。目型有方形目與圓形目兩種，數量相當；唇部皆雙唇上卷；角型以尖角居多，亦有做瓶狀角者，本型龍紋之尖角角根頗粗，略具瓶狀角的特徵，與其他龍紋有所區別；身軀多以粗黑線表示，腹前多一足，部分龍紋背部有背翼裝飾，皆有地紋。應用器類皆屬酒器，如斝、爵、觚等。整體而言，紋飾間的差異特徵並不明顯，造成差異的原因多與出現器物的器型、位置有關，與時代的關聯性小。

二、顧L型

1. 顧 L I 式：龍紋鼻前無裝飾，依照紋飾整體外觀可分做兩組。

    (1) I A：紋飾整體外觀呈三角狀，與顧直型龍紋間外觀特色頗為相像，腹前爪狀足亦構成三角形，取代顧直型中蟬紋之位置，兩者主要區別在於頸部有無彎曲。圓形目或方形目，圓形目者則雙唇外卷、無地紋，方形目者則雙唇上卷、有地紋，多以角為飾，身軀沿棱脊留白，背部無裝飾，腹下皆有足，見於西周早期至西周中期，器類則全為罍，顯示器類應用的單一性。

    (2) I B：紋飾整體外觀不為三角狀，紋飾裝飾繁複的程度則依紋飾出現之部位而有所差異，於顯眼處裝飾較多。皆圓形目旁有線條，皆雙唇上卷，以角為飾，身軀沿棱脊留白或以雲雷紋點綴，背部皆無裝飾，皆無足、無地紋。見於西周晚期，以盨之蓋鈕最為常見。

2. 顧 L II 式：本式龍紋皆見於鐘之鼓部，紋飾特徵極為一致，鼻前皆有彎曲的鬚為裝飾，龍首飾長冠，並翻卷至首後，身軀上亦未見雲雷紋裝飾，多做兩歧並列狀，目多為圓形目旁有線條，多上唇上卷舌吐出下卷，腹下多有兩足，並皆無地紋。見於西周中晚期至春秋早期，為顧 L 型龍紋中數量最多者，並為顧 L 型龍紋中唯一以冠飾龍首的型式，其流行年代有助了解冠首裝飾的時間範圍。

以上顧 L 型龍紋之共同特徵為：目型以為圓形目且旁有線條的形式為多，但僅見於顧 L I B 與顧 L II 式，時間亦侷限於西周中期以後，其餘龍紋則以圓形目、方形目為飾，未見臣字形目者；由於圓形目加以兩旁的線條，整體外觀略似簡化的臣字形目，可能為臣字形目於西周中期以後的轉化。龍首裝飾上，顧 L I 式主要以角為飾，顧 L II 式皆以冠為飾，可見龍首裝飾的運用與類型關聯頗大，對於辨偽有所幫助。唇型以雙唇上卷可見於每式（組），上唇上卷且舌下卷則僅見於顧 L II 式；顯示顧 L II 式紋飾的一致性，與雙唇上卷於顧 L 型龍紋所運用的普遍性。身軀多以粗黑線、棱脊留白等簡潔的形式表現；顧 L II 式身軀較為特別，皆做兩歧並列狀，其他龍紋則未見身軀兩歧者。足部則多做彎勾狀二足，其中顧 L II 式中有少數龍紋為刀狀；無足者次多。顧 L 型龍紋皆無背部裝飾，尾部則做平直或下垂狀，未見上卷者。多數皆無地紋，僅少數紋飾有地紋裝飾。綜上所述，顧 L 型龍紋各部件紋飾特徵與年代的關聯性較小，與各型式的特徵關聯較大，尤其是顧 L II 式紋飾極為特別，與其他

型式紋飾區隔性高；故分析本型龍紋時，當先找出應對的型式，再行斷代、辨僞的分析，較有所收穫。

三、顧 S 型

1. 顧 S I 式：有足無翼，數量不多，僅見二例，圓形目，唇部形式不一，並且紋飾極爲簡單，無地紋，身軀呈輪廓狀，可能爲族徽或紋飾出現位置不醒目所致，然以後者可能性較高。可知資料年代不甚明確，僅知可見於商周之間；器類則爲鬲與簋；皆以冠飾龍首。

2. 顧 S II 式：無足無翼，亦僅見二例。圓形目，雙唇外卷，皆以冠飾龍首，身軀裝飾不多，僅以棱脊留白裝飾，但有地紋。見於西周中期至西周晚期。

3. 顧 S III 式：爲顧 S 型龍紋最常見之形態，依身軀前段有無斷開可分兩組。

   (1) III A：身軀斷開，紋飾短小，尾尖有三角形裝飾，圓形目，雙唇外卷，花冠短小不垂逸，身沿棱脊留白，背有長翼，無足，有地紋，見於西周早中期至中期。

   (2) III B：較顧 S III A 明顯瘦長許多，並身尾相連，爲顧 S 型龍紋中數量最多者，見於西周中期至春秋早期，並以西周中期爲多。多圓形目，以冠飾龍首，極少數以角爲飾，身棱脊留白，背有長翼，無足，尾尖爲多爲戟形。與顧 S III A 流行時間相仿，尾尖三角裝飾連接與否，則與年代順序無絕對關係。

4. 顧 S IV 式：有足有翼，可見年代頗長，由西周早期至晚期，目型、唇型不一，皆以冠爲飾，身軀形式多元，皆背有長翼、有足，但其足、翼之形態，亦隨時代而有所改變，從中可見紋飾改變的痕跡。

5. 顧 S V 式：呈雙顧首的模式，多爲兩龍首相對的形態。又可依照龍紋背翼的形式分做三組。

   (1) V A：無背翼。圓形目，唇型、龍首裝飾、地紋不一，身沿棱脊留白，皆有足，數量極少，僅見兩例，可見於春秋時期。

   (2) V B：背翼與龍首相連。多爲圓形目旁有線條裝飾，皆上唇上卷且無下唇，多有舌，多無龍首裝飾，身皆沿棱脊留白，多有足、無地紋，見於西周晚期至春秋時期。

(3) ＶＣ：背翼與龍首分離。多圓形目，雙唇外卷或雙唇上卷，龍首裝
飾不一，但冠略多於角，身軀爲粗黑線或沿棱脊留白，多無足，多
有地紋。可見於商至春秋時期，但主要見於西周時期，尤其是西周
早期數量最豐。

其紋飾共同特徵主要以圓形目爲主，圓形目旁有線條者次之，方形目者
偶見。唇型則主要爲雙唇外卷，其次爲雙唇上卷，再次之爲上唇上卷而無下
唇者。龍首裝飾有花冠、長冠、各式角型、無裝飾等形式；龍首無裝飾者僅
見於顧Ｓ Ｖ 式的雙顧首龍紋中，與花冠各約佔顧Ｓ Ｖ 式半數，應是考量構圖
協調所至，其餘龍紋以花冠最多，長冠次之，以角爲裝飾者偶見。身軀以棱
脊留白爲主，其次爲粗黑線，其餘則爲輪廓狀、粗黑線中有留白滾邊等形式。
背部則多有長翼裝飾，足部以無足者爲多，若有足則多以彎勾線條表示。紋
飾整體簡單而不繁複，多爲兩龍相背。以上諸式中僅顧Ｓ III Ｂ、顧Ｓ ＶＣ 兩組
於器類運用上有所集中，前者多以鼎器爲見，後者主要見於卣與鐘上，其餘
各式（組）在器類上並無偏好的情形，數據呈現零散分布的個數。

四、顧 Ｗ 型

1. 顧 Ｗ Ｉ 式：多圓形目，雙唇外卷，多著長冠，背上具有長翼，足有爪
形，多有地紋，紋飾整體瘦長流暢，但早期較中期線條略爲粗肥呆
拙，可見於西周早中期，中期後段之後未見，主要出現於簋器，卣器
次之。

2. 顧 Ｗ II 式：多圓形目，雙唇外卷且下唇細小，長冠，身軀沿棱脊留白，
整體細長，腹部下方有細小的拳狀足，臀下有與身軀等粗的彎勾線條，
彎勾線條與尾部間多有一三角形裝飾（極少數無三角裝飾）；背部有細
細的長翼，尾尖爲戟形。可見於西周中期至西周晚期，然以西周中期
爲多，較顧 Ｗ Ｉ 式略晚；器類則以簋最爲常見。

3. 顧 Ｗ III 式：多圓形目，雙唇外卷，長冠，身軀沿棱脊留白，整體細長，
腹下有彎勾狀足，並與足尖的三角形相連，整體呈戟形；其形態又似
在顧 Ｓ III Ｂ 的基礎上加入上卷的長尾，流行西周中期至晚期，然由確
知王系之器可判斷，顧 Ｗ III 式始於西周中期偏晚；與顧 Ｓ III Ｂ 流行時
間有所重疊，但略晚於顧 Ｓ III Ｂ，紋飾特徵的改變可能受到顧 Ｓ III Ｂ
影響。主要出現器類爲簋器。

其共同特徵爲：圓形目，以長冠或花冠爲主，多雙唇外卷，其中顧 W II 式雖雙唇外卷，但下唇多半細小不明顯，身軀皆以棱脊留白或粗黑線表示，未見以雲雷紋裝飾者，背部皆以長翼裝飾，腹下皆有一足，其足部型態則依型式不同而略有差異，呈現爪形、拳狀、戟形三種模式，尾部皆上卷，其中顧 W II 式、顧 W III 式尾尖多爲戟形，身軀整體呈「W」形外觀，多有地紋；與顧 S 型相同，皆多做兩龍相背構圖。其中爪形、尾尖形式之差異較具時代分野，其餘特徵則各式相似，可見於整個西周時期。其足部的演變過程反應出紋飾發展至一定程度後，又走向簡化的進程。器類方面，顧 W 型三式皆以簋器爲最常見之器類，與顧 S 型以鼎器最爲常見有所區別。

五、顧己型

1. 顧己 I 式：龍紋無翼裝飾，依地紋與身軀花紋的差異分爲三組。

   （1）I A：紋飾極簡，無地紋並龍紋爲輪廓狀或線條，與出現於鼎耳側面有關；多圓形目，唇型不一，但以雙唇上卷爲多，皆葉狀尖角，部分紋飾有一爪足。見於殷墟晚期至西周早期。

   （2）I B：圓形目或方形目，雙唇上卷，以角爲飾，身軀有線條或雲雷紋裝飾，或有足或無足，有地紋，較顧己 I A 繁複許多，出現器類則不固定。見於殷墟中期至殷墟晚期。

   （3）I C：多方形目，皆雙唇上卷，以角爲飾，紋飾身軀以寬粗線條表示，或呈實心或呈棱脊留白的形式，有地紋，較爲特殊的是紋飾於除直向、橫向放置外，亦見斜向放置者，爲其他型式龍紋所未見。器類亦不一致，但以簋、爵略多。見於殷墟中期至西周早期。

2. 顧己 II 式：龍紋背部有短翼或長翼裝飾，皆有地紋，又依身軀前後是否相連分做兩組。根據學者研究與筆者觀察之結果，本式龍紋與鳳鳥紋間關聯頗深。

   （1）II A：身軀未斷開，可見於殷墟晚期至西周晚期。多圓形目、雙唇上卷、以冠爲飾，身軀裝飾不一，可見粗黑線、棱脊留白、雲雷紋點綴等，腹下皆有足；其紋飾中透露出角與冠變動中的過渡風格，西周中期以後之紋飾則趨於固定，顯示殷墟晚期至西周早期以角爲龍首主要裝飾的習慣已逐漸發現改變，直至西周中期之後冠才取代角成爲龍首主要的裝飾。

(2) II B：龍紋身軀前後斷開，多圓形目、雙唇上卷，全以花冠為龍首裝飾，身軀為粗黑線或棱脊留白，腹下皆有足；其尾部型態與長尾鳥紋的分尾形式頗為相像，流行時間亦有所重疊，顯示出西周中期時龍紋與鳳鳥紋間的相互影響。

顧己型龍紋以圓形目與方形目為主，多雙唇上卷，殷墟時期以角為主要裝飾，西周時期以冠為多，身軀多以粗黑線表示或沿棱脊留白裝飾，少數有線條或雲雷紋裝飾，腹下多有足，其形式多以彎勾狀為多，尾多朝龍首相反方向卷起，依紋飾方向呈現後卷與下卷的差異，多有地紋。其紋飾特徵顯示出與鳳鳥紋之間相互影響的現象，尤其是己 II 式。而己 I 式與己 II 式時間的分界，正有助於了解顧己型龍紋受到鳳鳥紋影響的時間點，整體而言，於西周早期呈現出過渡風格，西周中期後顧己型龍紋的形態則漸趨固定。

六、顧水草型

特點為細長而曲折的線條構成，線條上多有歧出的彎勾紋飾；依身軀形態分為三式。

1. 顧水草 I 式：身軀彎折成 L 形，與前述顧 L 型龍紋差異在於多有歧出的彎勾線條。多為方形目、雙唇上卷，皆以角飾龍首，且旁有身軀延伸而出的平行線條，身為粗黑線或有雲雷紋點綴，腹下皆有二足，數量不多，僅見於西周早期。

2. 顧水草 II 式：身軀彎折成 U 形，可見年代則為西周早期至西周中期，並以西周早期為多。皆為圓形目、雙唇外卷，多以冠飾龍首，冠的形態介於長冠與花冠之間，可能與歧出的彎勾特色有關，身軀多為粗黑線，腹下皆有足，有地紋。紋飾於西周早中期時仍可見角、冠之間過渡的痕跡。

3. 顧水草 III 式：較顧水草 II 式身軀中段多了一豎起線條，身軀整體呈橫 E 形。豎起之翼歧出的彎勾多寡與位置略有差異，但與時代先後無關。多為圓形目、雙唇外卷，皆為花冠、身軀皆粗黑線，腹下皆有足，以四足居多，多有地紋搭配。可見於殷墟晚期至西周晚期間，然以西周早期數量最多，其間未見明顯的差異與區隔，亦未見過渡的痕跡，顯示紋飾整體於時代中的變動性不大。除周原地區之外，其他地區亦可見顧水草 III 式紋飾的應用，提供了解周原與地區風格間傳遞的

線索。

4. 顧水草 IV 式：雙龍首，身軀上亦有多處歧出的彎勾線條，呈現兩龍首相向，或兩龍首朝同一方向的形式，數量不多，故不再分組。以圓形目爲主，皆雙唇外卷，以花冠或曲折角爲飾，身軀皆爲粗黑線，腹下皆有足，多有地紋。可見時間於殷墟晚期至西周早期偏早。

　　整體以圓形目爲多，多雙唇外卷，主要以冠爲龍首裝飾，以角爲龍首裝飾者僅佔少數，龍紋身軀多爲粗黑線條，多有地紋。器類以尊、卣爲多，其餘器類僅見個例，明顯可見其應用的偏好。以顧水草 II 式、III 式最爲常見，兩者主要可見時間相當，但顧水草 III 式整體可見時間較顧水草 II 式長。

　　整體觀之，顧首型爬行龍紋共計出現 215 次，商代出現 2 次，殷墟時期出現 20 次，西周時期出現 158 次，春秋時期出現 13 次；由此數據可明顯看出顧首型爬行龍紋主要活躍於西周時期，商代、殷墟與春秋等時期數量明顯偏少，爲紋飾發展的起始與餘末殘留的痕跡。其中西周早期出現 48 次，西周中期出現 58 次，西周晚期 38 次，其餘爲僅知見於西周時期，或西周早中期、中晚期交界時；由此可看出顧首型爬行龍紋發展的軌跡，以西周早期大量崛起，西周中期發展至頂端，西周晚期數量開始減少，但仍佔有一定的數量。

　　若將龍紋各部件一一分析，可發現顧首型爬行龍紋之龍首裝飾，與上一章中前顧型、下視型爬行龍紋的特徵差異頗爲不同，如龍首裝飾即有冠與角兩種形式，並以冠爲多。其冠型主要有花冠與長冠兩種，其差異在於冠上有無分歧，或裝飾的差異，以花冠略多於長冠，殷墟時期幾乎未見以冠爲飾者，西周早期數量則明顯增多，但仍以西周中期數量最多，約爲西周早期數量的一倍；角型則有 T 形角、瓶狀角、曲折角、尖角、半環狀角、葉狀尖角等，與前顧型、下視型爬行龍紋並無差異，唯運用數量極少，亦未見某類型於某時代運用的偏好；此外必須一提的是，由於顧首型爬行龍紋有部分紋飾呈現雙首的特徵，受到紋飾空間與運用的考量，亦可見省略龍首裝飾的圖例，此現象於前顧型、下視型爬行龍紋中未見。目型幾乎全爲圓形目，數量約佔六成，其次爲圓形目旁有線條裝飾及方形目，以前者略多於後者，約各佔二成與一成，臣字形目於所有圖例中僅出現三次，可視爲偶見；各類目型通見於各個時期，時代的分野不明顯。唇型主要爲雙唇外卷與雙唇上卷兩種，以前者數量較多，兩者相加即佔整體紋飾的近八成，上唇上卷且有舌亦佔有一定

數量，約佔一成，其他如雙唇內卷，上唇上卷且下唇倒 T，上唇上卷而無下唇等形式皆屬少數，屬偶見圖例；其中雙唇外卷者，於顧 W II 式中下唇多細小不明，而上唇上卷、無下唇、舌吐出外卷者則僅見於顧 L II 式，兩者皆屬某類型紋飾之專有特色，對於辨偽判斷有所幫助；其中顧 L II 式見於西周中晚至春秋早期，顧 W II 式以西周中晚至西周晚期，並以西周中期偏晚居多。身軀裝飾則以粗黑線、棱脊留白等形式最爲多見，以雲雷紋裝飾身軀者數量極少，且多屬點綴的性質，未見通身滿飾者，與前顧型、下視型爬行龍紋以雲雷紋裝飾身軀爲主的狀況極爲不同。以粗黑線做身軀者，以殷墟時期至西周早期數量較多，春秋時期則無；棱脊留白者則於殷墟時期幾乎未見，可見於西周時期與春秋時期，不同的時代中兩者運用的模式略有差異。顧首型爬行龍紋有背部裝飾的紋飾數量頗多，約佔六成，其背部裝飾的形式較爲簡單，主要有長翼、短翼兩種形式，且多爲長翼，未見列旗、背鰭等形式；各個時期背部裝飾形式相當，時代分界不明顯。足部可分爲一足、二足、四足、無足者，除四足者數量較少外，其他三者數量相當，約各佔三成多；四足者多見於西周早期，較具時代特色，其他三者則於各時期皆可見，無明顯的時代分界。尾部形式則上卷與下卷數量相當，並以下卷略多於上卷者，與前顧型、下視型爬行龍紋主要以上卷爲主的狀況不同，兩者在時代的運用上差異不大，主要是紋飾構圖協調所致。此外如前顧型、下視型爬行龍紋額前常見的鬣、長鼻狀裝飾在顧首型爬行龍紋中除顧 L II 外，幾乎未見，顯示出紋飾類型的特出性，對於辨偽判斷有所助益。

　　而顧首型爬行龍紋中有部分爲雙首模式，爲前顧型、下視型爬行龍紋所無，較爲特別。雙首形式之顧首型爬行龍紋共計出現二十六次，約佔全體數量的 13%，數量不算太多，但值得留意的是其出現年代的分佈，商代（含殷墟時期）出現三次，西周早期出現十二次，西周晚期出現五次，春秋時期出現六次，西周中期則完全未見雙首形式之顧首爬行龍紋；由上述數據中可發現，雙首形式之顧首型爬行龍紋以西周早期數量最多，西周晚期與春秋時期亦頗常出現，但若將西周晚期、春秋時期出現次數的總數與雙首形式之顧首型爬行龍紋出現次數的比例加以考量，則可發現西周晚期與春秋時期雙首形式之顧首型爬行龍紋運用其實較西周早期更加活躍，而此現象亦與紋飾發展至晚期越加簡化、抽象的規律相合。器類則以卣、鐘上最常見到雙首形式顧首型爬行龍紋之運用。上述分析可以表 3-12 作一簡述：

表 3-12：顧首型爬行龍紋各部件特徵與時代關係表

	時　　代　　特　　色
目	1.幾乎全爲圓形目，其次爲圓形目旁有線條裝飾及方形目，以前者略多於後者。 2.臣字形目於所有圖例中僅出現三次，可視爲偶見；各類目型通見於各個時期，時代的分野不明顯。
唇	1.主要爲雙唇外卷與雙唇上卷兩種，以前者數量較多，兩者相加約佔顧首型爬行龍紋整體紋飾八成，上唇上卷且有舌亦佔一定數量，約佔一成，其他如雙唇內卷，上唇上卷且下唇倒 T，上唇上卷而無下唇等形式皆屬少數，屬偶見。 2.雙唇外卷者，於顧 W II 式中下唇多細小不明，而上唇上卷、無下唇、舌吐出外卷者則僅見於顧 L II 式，兩者皆屬某類型紋飾之專有特色，對於辨僞判斷有所幫助。顧 L II 式見於西周中晚期至春秋早期，顧 W II 式以西周中晚期至西周晚期，並以西周中期偏晚居多。
龍首裝飾	1.冠型主要有花冠與長冠兩種，以花冠略多於長冠，殷墟時期幾乎未見以冠爲飾者，西周早期數量則明顯增多，西周中期數量更多，約爲西周早期的二倍。 2.角型則有 T 形角、瓶狀角、曲折角、尖角、半環狀角、葉狀尖角等，運用數量極少，亦未見某類型於某時代運用的偏好。 3.具雙首特徵之顧首型爬行龍紋，受到紋飾空間影響，亦可見省略龍首裝飾者。
身	1.以粗黑線、棱脊留白等形式最爲多見；以雲雷紋裝飾身軀者數量極少，且僅爲點綴，與前顧型、下視型爬行龍紋的裝飾方式極爲不同。 2.以粗黑線做身軀者，以殷墟時期至西周早期數量較多，春秋時期則無；棱脊留白者於殷墟時期幾乎未見，可見於西周時期與春秋時期。 3.有背部裝飾者約佔六成，主要有長翼、短翼兩種形式，且多爲長翼，未見列旗、背鰭等形式；各個時期背部裝飾形式相當，時代分界不明顯。 4.尾部上卷與尾部下卷數量相當，但下卷略多於上卷者，與前顧型、下視型爬行龍紋主要以上卷爲主的狀況不同；兩者在時代的運用上差異不大，主要是紋飾構圖協調所致。
足	1.分爲一足、二足、四足、無足者，除四足者數量較少外，其他三者數量相當。 2.四足者多見於西周早期，較具時代特色，其他三者則於各時期皆可見，無明顯的時代分界。

　　由上述分析中可見顧首型爬行龍紋主要以西周時期爲流行區塊，多數紋飾於商代（含殷墟時期）、春秋時數量極少或無所運用，與前顧型、下視型爬行龍紋以殷墟晚期至西周早期數量最豐的現象不同。但與前顧型、下視型爬行龍紋情形相似的是，各部件紋飾間的特徵差異多未必皆與時代有明顯的對應關係，多數紋飾仍於西周的各階段皆有其運用，絕少僅見於某一階段者，於各階段的改變亦不多，顯露出紋飾特色於西周時期的延續性；而各階段的差異，則主要反映於數量上的差距，多以西周中期數量最豐。如文中不斷強調顧首型爬行龍紋其龍首裝飾由角型至冠型的轉換即是如此，以冠爲龍首裝

飾以西周中期數量最爲豐富，但此現象並非一蹴可及，實於西周早期，甚至
殷墟時期即已有部分紋飾改以冠爲龍首裝飾，顯示出紋飾於西周中期已自殷
墟原有的模式中蛻變而出。又如目型方面，圓形目幾乎囊括所有顧首型爬行
龍紋的形式，若將圓形目旁有線條之形式一併加入計算，則佔全體顧首型爬
行龍紋的八成之多，而其可見年代則是跨足商代至春秋時期，時間頗長，然
整體而言以西周時期數量最豐；圓形目乃是延續殷墟紋飾而來，屬基本常見
之目型，但西周中期以後圓形目旁有線條的形式大量出現，而臣字形目則幾
乎消聲匿跡，似乎說明了兩者間的替換關係，顯示出西周中期以後紋飾風格
的汰變。其他如冠型、唇型、身軀、足、尾等各特徵多通見於西周時期，雖
部分類型紋飾具有個別的特色，但大體說來，各紋飾間仍具有時代特徵的延
續性。紋飾運用雖可見於西周時期或商周兩代，但多以西周中期之後數量更
加豐富，透露出紋飾特徵轉變的痕跡。此現象不僅說明了顧首型爬行龍紋的
流行以西周中期爲高峰，亦說明紋飾風格的轉變與奠基。西周紋飾風格的奠
定至西周中期始發成熟，發展出與殷墟階段不同的特色，雖西周早期時多呈
現出過渡的色彩，但西周中期以後各型式紋飾之風格皆趨於固定；而此現象
如前文分析所述，應與西周時鳳鳥紋流行有頗深的關聯，可見紋飾間相互影
響的現象。